Transformation and Restructuring

改革开放以来的大寨研究

◉ 郭永平 著

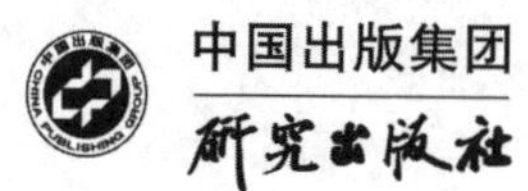

中国出版集团
研究出版社

图书在版编目(CIP)数据

转型与重构：改革开放以来的大寨研究 / 郭永平著.
—北京：研究出版社，2022.7
ISBN 978-7-5199-1153-9

Ⅰ.①转… Ⅱ.①郭… Ⅲ.①区域经济发展-研究-大寨 Ⅳ.①F127.255

中国版本图书馆 CIP 数据核字(2021)第 272239 号

出 品 人:赵卜慧
出版统筹:张高里　丁　波
责任编辑:刘春雨

转型与重构：改革开放以来的大寨研究
ZHUANXING YU CHONGGOU:GAIGEKAIFANGYILAI DE DAZHAIYANJIU
郭永平　著
研究出版社　出版发行
(100006 北京市东城区灯市口大街 100 号华腾商务楼)
北京云浩印刷有限责任公司　　新华书店经销
2022 年 7 月第 1 版　2022 年 7 月第 1 次印刷
开本:787 毫米×1092 毫米　1/16　印张:19.5
字数:261 千字
ISBN 978-7-5199-1153-9　定价:68.00 元
电话(010)64217619 64217612(发行部)

本书获得国家社会科学基金一般项目
“集体化时代山西太行山区的减贫研究”(18BZS141)资助

前 言

2003年出版的《大寨村志》在“概述”部分是这样介绍大寨的：

> 大寨本为一个贫穷落后的小山庄，民国时期还不是一个行政村。到民国三十四年(1945)解放时，只有64户、190多人。人少、土薄，自然条件十分恶劣。全村700亩耕地，分成4700多块，零星散落在“七沟八梁一面坡”上，且有40%的耕地掌握在4户地主、富农手中。险恶的自然环境和土地高度集中的封建剥削制度，使得广大贫苦农民被迫给地主扛长工、打短工，挣扎在死亡线上。解放后，大寨成立了党小组、党支部，在中国共产党和人民政府的领导下，翻身后的农民焕发出无限的激情和冲天的干劲，积极组织起来，发展生产，走共同富裕的道路。……中共十一届三中全会后，大寨认真总结经验教训，顺应改革开放的时代潮流，于1983年推行了家庭联产承包责任制，在稳定农业的基础上，开煤矿，办砖厂，搞加工，跑运输，发展多种经营，在改革开放的道路上迈出了新的步伐。

如果只看上述并不完整的“概述”，你很难想象集体化时代太行山区这个偏僻的小山村，曾经是全国农业战线上的一面旗帜，农业学大寨的发源地。

如果按照区域方位来说，大寨属于晋中，我的老家在晋北，两地相距

230多公里;如果按照社会影响来说,大寨最为辉煌的岁月是在20世纪六七十年代。我出生于七十年代末八十年代初,并没有经历过那段激情澎湃的岁月,因此,按理来说,大寨和我不会发生什么关系。可实际情况是大寨成了我的第二故乡,且注定会作为我生命历程中极其重要的一部分。大寨进入我的视野始于博士研究生复试。2010年5月4日上午,我在中山大学人类学系参加了博士研究生复试。在复试中,我介绍自己是山西人。有一位老师就问我:"现在大寨怎么样了,可以从哪些视角开展研究?"说实在的,那个时候我对大寨了解不多,只知道大寨隶属于山西省昔阳县,陈永贵和郭凤莲都是名人,改革开放后发展旅游业,再次被树立为全国的典型。虽然上述回答并不完满,但幸运的是我被录取了。同时,我也深知自己对大寨了解太少,入学后我就有意识地开始关注大寨的相关研究。

2011年5月中旬,周(大鸣)师把我们这一届的博士、硕士叫到办公室,讨论学位论文选题事宜。我报的选题是大寨研究。就我的选题,周老师说:"大寨研究成果很多了,但是主要集中在集体化时代,你可以写改革开放后的大寨,把大寨在集体化时代向改革开放时代的转型过程,以及大寨在发展过程中面临的问题研究清楚就可以了。开展这类名村的研究,你可以参考一下华西村、南街村的相关研究。另外,不要写得太学术化了,最好是将来能在飞机场候机楼可以售卖。"周师给我定了研究时段和主要研究内容,我的研究就有了底气。

我的大寨田野调查主要集中在两个阶段进行,2011年7月16日到10月24日是第一阶段,2012年2月1日到11月24日是第二阶段,两次调查时间加起来超过了一年。我于2013年7月博士毕业,毕业后,我每年暑期都会赴大寨进行回访调查,不断更新资料,到2021年已有9年的时间。现在读者见到的这本书就是在博士学位论文基础上,再结合后续调查资料修改而成的。

我以为,大寨的研究要"瞻前顾后",既要将其置于民国以来大的社会变局中看待，又要看到大寨在改革开放后，尤其是进入21世纪后所发生的变化，只有具备长时段的视野，方可看清大寨的过去，并能展望大寨未来。众所周知，如果要对百年中国的发展历程进行概括，革命、建设与改革肯定是三个最为核心的概念。从政治运动的角度来讲，20世纪70年代末80年代初，中国开始了改革开放的步伐。然而从文化重构的角度来说，革命、建设与改革并非一夜之间可以完成，其间要经历一个复杂的冲突与整合的过程。本书以大寨为田野点，以大寨的转型过程为主要考察内容，通过长期的田野调查和文献收集，主要探讨了改革开放后大寨的转型与重构过程。

本书从20世纪40年代大寨进入国家的视野开始谈起，论述了大寨怎样从一个太行山下的普通村庄被逐步树立为典型村。具体来说，中华人民共和国成立后，开始了社会主义建设的步伐。在社会主义建设中，大寨这个原本普通村庄的社会生态发生了变化，尤其在20世纪70年代，曾经接受来自五湖四海数以千万人次的参观学习。在运动的推动下，国家权力不断地介入大寨，通过树典型的方式，大寨也逐步被典型化。在改革开放的初期阶段，这个“不适应的群体”面临着沉重的转身。20世纪90年代，大寨的转型与发展加速了。本书主要围绕历史遗产、国家支持、权威的依附三个方面展开研究。

其一，历史遗产是大寨转型的文化基础。一方面，20世纪70年代，各种外力介入，改变了大寨的社会生态；另一方面，在改革开放时期，大寨已经成为社会记忆而内化入民众的日常生活实践中，不仅具有了纪念碑意义，而且也成了历史遗产。在改革开放后大寨转型与发展过程中，对历史遗产进行改造、解释、建构的基础上的文化重构也就成为必然的产物，而这一过程也伴随着文化的重新选择过程。

其二，国家支持是大寨转型的政治基础。历史遗产的重构不仅与民众的主动选择有关，更重要的是与乡村治理过程中外力的推动密切地联系在一起。如果说20世纪80年代国家在大寨处于缺席在场的状态，那么

20世纪90年代以来，大寨所进行的一系列改革，就充分地说明了国家在推动大寨发展中起到重要的作用。在此过程中，大寨也在进行着自身的转型与重构。

其三，权威的依附是大寨转型的社会基础。在从普通村庄到典型模范的转变过程中，民间权威被精英化，日常生活被格式化。虽然“化”的过程付出了沉重的代价，但是大寨人早已经养成了文化上的惯习。在改革开放后大寨转型的过程中，这种惯习并没有退出历史舞台，后大寨时代的郭凤莲就是集传统权威与法理权威于一身的双重权威。正是依靠历史遗产形成的名村资本以及在此基础上形成的名人权威，大寨开始了重构。

改革开放后，村民的生计方式经历了由农业到工业再到旅游业的变化，村民的生计方式、村庄的社会生态、民众的信仰方式也进行了重构。在此基础上，这个传统意义上以农为业的村庄终结了。研究表明，作为农村集体经济的明星示范村，乡村振兴的典型村，改革开放后的大寨因时制宜、因地制宜地探索出了一条转型发展的道路，这为太行山区乡村振兴提供了有价值的参考借鉴。

开展大寨研究已经10年了，主要有三个方面的收获：其一，对大寨转型与发展的思考。其二，收集到二十多万字的佚闻与故事。其三，我与大寨人建立的深厚友谊。虽然最近六年由于诸多的机缘，我的研究方向主要转移到了黄土文明与太行山贫困问题，但是我没有忘记大寨人，大寨人也不会忘记我，大寨永远是我的学术关注点，也是值得我毕生深耕的地方。下面我将带领大家走进大寨村，走近大寨人，去感受、倾听20世纪以来，尤其是改革开放后大寨人生活世界和精神世界所发生的变化，并在此基础上对这个村庄的转型与重构过程进行观照。

郭永平

2020年12月7日

目　录

绪 论

本书以山西省昔阳县大寨镇大寨村①为田野点，以集体化时期向改革开放时期社会变迁过程中村庄的转型与重构为主要考察内容，不仅展示了当下大寨的实际形态，而且也加深了我们对这一历史阶段的认识。②

第一节 选题的问题意识及意义

树典型、抓典型、推广典型一直是重要的国家治理术。③在中国，这种运作方式不仅与大一统社会中道德教化功能有关，而且与中国特殊的边

---

① 全国有多个大寨村，在昔阳县就有两个以大寨命名的村落。除了本书将要重点阐述的大寨镇大寨村外，位于昔阳县城东南25公里的三都乡井沟村也叫大寨二村，郭凤莲还为其题写了村名。2004年前后，昔阳县井沟村民周银柱和马怀兰夫妇二人先后患重病，不得不回村养病。回村的道路崎岖不平，25公里的路程花了三个半小时。回到村后，他们将多年来开装潢公司的积蓄拿出来进行新农村建设。二人先后获得多项荣誉，也成为当地的名人。2006年，郭凤莲响应政府"富村带穷村""企业带农村""企官带村官"的号召，并且受井沟村能人兼富人周银柱和马怀兰邀请，兼任井沟村的党支部书记。郭凤莲是全国人大代表，马怀兰是山西省人大代表，周银柱是晋中市人大代表，这就有了"一个名人，两个病人，三个人大代表"的美谈。笔者曾亲自造访过大寨二村——井沟，并且对村主任马怀兰和她的丈夫周银柱进行了访谈，比较深入地了解了井沟村的历史与现状。

② 按照学术伦理的要求，本书所涉及的人名做了技术处理，读者"按图索骥"将没有意义。

③ 对于树典型的相关研究，可参见刘林平、万向东：《论"树典型"：对一种计划经济体制下政府行为模式的社会学研究》，《中山大学学报》2000年第3期；苗春凤：《当代中国社会树典型活动的文化传统探析》，《河南大学学报》2011年第6期。

陲一中心二元结构下需要依靠典型进行社会整合有关,[①]同时这种治理方式也符合马克思主义关于政治典型的相关论述。[②]正是在多种原因之下,作为旌表制度的变异与发展——典型,通过国家权力的运作而不断地被塑造出来。

在20世纪的中国社会研究中,革命、建设、改革是三个关键词。社会主义革命与建设运动使得中国彻底站了起来,为共同富裕奠定了基础。1978年年底党的十一届三中全会召开后,开启了中国改革开放的新时期。然而社会的转型并非一蹴而就,期间充满了许多波折,对于大寨来说更是如此。20世纪90年代郭凤莲回归大寨后,大寨依靠所承载的纪念碑[③]意义实现了转型与发展。在本书中,我们并非主要讨论社会主义建设运动,而是要通过对大寨这一典型村庄的微观研究,去理解集体主义向改革开放、计划经济向市场经济的转变过程中,这个典型村庄民众的转型与重构过程。

一、选题的缘起及过程

"我们对现在的体验,大多取决于我们对过去的了解;我们有关过去的形象,通常服务于现存社会秩序的合法化。"[④]革命圣地所承载的具备传染性的怀旧情绪,在重构社会记忆的同时也服务于现实的社会生态。改革开放后,伴随着怀旧与反思的热潮,集体化时期许多具有纪念碑意义的历史遗产也变得红火了起来。而借助历史遗产开展文化旅游,已经成为

---

① 冯仕政:《再分配体制的再生:杰村的制度变迁》,国家行政学院出版社2002年版。

② 董颖鑫:《从理想性到工具性:当代中国政治典型产生原因的多维分析》,《浙江社会科学》2009年第5期。

③ 作为古代西方艺术史核心的纪念碑本是以人类历史上的艺术类型而出现的,学者巫鸿借用这个概念,提出了纪念碑性,用以反思中国古代艺术的本质以及不同艺术传统间的共性和特性。巫鸿:《中国古代艺术与建筑中的"纪念碑性"》,李清泉、郑岩等译,上海人民出版社2008年版。

④ [美]保罗·康纳顿:《社会如何记忆》,纳日碧力戈译,上海人民出版社2000年版,第4页。

许多地方脱贫致富的重要途径。

（一）问题缘起

中国共产党以马克思主义作为自己的指导思想，在土改后发动了一系列具有延续性的运动，这些“由国家主导的、以革命运动的形式推进的社会工程和社会试验不仅带来了整个社会的改变，同时也带来普通农民日常生活和人生命运的重大变化”[①]。中国共产党的终极理想是实现没有剥削、无阶级的共产主义社会。为了实现这个目标，党提倡的是集体主义，因此集体主义也就成为那个时代的社会理念，那个时代也就被称为集体化时期。20世纪70年代末80年代初，中国开始改革开放。对于大寨这样一个曾经以集体主义为奋斗目标的典型来说，在集体化时期向改革开放时期的转型中，这个群体是如何容身与适应的？他们的生活世界和精神世界发生了怎样的变化？

谈到大寨，我们不能忘记大寨精神，因为大寨作为一个象征性符号，是在大寨精神的不断推广过程中形成的，至今仍在国家话语中被不断地重构。时代、社会的转型也会带来个体命运、群体命运的跌宕起伏，这对于大寨来说，更是如此。然而在现代化的视域下，在社会的转型过程中，大寨精神经历了一个怎样的重构过程，这种集体主义的“遗留物”对今天的大寨人有何影响，这些都是本书要予以关注的。

集体化时期的大寨受到了国家极为密切的关注，改革开放时期也是如此。

2011年8月，山西省昔阳县成立了大寨精神研究院。2018年1月，大寨干部学院举行了揭牌仪式。伴随上述仪式的举行，大寨这个承载了太多历史记忆的村庄也不断地吸引着外界的关注。[②]

---

① 郭于华：《倾听底层》，广西师范大学出版社2011年版，第6页。

② 在山西省旅游政务网上，大寨—八路军太行纪念馆—八路军总部砖壁旧址—八路军总部王家峪旧址—黄崖洞—西河头地道战遗址是一条红色旅游经典线路。

社会各界对大寨的关注源于大寨这个村庄不平凡的历史。笔者走进大寨，让大寨人自己讲述自己的历史，从中理解改革的实践过程。换言之，通过对大寨人社会记忆的追寻和日常生活的观察，考察在社会转型过程中大寨人的心态历程与适应过程，书写一部“另类”的大寨历史，这成为笔者的目标。

(二)理论意义

中国乡土社会的基本单位是村落。正是在村庄中，国家与社会相遇了。[①]通过对村落这样的“小地方”进行研究，能够反映“大社会”。在集体化时期，大寨曾经是中国农业战线的范本。在那个时期，国家以大规模群众运动的方式，通过树立典型模范来推动日常管理的顺利进行和社会资源的广泛动员。正是通过社会动员的方式，大寨被树立为典型中的典型。20世纪80年代后，通过象征符号的发明与借用，大寨精神重新被激活、解释、刻写、重构，大寨也再次被树立为典型。虽然在不同的时代中典型的内涵也会发生不同的变化，但是通过大寨的案例，我们似乎看到典型内部存在着结构性特征，这种结构性特征主要体现为典型可以延续。到底事实是否如此，我们只有在进行深入调查的基础上才可以做出回答，因此将大寨作为田野点，通过对这个村庄进行微观研究，展示改革开放后大寨转型中的重构过程，无疑具有重要意义。

从国家的政治进程来说，1978年年底十一届三中全会的召开拉开了改革开放的序幕，然而文化的发展与政治的发展具有不平衡性。如果从时间上进行界定，本书把1983年家庭联产承包责任制在大寨的推行界定为大寨开始转型的重要标志。

王颖对广东南海市乡村进行调查后，提出了新集体主义这一概念。他认为新集体主义是“以个人利益为基础，以共同富裕为目标而建立起来

① 参见Jean C.O, State and Peasant in Contemporary China, Berkeley: University of California Press, 1989. 另外，早期功能主义聚焦于微型社会学的研究，村落被认为是合适的研究对象。

的,一种具有合作意识、公私兼顾的关系模式和以群体为单位的社会组织模式”[①]。

周怡在对华西进行研究后,提出了后集体主义,同时她也对新集体主义、集体主义和后集体主义进行了比较。她指出,华西所形成的这样一种后集体主义的社区模式,有四个历史条件:“一是作为村庄记忆的集体荣誉感,二是村庄不败的领袖权威,三是秉承‘集体不朽’的经济实践逻辑,四是高速增长的村庄经济。”[②]在华西的社会整合中,前三个因素起了重要作用,而最后一个条件,即高速发展的经济导致了村民在职业上和收入上产生了分化。

无论是后集体主义还是新集体主义,均是对20世纪80年代后村庄资源整合中的一种理性选择。1983年,在上级政府要求之下,大寨包产到户得以实施,但是集体并未完全退出人们的生活领域,“即便是承包到户的土地,集体也负责产前、产后的服务。另外,集体还有果园、农机、酱醋作坊以及煤矿”。集体化时期,大寨曾经是农业战线上的典型,而在改革开放时期,主要是在集体怀旧情绪的作用下,依靠象征符号所蕴含的多种资本发展旅游业,在实现经济再生产的同时也实现了文化的再生产。不同于提出新集体主义的南海市乡村和提出后集体主义的华西工业的高速发展,如今的农业在大寨总产值中所占比例不大,而旅游业效应却日趋明

① 这种社会关系的重构包含了三层含义:“第一,新集体主义是一种社会意识。它表现为一种合作精神、一种团队精神、一种团体性保障意识、一种社会归属性的可以依靠的‘家’的观念。第二,新集体主义是一种新型关系模式。它区别于原有的集体主义的关键点在于公与私的关系处理,新集体主义中集体与个人是一种共生的关系。第三,新集体主义是一种组织结构。这种结构的本质特征表现为群体成为社会组织的基本单元(而非个人),以政府为核心的社会组织系统对社会群体的组织整合,在社会整合中以占据支配性地位。”王颖:《新集体主义:乡村社会的再组织》,经济管理出版社1996年版,第197—204页。

② “同集体主义保持一致的方面是,它们至今仍然处在团队合作的经济发展状况,即坚守产权集体公有制的方向;所不同的是,经过社会变迁的磨砺,它们或依习性、依潮流,或因时因地选择了不同的集体内涵和集团发展道路。……新集体主义是经历过集体肢解之后的重新联营的集体,后集体主义则基本没有背离过集体公有制的性质。”周怡:《中国第一村》,香港牛津大学出版社2006年版,第6—9页。

显。到2020年,大寨村总产值已经达到了4.6亿元,人均纯收入达到了2.4万元。大寨的转型发展中,旅游业贡献很大。

作为一种新的社区形态,这些超级村庄存在的方式既不同于传统意义上的"乡",又不同于现代意义上的"城",而是表现出诸多的中间性特征。[①]即便是这样的超级村庄[②],也并非仅是一种模式。不同于华西、南街、万丰这样非农社会经济结构的超级村庄,如果单从其转轨过程中体现出的类型来看,大寨这个超级村庄还具有以下特点:

第一,虽然农业在村民的经济收入中并未占很大的比例,但是并未完全退出人们的经济生活。

第二,农业趋于衰落后工业并未完全占据主导地位,而是利用社会主义建设时期的历史遗产形成了旅游经济。

第三,在转型与发展中,历史遗产不仅能够产生经济效益,而且也能够产生社会效益和文化效益。

本书在理解、借鉴集体主义、后集体主义、新集体主义的基础上,重点探讨从集体化时期向改革开放时期大寨人的转型与重构过程。

1979—1980年,美国学者华尔德对中国内地移居中国香港的移民进行了调查。在调查后,他发现在中国20世纪50年代到80年代初期的计划经济体制下,国有工厂中普遍存在着诸如依附(dependence)、庇护(ptronclient)、特殊主义(prticulrism)等现象。在此基础上,他对这种现象背后的权力关系以及相对于其他国家的特殊性状况进行了分析。华尔德

---

① 折晓叶、陈婴婴:《超级村庄的基本特征及"中间"形态》,《社会学研究》1997年第6期。

② 折晓叶较早地提出了超级村庄的概念。这些超级村庄主要集中在长江流域和珠江流域,如江苏省太仓市的马北、王秀、香塘,张家港市的闸上、永联、巨桥、长江,江阴市的华西和广东省深圳市的万丰。此外,项继权、冯仕政、刘倩、左鹏等学者对南街这个超级村庄也进行了研究。参见项继权:《集体经济背景下的乡村治理:南街、向高、方家泉村村治实证研究》,华中师范大学出版社2002年版;冯仕政:《再分配体制的再生:杰村的制度变迁》,国家行政学院出版社2002年版;刘倩:《南街社会》,学林出版社2004年版;左鹏:《社会主义市场经济下的"南街现象"研究》,河南人民出版社2004年版。

认为,这些组织现象实际上并不是中国传统文化的遗传,而是“掌权后的列宁式政党以及中国计划经济本质所产生的后果”①。他认为,看似传统的现象和制度其实是某种独特的现代体制的产物,并且将中国单位组织中出现的独特现象称为新传统主义。在中国计划经济时期,这种组织性依附关系表现在以下三个方面:“个人在经济来源上依附于单位,在政治领域中依附于国家,在身体上依附于党员干部。”②学者汪和建认为,从自我行动的逻辑的视角来看,华尔德提出的新传统主义可以解释改革开放时期中国单位组织的真实的社会建构特征。③阎云翔并未对新传统主义进行理论上的论述,不过他指出:“随着这种‘组织性依附’关系的弱化,个体开始兴起以及随之出现的社会个体化是1949年以来由国家推动的现代性过程中的一个自反性内容。”④笔者将组织性依附置于大寨这个场域中来考察,发现在从计划经济到集体经济转型的过程中,并非如学者们所说的组织性依附已经消失,对于大寨人来说,这种组织性依附的现象依然存在,尤其体现在心理上的依附,这将是本书的重要考察内容。

二、问题的提出

中国的下层社会是一个乡土社会,乡土社会也一直被认为是需要改造的。晚清以来,为了改造乡村,国家进行了政权建设,然而出现了国家政权内卷化⑤的困境,这说明了晚清到民国年间的国家政权建设是失败的。中国共产党执政后,继续在现代化的口号下推动一系列的国家政权

---

① [美]华尔德:《共产党社会的新传统主义:中国工业中的工作环境和权力结构》,龚小夏译,香港牛津大学出版社1996年版,第xix页。

② [美]华尔德:《共产党社会的新传统主义:中国工业中的工作环境和权力结构》,龚小夏译,香港牛津大学出版社1996年版,第xvii页。

③ 汪和建:《自我行动的逻辑:理解“新传统主义”与中国单位组织的真实的社会建构》,《社会》2006年第3期。

④ 阎云翔:《中国社会的个体化》,陆洋等译,上海译文出版社2012年版,第37页。

⑤ [美]杜赞奇:《文化、权力与国家:1900—1942年的华北农村》,王福明译,江苏人民出版社1994年版。

建设,并且成功地将国家的力量延伸到村庄。

消灭贫困,实现共同富裕是社会主义内在的本质要求和以人为本理念的重要体现。中华人民共和国建立后,开始了社会主义建设的步伐。在社会主义建设中,在多种力量的助推下,大寨这个普通的村庄被树立为全国农业战线的典型。这样树典型的过程包括哪些因素,这是一个需要思考的问题。20世纪70年代,各种外力介入村庄,彻底改变了当地人的日常生活,每天单调的劳动、去除私人空间、日常生活格式化,人们在多重浪潮的颠簸与起伏中失去了重心。20世纪80年代初的家庭联产承包责任制对于全国很多地方的民众来说,是一件期待已久的欢欣鼓舞的事情,但是对于很多大寨人来说,对于国家政策的理解经历了一个较为曲折的过程,直到1983年,大寨才开始实行包产到户。包产到户后,"剧场社会"那种聚光灯下的生活成为历史,大寨人又显得十分茫然,不知所措,生活失去重心而变得无所适从。大寨人的这种不适应,从家庭联产承包责任制在大寨推行过程中所经历的曲折便可见一斑。正是在背负历史包袱的状况下,大寨人开始了转型。

20世纪90年代开始,村民的日常生活开始了重建,一系列民间仪式又开始上演。大寨人到底是如何重建日常生活,怎样在文化上适应的?在家庭越来越核心化、社会越来越个体化的状况下,大寨人最终从组织性依附关系中走出来了吗?村民的文化、道德是如何重建的?

进入21世纪后,当地政府又开始提倡大寨精神,同时大寨也再次被树立为典型。改革开放已经40年了,今天的大寨人是怎样认识大寨精神的?为了找到这些问题的答案,并进行文化上的阐释,我们就必须走向大寨,走进大寨人的日常生活。

第二节　相关研究回顾

在20世纪过去的百年里,中国社会不断地在传统与现代、进步与落后之间摇摆着。在21世纪的今天，运动年代所产生的具有纪念碑意义的象征物早已不再拥有历史时期所具有的魔力，实际上，经过了岁月的积淀后它们以新的方式融入了民众的社会生活之中。更进一步讲，这些原本将要被忘却的记忆、消失的历史，在被逐步地遗产化过程中进行着经济再生产与文化再生产。[①]改革开放后，曾经的历史并未被人们忘记，并未从人们的心理上完全消失，而是出现了许多对历史遗产的借用。

一、革命、建设与历史遗产

美籍犹太哲学家阿伦特认为："从历史上看，战争是有史以来最古老的现象，而革命，确切地说，在现代以前并不存在，只有在最近的政治资料里，方可找到它们。"[②]"革命"一词的含义在中国古代与近代也大不相同，在古代文献中革命大多用于指汤武革命和王朝易姓。[③]因此，传统的革命主要是指在农民起义的大旗之下均贫富的革命理想主义运动，而中国式现代革命观念的兴起则是学习西方现代政治经济制度失败的产物，由农民革命来实现社会的再整合，在某种意义上可以说是中国传统社会改朝换代机制的变种。革命在中国当代思想中相当于新道德，革命意识形态把中国组成一个超级科层社会和革命道德共同体时，必定是斗争哲学的张扬和批判对立面群体修身运动的大规模展开。[④]革命的目的是对民众进行改造，而要改造民众，首先就要了解乡村的现状。

（一）革命与建设旗帜下的乡村

在20世纪上半叶的中国乡村革命研究中，杜赞奇和黄宗智的研究成果是不能不谈的。二人是历史学家，但是他们部分借用了人类学的研究方法，对华北内陆乡村变迁过程进行了考察，他们的研究成果也对乡村的

① 参见王晓葵：《"记忆"研究的可能性》，《学术月刊》2012年第7期。

② [美]汉娜·阿伦特：《论革命》，陈国旺译，译林出版社2007年版，第2页。

③ 金观涛、刘青峰：《观念史研究》，法律出版社2009年版，第367页。

④ 金观涛、刘青峰：《观念史研究》，法律出版社2009年版，第398—399页。

研究颇具启发意义。杜赞奇利用日本满铁的惯行调查材料中河北和山东两个省的六个县六个村庄的资料，对20世纪30年代华北地区国家政权建构中的国家与乡村关系进行了考察，提出了权力的文化网络这样的概念，指出随着民国以来国家权力的进一步下沉，“保护型经纪人”纷纷隐退，而“赢利型经纪人”涌现，土豪劣绅逐渐掌握乡村政权，出现了国家政权内卷化的局面。在此基础上，作者考察了华北乡村社会权力结构在内外因素影响下的变迁过程。[①]同样是运用满铁资料，黄宗智借用了波兰尼的经济人类学概念，认为要研究中国乡村民众，就必须将“形式主义、实体主义、马克思主义这三种类型综合起来考察”。在借鉴了以上理论的基础上，他考察了20世纪自然村与国家的关系，“探讨了农村长期的演变形式”[②]。他认为：“很难将1949年的解放视为革命的终结，因为其后发生了大规模的革命性变迁……贯穿于1946年到1976年的大变迁，自大规模的土地革命开始，经过社会主义改造直到‘文化大革命’的结束。”[③]黄宗智还指出，20世纪80年代后农业产量的提高是与集体化时期农田水利基本建设和新技术的推广密不可分的。可见，改革开放时期农业的发展在很大程度上有赖于集体化时期的历史遗产，而农村剩余劳动力的转移是乡村可持续发展之路。[④]

杜赞奇、黄宗智是从历史学的视角对华北村落进行的宏观研究。在20世纪中国的乡村运动中，革命与继续革命是紧密相关且又互相支撑的重要话语与历史实践，而这些运动都深深地影响到了中共成立后的一系列政治运动。许多人类学、社会学、历史学者都认识到了在社会发展过程中这些运动的作用，纷纷展开了研究，取得了一系列重要成果。

---

① [美]杜赞奇：《文化、权力与国家：1900—1942年的华北农村》，王福明译，江苏人民出版社1994年版。

② [美]黄宗智：《华北的小农经济与社会变迁》，中华书局1992年版，第12页。

③ [美]黄宗智主编：《中国乡村研究（第二辑）》，商务印书馆2003年版，第92页。

④ [美]黄宗智：《华北的小农经济与社会变迁》，中华书局1992年版，第278、287页。

对于土改及土改复查进行了较为翔实记录的是“红色外国人”威廉·韩丁和柯鲁克夫妇。美国学者韩丁运用文学笔调,“试图通过张庄这个缩影,揭示中国伟大的反帝反封建革命的本质。这场大革命在20世纪上半叶改造了中国,它所迸发出来的巨大的政治、社会力量,不断地震撼着中国以至于全世界”①。20世纪80年代,韩丁又出版了《翻身:中国一个村庄的革命纪实》的姊妹篇——《深翻:中国一个村庄的继续革命纪实》②。在翻身的基础上,韩丁通过回访研究,写出了合作化运动是怎样触及每个中国农民的心灵深处,道出了改革开放的内在逻辑和深层问题。可以说,这两本书从深层次角度研究了张庄以及中国乡村所经历的运动,在这些运动中人们是怎样在文化上适应的,在文化的调适过程中社会发生了怎样的变迁。

同韩丁一样,柯鲁克夫妇也是土改的亲历者和见证人。他们夫妇二人于1947年11月来到了十里店村,③在长达一年的时间里全程参与了由共产党领导的土改复查和整党运动。凭着对异文化的敏感,他们较为翔实地记录了这些革命运动的经过。④

20世纪50年代以后,国内人类学、社会学被取消,人类学对乡村政治的研究也陷于停顿。但是海外一些学者通过对中国台湾、中国香港和海外华人社区的田野调查,或凭借仅有的文献资料来进行研究,如弗里德曼对中国乡村宗族的研究中就充分运用了当时村落田野调查资料和历史文

---

① [美]韩丁:《翻身:中国一个村庄的革命纪实》,韩倞等译,北京出版社1980年版,序言第2页。

② [美]韩丁:《深翻:中国一个村庄的继续革命纪实》,《深翻》译校组译,中国国际文化出版社2008年版。

③ 加拿大人伊莎贝尔·柯鲁克和英国人大卫·柯鲁克夫妇拿着英国共产党的介绍信,于1947年来到当时晋冀鲁豫边区政府的所在地、位于太行山脚下的河南省武安县十里店村,直到1948年秋天他们才离开。1949年8月,武安县被划归河北省。

④ 参见[加]伊莎贝尔·柯鲁克、[英]大卫·柯鲁克:《十里店(二):中国一个村庄的革命》,龚厚军译,上海人民出版社2007年版;[加]伊莎贝尔·柯鲁克、[英]大卫·柯鲁克:《十里店:中国一个村庄的群众运动》,安强、高建译,北京出版社1982年版。

献，将传统的村落置于区域社会进行研究，用以批判传统民族志研究方法的局限性。[①]陈佩华、赵文词、安戈的陈村主要是通过在香港的访谈，论述了人民公社时期各个阶段陈村的政治与经济状况。1992年，作者又赴陈村，对市场经济时期陈村的社会变化进行了调查。通过口述史的访谈和实地的田野调查，陈村描述了华南一个乡村40多年的变迁中国家与社会的互动过程。[②]

同样是利用陈村移民的访谈材料，赵文词研究了陈村这个共产主义村庄中的道德与权力。他把陈村两位村庄领导人概括为“共产主义绅士”和“共产主义起义者”两种类型。通过描述这两位理性类型的村庄领导人在历次运动中的权力更迭以及他们所面临的困境，论述了共产主义意识形态与传统社会所提倡的道德伦理之间的巨大差异。[③]

这种将中国港台以及东南亚地区作为中国“试验场”而进行研究的做法是不得已而为之。20世纪80年代以来，随着中国改革开放的步伐加快，人类学学科的恢复与重建，学者们终于可以走出“想象的异邦”而进行近距离观察。如弗里曼、毕克伟、赛尔登、波特夫妇、萧凤霞、黄树民等学者都在深入田野调查的基础上，不仅展示了乡土社会丰富的地方性知识的变迁过程，而且对村落视野中的国家与社会进行了深描。

弗里曼等三位学者曾于1978—1987年先后18次访问河北省饶阳县五公村，以1935—1960年华北发生的一系列事件为线索，“不仅想要按时间顺序来表达这些不寻常事件对农民的影响，主要是想通过这些事件理解农民如何对付这些事件”。通过这些事件，作者聚焦于国家与社会的关

① Maurice Freedman, Lineage Organization in Southeastern China, London: Athlone Press,1958; Maurice, Freedman, Chinese Lineage and Society: Fukien and Kwangtung, London:The Athlone Press, 1966.

② [澳]陈佩华、[澳]赵文词、[美]安戈：《当代中国农村历沧桑：毛邓体制下的陈村》，孙万国、杨敏如、韩建中译，香港牛津大学出版社1996年版。

③ Richard Madsen, Morality and Power in a Chinese Village, Berkeley:University and California Press,1984.

系,描述了这些典型村与国家之间的庇护主义关系。[①]虽然韩丁和弗里曼等人均从纵向社会结构进行研究,但是韩丁认为经过一系列的运动,民众翻身了,弗里曼等人与韩丁的观点则呈现对立的倾向,他们认为运动极端化并没有打破官僚化的倾向。不同于弗里曼等人对运动批判的研究,波特夫妇1979年首访茶山后,又分别于1981—1985年间进行了四次重访,叙事的起点为1949年前的中国社会,一直延续到1985年改革开放后的社会变化,目的在于展示新制度建立的内在合理性。[②]萧凤霞以华南一个公社为研究个案,以国家与社会为框架,从历史人类学的视角出发,论述了中华人民共和国成立后的30年间,国家怎样一步步地渗透乡村社会,以及在此过程中乡村社区的权力结构和政治制度发生了怎样的变迁。换言之,萧凤霞的个案再现了随着这些作为国家代理人的乡村干部被整合进党治理结构中,村庄被"细胞化"的过程。[③]

以上的人类学著作侧重的是整体的村庄中国家与社会的研究,黄树民的林村则是侧重于从生命史的方法,以村支书叶文德的个人口述资料,透视了1949年以来厦门附近一个村庄的社会变革。[④]张小军也在实地调查的基础上,结合文献资料,主要运用布迪厄的资本理论对福建阳村土改的情况进行了研究。[⑤]韩敏以皖北李村为田野点,"评价社会主义革命和改革对李家楼的影响,梳理在土改、社会主义集体化以及去集体化的过程中,中国乡村社会的变迁与延续,并考察在这一过程中中国农民与政府之

---

① [美]弗里曼、毕克伟、赛尔登:《中国乡村:社会主义国家》,陶鹤山译,社会科学文献出版社2002年版,第365—367页。

② S. H. Potter and J .M. Potter, China's Peasants: The Anthropology of a Revolution, Berkeley: Cambridge University Press,1990.

③ Helen Siu, Agents and Victims in South China: Accomplices in Rural Revolution, New Haven: Yale University Press,1989.

④ 黄树民:《林村的故事:一九四九年后的中国农村变革》,素兰、纳日碧力戈译,生活·读书·新知三联书店2002年版。

⑤ 张小军:《象征地权与文化经济:福建阳村的历史地权个案研究》,《中国社会科学》2004年第3期。

间的关系”[①]。戴慕珍是一位经济学家，但是她用人类学的研究方法在中国内地和中国香港选取村庄作为研究单位，聚焦在人民公社被废除、国家对农业的垄断终结后，靠农业生存的人们是怎样转型的。作者深刻地分析了社会转型中中国乡村所经历的巨大政治变迁过程。[②]

20世纪90年代以来，社会学家孙立平和郭于华共同主持了20世纪下半期中国农村社会生活口述资料收集与研究计划，通过资料的收集和整理，展示了普通人对于这些历史事件的感受与理解；[③]景军以大川孔庙的恢复这一事件为切入点，论述了计划经济时期的运动中孔庙被毁、改革开放后通过创造性转化孔庙重新被修复的过程，运用社会记忆的理论，记述大川的历史并展现人们如何运用记忆重构社会关系；[④]于建嵘以岳村为个案，对一个多世纪以来的政治关系、权力体系、政治控制、政治参与和政治文化的变迁过程进行描述和分析，从政治人类学的角度，剖析转型期中国乡村政治发展的过程和特征；[⑤]吴毅以现代性、国家和村庄地方性知识为三个基本维度，以川东双村为田野点，以权威与秩序为考察的问题，论述这个村落的百年治理变迁过程；[⑥]阎云翔考察了夏岬村从合作化到改革开放半个世纪以来农民私人生活所经历的双重转型：一是私人家庭的崛

---

① [日]韩敏：《回应革命与改革：皖北李村的社会变迁与延续》，陆益龙、徐新玉译，江苏人民出版社2007年版，第2页。

② Jean C. Oi, State and Peasant in Contemporary China, Berkeley:University of California Press, 1989.

③ 相关研究成果可参见郭于华、孙立平：《诉苦：一种农民国家观念形成的中介机制》，《中国学术》2002年第4期；郭于华：《心灵的集体化：陕北骥村农业合作化的女性记忆》，《中国社会科学》2003年第4期；郭于华：《作为历史见证的“受苦人”的讲述》，《社会学研究》2008年第1期；李放春：《苦、革命教化与思想权力：北方土改期间的“翻心”实践》，《开放时代》2010年第10期。

④ Jing Jun, The Temple of Memories: History, Power, and Morality in a Chinese Village, Stanford University Press, 1996.

⑤ 于建嵘：《岳村政治：转型期中国乡村政治结构的变迁》，商务印书馆2001年版。

⑥ 吴毅：《村治变迁中的权威与秩序：20世纪川东双村的表达》，中国社会科学出版社2002年版。

起,二是家庭内部个人私生活的普遍出现。[①]这些作品均是通过对一个小型社区的研究,不同程度地对人民公社化时期以及改革开放后转型的过程进行了论述,同时反映了社会变迁中乡村社会与国家政权之间的博弈过程。换言之,是进行了小社区、大社会的研究。张乐天专门对人民公社进行了研究,在创立外部冲击——村落传统互动模式的同时,他也指出了"赋予社会主义以中国特色的不是改革开放,而是毛泽东时代的遗产,在农村,就是人民公社"[②]。换言之,人民公社这一历史遗产对于改革开放后乡村社会重构产生了重要的影响。

20世纪90年代后,政治学界、社会学界也出现了许多研究变迁与重构的重要学术性作品。如王沪宁运用社会学的方法研究了村落家族文化在中国社会—历史—文化的变迁中究竟发生了怎样的变化,改革开放对村落家族文化有何影响,村落家族文化对中国现代化的意义。[③]陈吉元、陈家骥、杨勋主编的《中国农村社会的经济变迁》一书从土改、互助合作、人民公社、农业学大寨、家庭联产承包责任制这五个方面论述了中国1949—1989年的社会变迁过程。[④]周晓虹则是以周庄和虹桥两个地点为研究个案,进行了中国农民心理世界的研究。在收集资料的时候使用了社会学和社会人类学的方法,通过周庄和虹桥两种模式的比较,再现了江浙农民精神世界的未来图景。在书中,他对土改、集体化、人民公社、走大寨之路这些运动都进行了论述,指出了"伴随着中国社会的经济断断续续、一波三折的现代化发展,中国农村也在经历着艰难而缓慢的现代化历

① 阎云翔:《私人生活的变革:一个中国村庄里的爱情、家庭与亲密关系(1949—1999)》,龚小夏译,上海书店出版社2006年版。

② 张乐天:《告别理想:人民公社制度研究》,东方出版中心1998年版,第12页。

③ 王沪宁:《当代中国村落家族文化:对中国社会现代化的一项探索》,上海人民出版社1991年版,第3页。

④ 陈吉元、陈家骥、杨勋主编:《中国农村社会经济变迁(1949—1989)》,山西经济出版社1993年版。

程"[①]。陆学艺等学者则通过对大寨、刘庄、华西等这13个村的田野调查,获得了许多第一手资料,从社会学角度研究和考察了中国农村实行改革开放后所发生的历史性变化。[②]

(二)历史遗产

徐新建把革命和守成作为两个重要变量来考察近现代直至当代中国的遗产历史演变过程。[③]田彤从革命的时段性出发,论述了辛亥革命与王朝遗产的关系。[④]章开沅等学者认为,辛亥革命依然是不确定的遗产,至今仍然在探索与讨论之中。[⑤]

20世纪80年代以来,许多研究为我们提供了有力的证据,证明对集体化时期的社会记忆大大影响了中国人民当前的行为与政治态度。[⑥]这些研究表明,由于观念的日益更新以及社会交往圈的增大,人们的价值观念发生了变化,大家对计划经济时期的记忆也被重塑了,将其赋予了新的含义。莫里斯·迈斯纳在《毛泽东的中国及后毛泽东的中国》中开辟专章阐述了毛泽东时代的遗产,评价了其积极的和消极的后果,并指出毛泽东留给后人的经济问题和政治问题。[⑦]

---

① 周晓虹:《传统与变迁:江浙农民的社会心理及其近代以来的嬗变》,生活·读书·新知三联书店1998年版,第207页。

② 陆学艺:《改革中的农村与农民:对大寨、刘庄、华西等13个村庄的实证研究》,中共中央党校出版社1992年版。

③ 徐新建:《当代中国的遗产问题:从"革命"到"守成"的世纪转变》,《贵州社会科学》2011年第5期。

④ 田彤:《革命的"时段性":辛亥革命与王朝遗产》,《广东社会科学》2012年第1期。

⑤ 章开沅等:《不确定的遗产:哈佛辛亥百年论坛演讲录》,九州出版社2012年版。

⑥ Huang Shu-min, The Spiritual Road: Change in a Chinese Village through the Eyes of a Communist Party Leader, Boulder, Col. : Westview press, 1989; Arthur Kleinman, Social Origins of Distress and Disease, New Haven, Conn: Yale University Press, 1986; S. H. Potter and J .M. Potter, China's Peasants: The Anthropology of a Revolution, Cambridge: Cambridge University Press, 1990; Jing Jun, The Temple of Memories: History, Power, and Morality in a Chinese Village, Stanford: Stanford University Press, 1996.

⑦ [美]莫里斯·迈斯纳:《毛泽东的中国及后毛泽东的中国》,杜蒲、李玉玲译,四川人民出版社1989年版,第535—551页。

纳尔逊·格雷本将怀旧分为两种:一是对那些几乎被遗忘了的传统的怀旧,二是对自然和自然人的怀旧。[①]对过去的内疚就是一种怀旧。怀旧一开始是与思念故乡联系在一起的,而在17世纪却被认为是一种心理疾病。实际上怀旧是与集体记忆、社会记忆联系在一起的,是解决认同危机的重要手段。当今,怀旧又与旅游联系在了一起。在国内,进入21世纪以来,在怀旧心理的驱使下,又掀起了文化旅游的热潮。

刘建平、韩燕平将红色旅游凭借物归纳为五种:红色旅游资源、革命历史文化资源、革命历史文化遗产、红色文化遗产、红色文物,并对其概念进行了辨析;[②]张羽、刘妮对延安清凉山红色旅游发展进行了思考;[③]张河清、喻彩霞进行了红色旅游核心竞争力评价体系研究;[④]刘利国论述了大寨红色旅游的独特历史文化底蕴;[⑤]任军利、卢丽刚将红色旅游置于新农村建设的视野中进行研究;[⑥]席岳婷从革命历史文化遗产保护与红色旅游开发的视角出发,论述了二者的和谐共生关系。[⑦]

在市场经济和全球化的今天,革命记忆以及历史遗产也被不断地加以重构,值得一提的是日本学者的中国人类学研究。2004年10月,中国籍日本学者韩敏教授发起并组建了由中日学者共同参加的"中国的社会变化及再构筑:革命的实践与表象"现当代中国研究课题组。学者们通过21个案例,运用了长时段视角,主要围绕以下三个主题进行了人类学研究:"第一,宣传、言说、服饰、电影中的革命表象;第二,革命过程中民间的社会制度、文化/礼仪的重构;第三,市场经济和全球化下的革命记忆与社

① [美]纳尔逊·格雷本:《旅游、现代性与怀旧》,张晓萍、刘天曌编译,《民族艺术研究》2003年第6期。

② 刘建平、韩燕平:《红色文化遗产相关概念辨析》,《宁波职业技术学院》2006年第4期。

③ 张羽、刘妮:《延安清凉山红色旅游发展的战略思考》,《人文地理》2009年第1期。

④ 张河清、喻彩霞:《红色旅游核心竞争力评价体系研究》,《经济地理》2009年第3期。

⑤ 刘利国:《论大寨红色旅游的独特历史文化底蕴》,《山西财经大学学报》2009年第1期。

⑥ 任军利、卢丽刚:《发展红色旅游,推进新农村建设》,《人民日报》2009年5月6日。

⑦ 席岳婷:《对增强陕西革命历史文化遗产保护与旅游展示的思考》,《陕西社会主义学院学报》2012年第2期。

会转型。”[①]

二、文化重构

中国传统的乡土社会是一个熟人社会，这个熟人社会中所固有的一套礼治秩序起到了稳定社会和调节人伦关系的作用。然而随着社会的变迁与时代的转型，传统社会中形成的这套礼治秩序功能逐渐丧失，社会关系变得愈加脆弱，人们不再处于一个差序格局为主要特征的家族网络之中，而是呈现了独有的“中国社会的个体化”[②]。在社会结构格局的变迁过程中，维系乡土中国的熟人社会的一套文化伦理开始重构。

文化重构是指“一个民族或群体对文化观念的改造和对文化因素的重新建构”[③]。社会结构格局的变迁不仅仅是经济变迁、政治变迁，而更为深层次的是会带来的民众思想观念、思维方式的变迁，这些都是文化重构的重要组成部分。然而两种文化在相遇过程中，不可避免地要发生碰撞，会形成不平衡、差距与错位，这就注定了文化重构是一个长期的、复杂的过程。人类学、民族学起源于对异文化的研究，民族地区的文化重构现象也就成为其研究的重点。如高丙中[④]、胡芳[⑤]的土族研究，刘志扬[⑥]的藏族

---

① 韩敏：《当代日本中国人类学研究中的政治分析：以日本国立民族学博物馆的一个共同研究课题组为例》，《浙江大学学报（人文社会版学）》2009年第4期。

② 参见阎云翔：《中国社会的个体化》，陆洋等译，上海译文出版社2012年版；[挪威]贺美德、[挪威]鲁纳：《“自我”中国：现代中国社会中个体的崛起》，许烨芳译，上海译文出版社2011年版。

③ 高丙中：《文化影响与文化重构》，潘乃谷、马戎主编：《社区研究与社会发展：纪念费孝通教授学术活动60周年文集（第一卷·中册）》，天津人民出版社1996年版，第963页。

④ 高丙中：《文化影响与文化重构》，潘乃谷、马戎主编：《社区研究与社会发展：纪念费孝通教授学术活动60周年文集（第一卷·中册）》，天津人民出版社1996年版。

⑤ 胡芳：《文化重构的历史缩影：土族创世神话探析》，《民族文学研究》2005年第4期。

⑥ 刘志扬：《乡土西藏文化传统的选择与重构》，民族出版社2006年版。

研究,包路芳[①]的鄂温克族研究,杨文炯[②]的回族研究。麻国庆[③]研究了在传统到现代时空转换过程中非物质文化遗产与文化的创造、重构。秦红增、宋秀波[④]以金龙布傣天琴文化的发展为例,对民族传统文化重构过程进行了反观。张昌山[⑤]从全球化多元文化共生的环境中思考中国地方知识与文化重构的关系。段友文[⑥]以黄河中下游为区域,以家族村落这个社会结构的基本单元为透视点,论述了家族村落民俗在社会现代化中文化间的碰撞、冲突与重构。

三、作为纪念碑的大寨

大寨位于山西省昔阳县中部,距县城东南5公里。对于村庄的起源,史书上没有详细的记载。《大寨村志》里也只是很含糊地描述了大寨村名的来源:“因古时有军队在此安营扎寨驻守虹桥关,又与相邻的‘小寨’村相区别而得名。”[⑦]对于大寨这个曾经最为喧嚣与热闹的村庄,中国人并不陌生,因为它承载了国人一段特殊的历史记忆。20世纪80年代后,大寨恢复了平静,但是社会的转型并不是一帆风顺的,往往要经历阵痛。事实上,这个典型村庄的民众在文化重构的过程中经历了“沉重的转身”。[⑧]

大寨曾经是中国农业战线上的一个标杆与范本。如果按照历史上重

---

① 包路芳:《社会变迁与文化调适:游牧鄂温克社会调查研究》,中央民族大学出版社2006年版。

② 杨文炯:《互动、调适与重构》,民族出版社2009年版。

③ 麻国庆:《非物质文化遗产:文化的表达与文化的文法》,《学术研究》2011年第5期。

④ 秦红增、宋秀波:《由外源及内发:民族传统文化重构反观》,《吉首大学学报(社会科学版)》2012年第1期。

⑤ 张昌山:《地方知识与文化重构》,《思想战线》2011年第4期。

⑥ 段友文:《黄河中下游家族村落民俗与社会现代化》,中华书局2007年版。

⑦ 王俊山:《大寨村志》,山西人民出版社2003年版,第1页。

⑧ 学者刘小枫通过对一批现代作家的经典解读,揭示了沉淀在我们生活中习以为常的伦理问题。正是在这样的解读中,我们获得了沉重的肉身这一概念。而在田野调查中,笔者每每觉察到社会变迁过程中这些沉重的肉身所面临着的沉重的转身问题。参见刘小枫:《沉重的肉身:现代性伦理的叙事纬语》,华夏出版社2004年版。

大事件的发生，可以分为三个阶段：

（一）第一阶段：1959—1979年

最早对大寨进行宣传的是山西省的地方报纸。1959年12月，晋中地委就在昔阳县召开现场会，做出了学习党支部书记陈永贵的决定。1960年年初，山西省委书记陶鲁笳还支持召开会议并且向全省下发了《学习模范党支部书记陈永贵的通知》；同年6月28日，《山西日报》发表了《陈永贵：党支部书记的好榜样》的通讯。1963年8月3日，《人民日报》开始报道大寨，标题是《在农业阵地上：记昔阳大寨公社大寨大队党支部和支部书记陈永贵》，这是大寨和陈永贵首次出现在中央党报上；同年12月28日，《人民日报》又刊登了《奋发图强、自力更生、以国为怀、顾全大局：大寨大队受灾严重红旗不倒》的报道。1964年1月31日，刊登了《赞陈永贵和大寨人的精神》的报道，阐述了"自力更生十大好处"；同年2月10日，《人民日报》发表了新华社记者宋莎荫、范银怀采写的长篇通讯《大寨之路》。北京人民广播电台农村组还编写了《大寨》，并且在全国广播。

在这些新闻报道里，《大寨之路》影响更大一些，文章从1952年大寨成立合作社开始，比较详细地介绍了大寨人和自然做斗争的精神，文章也提出了"学大寨精神""走大寨之路"的口号。不过当时的大寨精神与后来的大寨精神明显不同，那时的大寨还只是一个农业方面的典型。1964年2月，中央人民广播电台举办了"学大寨、赶大寨"的专题节目，并且连续播出。与此同时，也有一些文学类的书籍出版，如《大寨：自力更生奋发图强建设山区的旗帜》[①]《大寨行》[②]《大寨英雄谱》[③]《大寨高风》[④]《大寨来的新战士》[⑤]和农村读物出版社的《大寨之路》。在这些作品中，巴金的散文

① 张丽泉、郝占敖：《大寨：自力更生奋发图强建设山区的旗帜》，山西人民出版社1964年版。

② 巴金：《大寨行》，山西人民出版社1965年版。

③ 孙谦：《大寨英雄谱》，农村读物出版社1965年版。

④ 燕凌：《大寨高风》，山西人民出版社1964年版。

⑤ 戈基：《大寨来的新战士》，山西人民出版社1965年版。

《大寨行》、孙谦的《大寨英雄谱》较为有影响，两本书均是通过文学的笔调对大寨群体人物进行刻画，从不同的侧面看到了运动进入村庄后，普通村民是怎样被整合到国家之中。

1964年2月10日，《人民日报》刊登了新华社记者的通讯《大寨之路》，并发表社论《用革命精神建设山区的好榜样》，在介绍大寨人的先进事迹的同时，号召全国农业战线要学习大寨人的革命精神。1964年12月20日，周恩来总理在向三届全国人大一次会议所做的《政府工作报告》中把大寨精神进行了概括："大寨大队所坚持的政治挂帅、思想领先的原则，自力更生、艰苦奋斗的精神，爱国家、爱集体的共产主义风格，都是值得大大提倡的。"

此后，全国农村兴起了农业学大寨运动，持续了15年[①]，一直到20世纪70年代末。在这期间，全国各地新闻媒体紧抓农业学大寨的主题，发表了很多相关的文章，就以1967—1978年为例，仅《山西日报》就发表了680多篇有关大寨的文章，达到了200余万字。从1963年8月大寨第一次出现在《人民日报》，到1979年农业学大寨结束，《人民日报》直接或间接与大寨有关的文章一共有600多篇，达到了几十万字。

为推广大寨经验，还出版了许多这方面的作品，如《坚持大批资本主义，坚持大干社会主义：大寨大队、昔阳县、寿阳县等在全国农业学大寨会议上的发言的摘要》[②]《大寨精神颂》[③]《大寨在不断前进》[④]《大寨红花遍地

① 农业学大寨运动开始于1964年，到底结束于1978年、1979年还是1980年，也就是说，这一运动持续了14年、15年还是16年，不同的学者有不同的观点。笔者认为，1979年后期大寨开始遭到批判，大寨顿时变得"门前冷落车马稀"，当年到大寨参观的也只有5批16人了。因此，将1964—1979年这15年认为是农业学大寨这一运动的时间段是比较合适的。

② 山西人民出版社编：《坚持大批资本主义，坚持大干社会主义：大寨大队、昔阳县、寿阳县等在全国农业学大寨会议上的发言的摘要》，山西人民出版社1975年版。

③ 寿阳县《大寨精神颂》创作组编：《大寨精神颂》，人民文学出版社1977年版。

④ 广东人民出版社编：《大寨在不断前进》，广东人民出版社1970年版。

开》[1]《大寨红旗更鲜艳》[2]《大寨昔阳青年工作经验》[3]《大寨花开》[4]《大寨红旗》[5]《大寨红旗飘洞庭:安乡县学大寨赶昔阳的经验》[6]《大寨精神在武威》[7]。这些文字记述了轰轰烈烈的农业学大寨运动演变成一场群众性的政治运动的过程。

曲艺方面的作品,如《大寨战歌》[8]《大寨步步高:农业学大寨曲艺专辑》[9]《大寨红花遍地开》[10]《大寨红花山里开》[11]《大寨花开红万里:歌曲集》[12]《大寨新民歌选》[13]《大寨文艺节目选》[14]。

农业学大寨运动中涌现出了许多科学种田方面的成果,如《大寨玉米栽培》[15]《大寨"海绵田"》[16]《大寨田》[17]。

此外,还有《大寨地理》[18]。这本书附有黑白照片23张,不过这不是主要内容,编写组的目的在于通过这些图片"重点介绍大寨人在运动化的年月怎样重新安排河山,改变生产条件,战天斗地"。换言之,通过不同时期大寨的不同景象,反映大寨在集体化时期发生的变迁,以此宣传大寨精神。

---

① 广东人民出版社编:《大寨红花遍地开》,广东人民出版社1970年版。
② 上海人民出版社编:《大寨红旗更鲜艳》,上海人民出版社1975年版。
③ 共青团山西省委员会编:《大寨昔阳青年工作经验》,山西人民出版社1977年版。
④ 中国农业出版社编:《大寨花开》,中国农业出版社1977年版。
⑤ 文锦:《大寨红旗》,山西人民出版社1974年版。
⑥ 安湘:《大寨红旗飘洞庭:安乡县学大寨赶昔阳的经验》,中国农业出版社1976年版。
⑦ 甘武:《大寨精神在武威》,中国农业出版社1976年版。
⑧ 文武斌:《大寨战歌》,中国青年出版社1976年版。
⑨ 王济:《大寨步步高:农业学大寨曲艺专辑》,天津人民出版社1975年版。
⑩ 天津歌舞团民乐队改编:《大寨红花遍地开》,天津市歌舞团演奏1972年版。
⑪ 平武县文艺宣传队创作、演唱节目选:《大寨红花山里开》,四川人民出版社1975年版。
⑫ 人民音乐出版社编辑部编:《大寨花开红万里:歌曲集》,人民音乐出版社1975年版。
⑬ 大寨大队业余创作组编:《大寨新民歌选》,上海人民出版社1977年版。
⑭ 昔阳县文化馆编:《大寨文艺节目选》,人民文学出版社1978年版。
⑮ 大寨大队科研小组编:《大寨玉米栽培》,科学出版社1975年版。
⑯ 大寨大队科研小组编:《大寨"海绵田"》,科学出版社1975年版。
⑰ 大寨农学院和山西农学院编:《大寨田》,人民教育出版社1975年版。
⑱ 昔阳县大寨地理编写组编:《大寨地理》,商务印书馆1975年版。

(二)第二阶段:1980—1990年

此时大寨被边缘化,对大寨的研究也处于低谷。不过,也就是在这个阶段开始,对大寨研究与反思开始了。在CNKI知识网络服务平台——中国期刊全文数据库里,以“大寨”为主题词,以1980—1990年为时段,一共检索到105篇文章,其中直接与昔阳、大寨有关的文章共有16篇。文章主要集中四个方面,一是改革开放社会转型中大寨的新闻报道,例如《公正客观的记者胸怀——读通讯〈今日大寨〉》[①]《重访昔阳人》[②]《说说俺大寨人的心里话》[③]《大寨新党支部的诞生》[④]《大寨也不吃大锅饭了》[⑤]。二是对集体化时代大寨的反思,例如《党的领导和群众路线——[美]〈现代中国〉杂志关于群众路线问题讨论的综述》[⑥]《言近旨远,发人思深——评经济日报的一组报道》[⑦]《“农业学大寨”回忆片断》[⑧]《大寨采访反思录》[⑨]《建国30年来农业生产的主要经验教训》[⑩]《从晋中地区的实践看“金融学大寨”的危害》[⑪]《谈谈“农业学大寨”宣传》[⑫]。三是大寨农田水利建设,例如《大寨村的喷滴灌工程为什么能连续运行十二年?——山西省昔阳县大寨村水利调查报告》[⑬]《联合国粮农组织水土保持考察组来我国考察》[⑭]。

---

① 漱因:《公正客观的记者胸怀:读通讯〈今日大寨〉》,《新闻业务》1985年第11期。

② 冯东书、武赞庭:《重访昔阳人》,《瞭望周刊》1986年第30期。

③ 高玉良:《说说俺大寨人的心里话》,《瞭望周刊》1988年第33期。

④ 张进兴、金嘉声:《大寨新党支部的诞生》,《瞭望》1981年第1期。

⑤《大寨也不吃大锅饭了》,《羊城晚报》1982年12月20日。

⑥ 张晓:《党的领导和群众路线——[美]〈现代中国〉杂志关于群众路线问题讨论的综述》,《毛泽东邓小平理论研究》1985年第12期。

⑦ 朱世龙:《言近旨远,发人思深:评经济日报的一组报道》,《中国记者》1987年第11期。

⑧ 李克林:《“农业学大寨”回忆片断》,《新闻战线》1989年第Z1期。

⑨ 冯东书:《大寨采访反思录》,《新闻记者》1989年第4期。

⑩ 朱荣:《建国30年来农业生产的主要经验教训》,《农村金融研究》1982年第4期。

⑪ 石林、鸿钰:《从晋中地区的实践看“金融学大寨”的危害》,《中国金融》1981年第4期。

⑫ 李克林:《谈谈“农业学大寨”宣传》,《新闻战线》1981年第3期。

⑬ 山西省晋中行署水利局、昔阳县水利局联合调查组:《大寨村的喷滴灌工程为什么能连续运行十二年:山西省昔阳县大寨村水利调查报告》,《喷灌技术》1987年第1期。

⑭ 黄海清:《联合国粮农组织水土保持考察组来我国考察》,《水土保持》1980年第2期。

四是对大寨主要干部的叙述，例如《陈永贵的最后岁月片断》[①]《一个知名人物的落选》[②]。由上不难看出，除个别文章外，这个时期还谈不上严格意义上的研究。但是，诸多新闻报道所形成的素材为后续研究积累了资料。

（三）第三阶段：1991年以来的大寨

农业学大寨运动虽然早已退出历史舞台，但是那段激情燃烧的岁月所产生的社会记忆并没有随着时间的推移马上消失，而是积淀在人们的心灵深处，大寨也就被赋予了纪念碑意义，成为历史遗产。20世纪90年代以来，大寨这个村名也开始被注册为商标[③]。而随着大寨商标的运用，大寨实现从政治话语向经济话语的转变，这样的转型是与郭凤莲重返大寨分不开的。1991年11月，随着郭凤莲重返大寨，大寨又开始活跃在时代的舞台上，在发出自己的声音的同时，学界也给予了很大的关注。

在这一阶段，对大寨开始反思、冷静之后的学界也从更深层次来探讨这场运动，不过仍然主要集中在文学、历史学、政治学的领域。《大寨红旗的升起与坠落》[④]是一部从历史学角度对大寨进行研究的著作，也被认为是大寨研究的开山之作。该书基本上围绕关于农业学大寨运动的历史分期、农业学大寨运动的发动原因、大寨精神三个方面进行了比较深入的研究，主要是从反面对农业学大寨进行的批判。与此形成鲜明对比的是昔阳县当地人秦怀录的《扎白毛巾的副总理：陈永贵》[⑤]，这本书主要是从正面对农业学大寨、对陈永贵进行了描述。相对于以上的论述，《大寨：中国

---

① 成栋：《陈永贵的最后岁月片断》，《云南师范大学学报（哲学社会科学版）》1986年第3期。

② 田培植：《一个知名人物的落选》，《瞭望》1981年第1期。

③ 大寨作为独特的历史文化遗产，在市场经济的大潮下，将其作为商标能够产生经济效益。虽然全国也有众多的大寨村，不过并不是谁都能够注册"大寨"这个商标，这个商标的使用权专属于昔阳县大寨村。参见2009年7月17日刊登于《中国知识产权报》的文章：《山东酒家申请"大寨"商标被驳》和2009年7月24日刊登于《人民法院报》的文章：《"大寨"商标不是谁都能注册》。

④ 孙启泰、熊志勇：《大寨红旗的升起与坠落》，河南人民出版社1990年版。

⑤ 秦怀录：《扎白毛巾的副总理：陈永贵》，当代中国出版社1993年版。

名村纪实》[1]《农村人民公社史》[2]《农业学大寨始末》[3]《大寨沧桑》[4]《大寨寓言:农业学大寨的历史警示》[5]《农业学大寨运动史》[6],这些研究成果从更为广阔的视野对大寨以及农业学大寨进行了研究,他们突破了大历史的视角,关注到了这些作为历史亲历者的普通民众对历史的评价。如《大寨沧桑》,从史学和文学的角度,以1945—2005年这60年为时间段,描述了这段岁月里大寨发生的重大事件,以及这些事件对大寨人的影响。

20世纪90年代以来,还出版了一些报告文学作品,如《陈永贵沉浮中南海:改造中国的试验》[7]《陈永贵传》[8]《"文盲宰相"陈永贵》[9]《我的爷爷陈永贵:从农民到国务院副总理》[10]。通过这些报告文学或传记文学作品,我们可以了解到农业学大寨从兴起到结束的整个过程,同时对陈永贵这位在农业学大寨中中流砥柱的人物也有了更加深入的了解。但是历史从来不仅仅是大历史构成的,而小历史也不应该被忽视,也就是说,在对历史的研究中也关注底层人物的活动,而这正是这些书所关注较少的。

美国斯坦福大学的博士论文《中国农业中的大寨模式》[11],是从经济学角度对大寨模式的研究。1979年,邹谠等学者在《现代中国》上发表了对昔阳县7个公社14个大队组织、成长和平等问题的研究,其中对大寨大队

---

① 谭成健:《大寨:中国名村纪实》,中原农民出版社1998年版。
② 罗平汉:《农村人民公社史》,福建人民出版社2003年版。
③ 宋连生:《农业学大寨始末》,湖北人民出版社2005年版。
④ 孔令贤:《大寨沧桑》,山西经济出版社2005年版。
⑤ 陈大斌:《大寨寓言:农业学大寨的历史警示》,新华出版社2008年版。
⑥ 李静萍:《农业学大寨运动史》,中央文献出版社2011年版。
⑦ 吴思:《陈永贵沉浮中南海:改造中国的试验》,花城出版社1993年版。
⑧ 映泉:《陈永贵传》,长江文艺出版社1996年版。
⑨ 冯东书:《"文盲宰相"陈永贵》,:中国文联出版公司1998年版。
⑩ 陈春梅:《我的爷爷陈永贵:从农民到国务院副总理》,作家出版社2008年版。
⑪ Steidlmayer,Paul Kelly, The Dazhai Model in Chinese Agriculture: 1964-1974, Stanford University,1975.

进行了重点论述。[①]《中国政治》以山西大寨被树立为典型过程为个案,阐述了中国社会在树典型活动背后所反映的是“权威机构决策的实验主义”,同时也指出:“当一个单位取得经验上的成功后,革新者一般会被作为典型广为宣传,由榜样来决定政策,最终成为一场模范运动的样板。而且一旦成为典型后,就会产生维持,甚至夸大其成就这样的做法,这对于单位来说无疑是压力。”[②]

邢宇宙从社会学的视角[③]、常姝从人类学视角[④]、光梅红从历史学的视角[⑤]展开研究,三位学者主要关注集体化时期这个普通村庄被树立为典型过程中的实践逻辑和运作机制。冷凤彩从性别人类学的视角考察了大寨“铁姑娘”的命运。[⑥]上述大寨研究主要关注的是集体化时期,其研究时段基本上不涉及改革开放时期。

另外,《大寨村志》主要从十二个方面对大寨从集体化时期到改革开放时期的社会变迁进行了梳理,这本书是了解大寨、认识大寨、研究大寨的重要参考资料。不过,《大寨村志》的下限是1999年,而王俊山的另一部作品《大寨风物志》[⑦],可以被看作《大寨村志》的续篇,这本书延伸了我们对大寨的了解。同时,西沟、白羊峪、武家坪、留庄这些典型村的案例也

---

① Tang Tsou,Marc Blecherand Mitch Meisner,“Organization,Growth,and Equality in Xiyang County:A Survey of Fourteen Brigades in Seven Communes(partII)”,Modern China5(1979):3-39,139-185.

② [美]詹姆斯·汤森、[美]布兰特利·沃马克:《中国政治》,顾速、董芳译,江苏人民出版社2003年版,第284—285页。

③ 邢宇宙:《典型制造与社会动员:毛泽东时代大寨的个案研究》,博士学位论文,南京大学社会学系,2012年。

④ Chang Shu,Discourse, Morality, Body:Radical Socialism in a Chinese Model Village(1946-1978),Ph.D.dissertation,Harvard University,2013.

⑤ 光梅红:《集体化时期的村庄典型政治:以昔阳县大寨村为例》,中国社会科学出版社2015年版。

⑥ 冷凤彩:《中国特定环境下妇女地位研究:以大寨“铁姑娘”为例》,博士学位论文,武汉大学社会学系,2008年。

⑦ 王俊山:《大寨风物志》,山西古籍出版社2007年版。

从不同的侧面为我们了解大寨提供了可供比较的重要素材。因此,《西沟村志》[①]《白羊峪村志》[②]《武家坪村史》[③]《留庄村志》[④]也就成为研究大寨重要的参考资料。

通过以上综述,笔者注意到既有大寨研究呈现以下三个方面的特点:

第一,从研究的时段上,注重20世纪80年代之前的大寨研究,而忽视20世纪90年代以来大寨社会变迁过程的研究。且固有的这些研究成果也主要集中在对农业学大寨的评价,很少从大寨民众日常生活来进行长时段的研究。

第二,从研究的主要内容上,大多局限于对农业学大寨运动发起的原因、历史的分期、大寨精神以及运动本身的评价。

第三,从研究视角上,聚焦于精英人物、政治人物身上,民间的声音经常处于失语的境地。

我们不仅要关注大历史,而且要研究小历史;不仅要从由上而下的视角进行俯瞰,而且要从由下而上的视角对民众日常生活进行观照。大寨不是一个单独的村落,也不是一个封闭的社区,要将其置于中国乡村长时段的历史背景中去考察。

第三节　研究方法与资料来源

笔者对大寨展开研究,不仅是为了从民众的历史记忆去呈现大寨的过去,更是要通过这个村庄的历史演进去感知,去理解大寨转型与发展的过程。

① 张松斌、周建红主编:《西沟村志》,中华书局2002年版。

② 白羊峪村志编撰委员会:《白羊峪村志》,内部印刷,2008年。

③ 王久英主编:《武家坪村志》,内部印刷,2005年。

④ 李杰申主编:《留庄村志》,内部印刷,2010年。

一、观察视角

社会学家曹锦清说，在田野调查过程中，对一个地方观察的视角有两种形式：一是“从外向内看”与“从上而下看”，二是“从内向外看”与“从下而上看”。[①]实际上，两种方法各有利弊。集体化运动之前，大寨只是华北一个普通的村庄，但是在20世纪六七十年代，人们给予了它太多的关注。

对于这样一个村庄很难用一种视角对其进行研究。因此，笔者对大寨研究运用的是“从外向内”与“从内向外”结合、“由上而下”与“由下而上”结合的双重视角。

二、进入方式

民族志的参与式观察法要求研究者“在那里”，并且积极地参与当地人的活动，在此基础上以“局内人”的视角对这些“文化持有者”进行研究。虽然20世纪六七十年代，尤其是“写文化”争论以来[②]，移情式的研究遭到了批判，但是只有参与到当地人的日常生活中才可能对其进行深描。在进入所调查社区的时候，首先面临的是采取哪种方法进入。对于大寨这样的调查点来说，在调查中不仅要得到地方政府的帮助，更重要的是要同当地村民建立良好的关系。

在现代的民族—国家，国家的触角已经基本上深入每一个角落，村里的干部也被称为国家在地方的“代言人”，而被赋予了“双重角色”“经纪模

---

① 社会学家曹锦清在《黄河边的中国》中指出，观察转型中的中国社会可以有两个不同的视点，每一个视点可以有两个不同的视角：第一个视点的两个视角是“从外向内看”与“从上往下看”，第二个视点的两个视角是“从内向外看”与“从下往上看”。在调查中，曹锦清采取的是后一种视角。曹锦清：《黄河边的中国》，上海文艺出版社2001年版，第1页。

② [美]詹姆斯·克利福德、[美]乔治·E·马库斯编：《写文化：民族志的诗学与政治学》，高丙中、吴晓黎、李霞等译，商务印书馆2006年版。

式”与“守夜人”“撞钟者”这些角色。[1]不管这些角色是学者的建构,还是真实的存在,毕竟在当下的村落里,这些政治精英在很大程度上是国家政策向民间传递时的一个中间环节。笔者调查时住在村干部家里,一开始担心如果住到村干部家里,会不会在调查中很难真正地进入。事后发现,把问题想严重了。第一,村干部家里经常有外来人住,村民对村干部家里住着外来人已经习以为常了。第二,大寨是一个旅游景区,村民对外来人也没有特别的好奇,并不会出现戴蒙德在台头村调查时所遇到的“观察者反被观察”[2]的问题。不过,住在村干部家里毕竟视角单一,因此在2012年2月—11月这9个月时间里,笔者经常在村民家里和大寨镇政府这两个驻地之间转换,在这个不断转换的过程中,接触了不同的群体,对大寨的了解也逐步丰满起来。2013年到2020年,笔者又多次赴大寨进行回访调查。

在对大寨原党支部书记高玉良的访谈中,笔者知道了大寨镇有一位副镇长收集了很多关于大寨的书籍资料,其中不乏一些重要文件,而这些文件正是开展研究的重要资料。在大寨镇政府,笔者见到了这位副镇长,把来意向他进行了说明,他很热情地接待了笔者,并且也乐于为笔者的调查提供帮助。笔者曾经在乡镇工作过四年,熟悉乡镇的政府工作,且对大寨的研究是我们共同的兴趣,这些都为我们之间的沟通与交流打下了很好的基础。通过这位副镇长,我还认识了镇政府里的其他领导和同志,随着调查时间的延长,笔者不仅和村里的人,还和镇政府里的工作人员建立了良好的关系。此外,笔者还经常和镇政府里工作的大学生村官[3]进行交

---

① 吴毅:《“双重角色”“经纪模式”与“守夜人”和“撞钟者”:来自田野的学术札记》,《开放时代》2001年第12期。

② 潘守永:《一个中国的村庄的跨时空对话》,《广西民族学院学报》2004年第1期。

③ 从2005年开始,按照中共中央组织部的文件,山西开始招聘大学毕业生去基层工作,这些大学生的身份是村干部。去基层工作的时候如果是党员,就被任命为村里的党支部副书记,如果不是党员那么就被任命为村主任助理。这些大学生村干部大多出生在20世纪80年代以后,是当下基层社会中文化人的代表,对乡村,尤其是工作所在地的情况有一定的思考,同他们的交流与沟通对于笔者的调查来说也就具有了重要的意义。

流，在他们的帮助之下，笔者对大寨以及中国乡村的许多问题有了更加深入的了解。

三、研究方法

在人类学的研究中，田野调查不仅是极其重要的方法，甚至可以说田野调查的方法就是人类学的立身之本，被认为是“现代人类学的基石”[①]。现代人类学的规范是由波兰裔的英国人类学家马林诺夫斯基在《西太平洋的航海者》中确立的，马氏实现了“田野作业、理论或主题、民族志等三要素结合的范式”。具体规则遵循以下四点：其一，选择特定的社区；其二，一年以上的现场调查时间；其三，对当地语言的掌握；其四，先从本土的观点参与体验，后面要达成客观的认识。[②]马氏对田野作业的要求已经成为一个人类学家必须要经历的“成年礼”，也成为人类学的规范。如果按照地域来讲，笔者是山西人，可以说在大寨的田野属于家乡人类学的范畴。家乡人类学这一概念较早是由日本东京大学的末成道男教授提出来的，他认为，家乡人类学概念是指研究自身社会和文化的人类学，在家乡人类学的研究领域中，被研究者与研究者通常具有共同的认识论，且具有共同的政治立场。[③]

本书研究重点是集体化时期向改革开放时期转型与发展过程中大寨的重构过程。笔者生于山西，长于山西，大学毕业后又在山西的乡镇工作了四年，因此无论是对民众的生活世界，还是对政府的工作世界均较为熟悉，本书的研究也自然属于家乡人类学的范畴。对于进行家乡人类学研

---

① [美]C·恩伯、M·恩伯：《文化的变异》，杜杉杉译，辽宁人民出版社1998年版，第98页。

② [英]马林诺夫斯基：《西太平洋的航海者》（译序），梁永佳、李绍明译，华夏出版社2001年版，第6页。

③ [日]末成道男：《研究东亚自身的社会的人类学》，北京大学社会学人类学研究所编：《东亚社会研究》，北京大学出版社1993年版。

究的笔者将自己定义为是“局内的局外人”[①]身份，从研究主体的角度来理解，笔者已经具备了局内人的身份，但是如果我们从被研究者主体的角度谈论，笔者又不是完全的局内人身份。因为在离开故乡后，笔者接受了六年时间的民俗学、人类学专业训练，在受到比较严格的学科训练后才重返故乡进行调查研究。在这种情况下，为了避免家乡人类学研究中习焉不察而失去距离感的困境，我们在面对社区地方性知识的时候就必须用观察异文化的目光来进行审视。因此，家乡人类学的研究会经历一个“由熟到生，再由生转熟”[②]这样重新的认识过程。

家乡人类学范围是有弹性的，对于大寨这个田野点来说，如果从山西省这样的范围来说，属于家乡人类学的范畴，但是如果再将范围缩小到晋北、晋中、晋南这样的区域，大寨就不再属于家乡人类学范畴了。范围越小，在研究过程中环境的适应、心理上的舒适、语言的熟悉等便利条件就会越明显，然而这样的便利条件反过来就会出现先入为主的不利因素。就作为田野点的大寨来说，它属于晋中地区，而笔者的家乡属于晋北，晋中和晋北虽然同属于山西，不过两地民众的生活方式、文化理念还是存在很大的差异，同时在进行田野调查之前，笔者并没有去过大寨及其周边地区，大寨对于笔者来说是一个陌生地区，大寨人在某种意义上也可以说是研究中的他者。因此，在经过人类学专业训练的基础上，选取大寨这样与笔者的家乡存在一定距离感的田野点进行调查，在一定程度上可以避免家乡人类学研究中所出现的习焉不察等一系列问题。

除此之外，“人类学家可以针对同一主题选择多个田野地点进行民族

① “局内的局外人”是指把自我文化客体化，实现转熟为生，以此更好地对本书化进行反思与理解。参见[美]保罗·拉比诺：《摩洛哥田野作业反思》，高丙中、康敏译，商务印书馆2004年版，第45—76页。

② [美]乔治·马尔库斯、[美]米开尔·费彻尔：《作为文化批评的人类学》，王铭铭、蓝达居译，生活·读书·新知三联书店1998年版，第190—226页。

志调查”，这种多点民族志[1]田野作业的方法是为了使民族志摆脱单一地点的局限性，便于从宏观上进行研究，这种研究方法最早是由人类学家马尔库斯提出的。在田野调查中，就采用了多点民族志的方法。20世纪40年代，昔阳县白羊峪村的王殿俊、刀把口村的张老太就被树立为太行劳模，王殿俊还参加了在北京举行的开国大典，张老太在1951年参加了国庆观礼。20世纪50年代，大寨、白羊峪、刀把口，分别以农业、林业、牧业出名而被称为“昔阳三枝花”。而平顺县的西沟村，在20世纪50年代是共和国版图上唯一一个被标明的行政村，因为这里的李顺达早在1940年就创办了全国第一个农业生产组织——李顺达互助组，村里的申纪兰更是一位全国劳模，她是全国唯一一个从第一届连任到第十三届的全国人大代表。笔者对白羊峪、刀把口、西沟这三个早于大寨出名，且在农业学大寨中的模范村进行了多点田野作业。就笔者的研究来说，主要是以大寨的研究为主，同时兼顾其他具有可比性的三个村，在互相参照与比较中，能够更加深入地了解大寨人的文化重构过程。

在田野调查前，方言是最让笔者担心的，因为对当地人语言的熟悉程度也是考察田野工作是否深入的重要指标。北方方言之间差别很大，有时候同属北方方言的不同地域之间也难以用语言直接沟通。然而进入田野后，笔者欣喜地发现，大寨人见过世面，他们的语言和普通话比较接近，大多话还是能够听懂，只是有个别的方言词不太明白，但是构不成交流困难。笔者没有花费很长的时间学习语言，大约一个月后就基本上掌握了当地人的语言。

客位研究是指调查者从外来观察者的角度来理解他所调查的地方文化，这是研究者不自觉地会存在的一种认识。其实在进行田野调查的时候，更应该从主位的视角出发。主位研究是指人类学者不能从自己的主

---

① George E,“Marcus,Ethnography in/of the World System: The Emergence of Multi- Sited Ethnography”,in Marcus,ed.,Ethnography through Thick and Thin, Princeton:Princeton University Press, 1995.

观认识出发,而是要从地方民众的自我认识去了解地方文化。换言之,这就要求我们对研究对象有深入的了解,熟悉他们的知识体系、分类系统,理解他们的价值观念、伦理道德和生活习俗,从文化持有者的内部眼光来看问题。因此,从主位的视角出发,让当地人发出自己的声音,而不是屏蔽他们的语言,这不仅是人类学学术伦理的要求,也是历史完整性的重要体现。不过主位研究也容易出现"身在此山中,云深不知处"的问题。换言之,不论是从主位被调查者的视角出发,还是从作为客位的研究者视角进行阐释,都不是完美无缺的。因此,在调查方法上要力求做到主位和客位之间视角的互换,也就是说,我们除了要从调查者的角度理解地方文化,还要从这些被调查者的角度来理解其文化内涵,在此基础上观照这些文化持有者是如何对自己所濡化的文化进行表述。

笔者综合运用了深度访谈与参与观察法。在访谈个案的选择上,主要是从两方面着手:一是从《大寨村志》上找访谈对象。《大寨村志》上有集体化时期23个"铁姑娘"和50条"好汉"的名字。笔者首先从这些人物开始,可惜他们中很多人已经故去,就只能对他们的亲属以及仍然健在者进行访谈。二是通过滚雪球的方式进行访谈。在当面访谈后,这些被访谈者介绍访谈对象:因为他们更清楚在村里哪些人对历史较为熟悉,也善于表述。由于得到了这些已访谈者的介绍,笔者的下一次访谈从来没有被拒绝过。这些被调查者对笔者长时期的调查一开始很不理解,后来清楚笔者所从事的人类学研究后,他们觉得人类学"三同"(同吃、同住、同劳动)的调查方法与集体化年代知识青年、下乡干部一样贴近群众,只有这样才是真正做学问。在村民家里、在田间地头、在虎头山上,笔者与他们进行了大量的接触,并且与许多村民结下了深厚的友谊,笔者的调查也得到了他们的肯定。①

① 就在2012年9月29日,也就是笔者将要离开大寨的前些日子,大寨小学的校长宴请了笔者和大寨村党支部书记等人。在饭桌上,这位村党支部书记说:"小郭,你是来我们大寨时间最长、调查最深入的一个,期待你的成果出版。"

四、资料来源

资料来源主要有两个方面:一是口述资料,二是文献资料。

田野调查主要集中在两个阶段进行,第一阶段是2011年7—10月,第二阶段是2012年2—11月,加起来一共是12个月。2013年到2020年,笔者又多次赴大寨进行回访调查。在田野调查中,笔者收集到了很多资料。口述资料主要包括访谈录音,也就是口述史。在调查期间,笔者与不同年龄和不同身份的访谈对象都进行了接触,下至中学生,上至村里一位92岁的小脚老太太。调查对象中,既有县、镇主管农村工作的党政干部,也有村里在职的村干部;既有已经退下来的村庄精英,也有普通村民。通过对这些精英和普通人日常生活的了解以及他们对历史与现状的讲述,笔者的地方性知识不断地丰富起来,对大寨的认知也不断地丰满起来。

文献资料主要是以下几个方面:第一,不同年代的县志、村志以及内部印刷的一些文学作品,如《乐平县志》《昔阳县志》[①]《大寨村志》《武家坪村史》《西沟村志》《留庄村志》《白羊峪村志》。第二,村里集体化时期的各类文件、工分账本、宣传材料,改革开放时期的《财务管理制度》《财务会计报告》以及很多合同、档案等。第三,县政府、镇政府的文件,如每年一度的工作总结,人大、政府工作报告等,这些资料对于笔者从整体上解读大寨转型与重构过程也意义重大。

第四节 研究思路与框架

综观以上研究,可以发现大寨研究呈现了人类学、社会学、政治学、历史学等学科交融互动的研究格局。人类学通过小地方、大社会的研究范

① 《昔阳县志》现存两个版本,分别为民国四年(1915)版和1999年版。参见(民国)皇甫振清等修、李光宇等纂:《续修昔阳县志》,台北成文出版社1968年版;昔阳县志编纂委员会编:《昔阳县志》,中华书局1999年版。如果文中没有特别说明,均指1999年版。

式，展示了国家与社会的关系；社会学的村落研究在理论建构方面做出了重要贡献；政治学关注了政治嵌入对村落的影响；历史学则对历史发展的脉络进行了清晰的梳理。这些研究主要集中在经济方式的转型、政治生态的影响、社会结构的变化、日常生活的变迁，而社会转型与发展中较为深层次的重构问题并没有成为专门的关注对象，这为开展本书研究拓展了学术空间。本书将以集体化时期为背景，重点阐述改革开放时期以来大寨转型与重构的曲折过程。

本书主要由绪论、七章正文及结语组成。

绪论部分主要由本研究的选题依据、国内外有关研究的回顾、研究方法与资料来源、研究的思路与框架共四节组成，说明了选择本课题的价值与意义。

第一章是关于大寨的概况。主要从大寨所处的生态方位、历史沿革、文化生境以及笔者在进入大寨后对村落的客位描述，共四节组成。

第二章主要论述的是大寨被树立为典型的过程。在这段时间里，大寨经历了土改、合作化、人民公社等阶段。通过这些象征着集体化时期中国社会的一个个符号，该章论述了大寨怎样从一个较为封闭的村庄发展为全国都要学习的对象，这样的被典型化过程主要受哪些因素的影响。同时笔者也指出了在社会实践活动中，大寨原有的根植于日常生活的文化传统被解构。这一过程中，大寨人也不由自主地卷入了一系列运动中，他们的日常生活发生了很大的变化。

从第三章开始，进入了改革开放后的研究。大寨人在集体化之前本来有属于自己的一套完整的文化体系，然而随着社会运动的推行，这套文化体系从民众的日常生活中被剥离出来。在20世纪80年代社会转型过程中，国家所倡导的一套文化体系与大寨人曾经的行为方式、文化理念产生了冲突。在文化的冲突中，大寨人最终进行了艰难的抉择。

第三章论述了在社会主义建设运动结束的三年后，农业学大寨最终退出了历史舞台。然而由于文化惰性的作用，大寨人经历了文化上的种种不适应。

第四章论述了随着自然生境的改变，大寨人所发生的生计方式的变迁以及在此变迁过程中这个群体所经历的沉重的转身。主要表现在依靠名村与名人这样的历史遗产，大寨人的生计方式实现了从农业到工业和旅游业的转型，成为一个“没有假日的村庄”。

第五章论述了随着生计方式的变迁，大寨的政治生态也在悄然发生变化。一系列村内与村外以及村内的复杂事件，都预示着在政治重构过程中传统权威的衰落。

第六章通过对信仰重构过程的展示，论述在现代性的冲击下大寨人的意义世界。仪式不是属于过去的历史记忆，在当下的大寨也不乏仪式。20世纪80年代以来，不仅以祖先崇拜为核心的民间仪式实现了恢复与重建，而且更为引人注意的是在国家又一次进入大寨的过程中仪式的频频上演。本章从国家仪式、民间仪式等方面对世俗化仪式中的大寨进行了论述，考察了在国家仪式的惯习性与民间仪式的复兴过程中民众所表现出的不同态度。

第七章从后大寨的逻辑起点出发，论述改革开放以来村落中的分化与整合。笔者采取多点田野点的方法，重点对两个集体化时期的典型村庄——刀把口和白羊峪的转型过程进行了描述，并且将这两个村庄同大寨这个改革开放后再次被典型化的村落进行了比较。

结语部分对大寨的转型与重构进行了理论探讨与文化反思，阐述了历史遗产、国家支持、权威依附三者合力对于村庄转型与重构的重要作用，并指出了乡村振兴中要充分挖掘乡村历史资源的多元功能和多元价值，在将历史文化资源化、符号化、资本化的过程中，充分把握好文化与市场的平衡点。唯此，才可能在保护、传承与发展历史文化的同时，实现乡村振兴与区域复兴。

第一章　田野调查点概述

学习大寨呀赶大寨，
大寨红旗迎风摆。
它是咱公社的好榜样啊，
自力更生改变那穷和白。
坚决学习大寨人，
敢把那山山水水，
另呀嘛另安排。
干起来干起来，
大寨的红花遍地开；
干起来干起来，
大寨的红花遍地开。
……
遍地开。

当耳旁再次响起《学习大寨，赶大寨》[①]这首20世纪六十年代“流行歌曲”的时候，相信很多人都不会陌生。因为这不是一首普通的歌曲，而是

① 这首由振佳、盛昌作词，李群作曲的红色歌曲产生于1964年，在农业学大寨时期唱遍了大江南北。

一个时代的缩影、一段历史的凝结,而那个时代、那段历史注定要与“中国闻名,世界知道”的中国第一村——大寨村连接在一起。

大寨作为一个地理名称,在中国的很多地方都有。然而在众多的大寨村中,作为一个时代的象征,在共和国历史上产生过重大影响的无疑是山西省晋中市昔阳县大寨村。本书的田野点就选在了这个村。

第一节 历史沿革:集体记忆与当下的大寨

大寨在行政区划上属于昔阳县。昔阳县位于山西省中东部的太行山下,东经113°20′—114°08′,北纬37°20′—37°43′,距首都北京423公里、山西省省会太原149公里、地区所在地榆次137公里。东与河北省赞皇县(91公里)、邢台市(138公里)接壤,西与山西省晋中市寿阳县为邻(80公里),南与和顺县毗连(49公里),北与阳泉市平定县相衔(28公里)。昔阳县距山西省阳泉市38公里,距河北省石家庄市146公里。昔阳县总面积1952平方公里。据2010年第六次全国人口普查资料显示,昔阳县登记常住人口23.8万人。县人民政府驻乐平镇。

一、乐平县到昔阳县

民国版《续修昔阳县志》“沿革”篇载:

周旧志,东山皋落氏之国,后属晋,战国属赵。秦隶上党郡。汉置沾县,隶上党郡。晋志,东汉建安末,立乐平郡。晋泰始中,立乐平郡,统沾、上艾、寿阳、辽阳、乐平五县,隶并州。明《一统志》,晋乐平郡治。北魏仍为乐平郡,统辽阳、乐平、石艾三县。真君九年,治太原。孝昌二年,复治沾城。隋开皇初,废乐平郡,十六年分置辽州及东山县。大业初,废。仍置乐平县,隶太原郡。唐武德三年于县置辽州,六年徙辽州,治箕州,以乐平属受州。州废,属太原府。宋乾德元年，下北汉，乐平县改为平晋军，寻废，复为乐平县。金仍隶平定州，兴定四年正月升为皋州，寻废州，隶平定州。元至元二年，省为乡，入平定州，立巡检司，七年复为县。明隶太原府平定州，清因之。雍正二年，改属直隶平定州。嘉庆元年，裁为乡。中华民国元年六月，复治乐平县。三年四月，内务部议：以乐平县与江西省饶州府属之乐平县名重复，改为昔阳县。[①]

由上可知，春秋时期，昔阳县原属于晋国。在战国时期，发生了著名的韩、赵、魏“三家分晋”事件后，昔阳被划分在了赵国。秦代在其境内设沾县，属上党郡所管辖。东汉建安二十四年（219），设乐平郡，郡治在今天的昔阳县巴州村北野坪，并且有了乐平县。两晋时期，昔阳受石勒族这个北方少数民族统治。南北朝时期，北魏太平真君九年（448），撤销乐平郡，乐平县并入了沾县，属于太原郡所管辖。隋开皇三年（583），乐平郡降为县，为并州所管辖。唐武德三年（620），重新设置辽州，乐平县属辽州所管辖，一直延续到乾元元年（758），废乐平郡，乐平县复归仪州管辖。唐中和三年（883），乐平县改为辽州管辖。宋代初年，宋和北汉在乐平范围内进行过大规模的战役。元明清，经过不断演变，到民国元年（1912），才定名为乐平县。民国三年（1914），因山西省乐平县与江西省乐平县同名，经当时的内务部决定，将山西省乐平县改名为昔阳县。

据1999年版《昔阳县志》记载，抗日战争时期，昔阳县是共产党、国民党与日本人三种力量博弈的地带。1938年5月，平辽公路[②]被日军控制。为了便于抗日工作的开展，晋东特委决定以平辽公路为界，将昔阳县分为

① （民国）皇甫振清等修、李光宇等纂：《续修昔阳县志》，台北成文出版社1968年版，第27—28页。

② 民国九年（1920），山西大旱成灾，由阎锡山组织，采取了以工代赈的办法，华商义账会利用美国红十字会捐助的56万元，招募灾民修筑平辽公路。1921年9月23日，总长146公里（在昔阳县境内为35公里），起点为阳泉市平定县，终点为辽县（今晋中市左权县）的平辽公路正式通车，这也是山西省的第一条公路，现为207国道的组成部分。

昔东和昔西两个县。1945年8月县城解放，由于地理位置偏远，且较为贫穷，国民党并未占领，昔阳县就解放了。集体化时期，在较短时间内行政区划经历了频繁的调整。1958年人民公社化时期，昔阳被划归阳泉市，改称昔阳人民公社联社。1959年3月更名为昔阳协作区，当年的5月又称昔阳郊区。1960年又恢复了昔阳县，属于晋中专区。[①]2000年撤晋中地区而改为晋中市，市政府所在地仍为榆次，一直延续至今。

中华人民共和国成立初，山西省实行了区、村建制，昔阳全县共分为14区。1953年，又改为7个区80个乡；同年4月取消了区级建制，昔阳县500个自然村一共划分为46个乡。在实行人民公社化的1958年8月，全县设了7个公社，下辖344个管区。由于7个公社下辖面积太大，难以管理，1962年又调整为20个人民公社共415个生产大队。改革开放后，1984年昔阳县改为16个乡4个镇423个行政村。2000年，昔阳县下辖4个镇16个乡。2001年乡镇合并后，昔阳县一共有5个镇7个乡，分别是：乐平镇、大寨镇、皋落镇、东冶头镇、沾尚镇，李家庄乡、界都乡、三都乡、赵壁乡、孔氏乡、闫庄乡、西寨乡，共有421个行政村。

为加快城镇化的进程，2011年6月1日，昔阳县城区社区管理委员会成立。2013年5月27日，第十六届人民代表大会常务委员会第十五次会议通过了调整城区社区管委会管辖范围的决定。2013年7月13日，县政府下发了《关于调整昔阳县城区社区管理委员会管辖范围的通知》，调整后昔阳县城区社区管理委员会下辖4个社区，分别为城东社区、城南社区、城北社区、城西社区。另外，原隶属于乐平镇的东关村、南关村、西大街村、钟村、北关村、河东村、河西村、落雁头村、赵家沟村，以及原隶属于大寨镇的武家坪村、留庄村、胡窝村、树条峪村等13个行政村也并入昔阳县城区社区管理委员会。2015年，昔阳县总面积1954平方公里，辖5镇7乡1社区335个行政村，总人口23.8万。由于乡村都市化的快速发展以及

① 昔阳县志编纂委员会编：《昔阳县志》，中华书局1999年版，第7—90页。

矿区移民，事实上许多村庄早已名存实亡，现在有村民居住的村庄约300个。

对于这样一个地理位置偏远、自然环境恶劣，且经济欠发达的县域来说，在发展过程中能够借用的资源是极其有限的。昔阳县2003年的财政收入是1亿元，在10年之后的2013年达到了14.4亿元，在晋中市的11个县、市（区、市）中排名第五，这样快速增长的主要贡献来源于工业，而在工业里面煤炭资源可谓一枝独秀。同时城乡二元结构也是极其明显的，据第六次全国人口普查，昔阳县共有23.8万人，“十一五”末全县农民人均纯收入为4052元，仅是城镇居民可支配收入12627元的三分之一。[①]为改变上述状况，昔阳县委、县政府均不遗余力地将打造大寨这个品牌，《昔阳县政府工作报告》里就有很好的体现。

2013年的报告提出，要继续深度挖掘大寨旅游资源的文化内涵，筹备建设农业学大寨博物馆，依托虎头山、武家坪、大寨现代农业科技示范园等景点，建设以大寨为龙头的大寨文化旅游长廊，申报国家5A级景区。

2014年的报告提出，县政府成立了大寨品牌战略工作领导组，从文化旅游发展、产品产业包装等方面进行综合管理和统一指导服务，利用大寨的知名度和影响力，优化和充实以大寨为龙头的“一点三线”旅游发展布局，带动全县文化旅游产业大发展。

2015年的报告提出：“充分挖掘和利用我县丰富的旅游资源，推进文化旅游产业发展，打好红色旅游、文化旅游、生态旅游三张牌。做好‘全国农业学大寨’第一次会议系列纪念活动。……启动大寨5A景区创建工作，规划以黄庵垴、翕山为代表的山水风景游，以石马寺、卧佛寺为代表的宗教文化游，以潘掌、崇家岭、井沟为代表的田园风光游，以水磨头为代表的渔村观光游，以龙岩大峡谷为代表的探险体验游，以毛氏宅院为代表的

① 本部分数据来源于昔阳县委副书记、县长丁雪钦2011年9月30日在昔阳县第十六届人民代表大会第一次会议上的政府报告，报告的题目为《实施“民富优先”战略：建设人民幸福自豪新昔阳》。

民居风情游等‘六条精品线路’，提升休闲旅游级次。”

2018年的报告指出：“推进乡村振兴，谱写三农发展新篇章。”“以原县衙、崇教寺、昔阳博物馆、大寨陈列馆为重点，挖掘资源，完善设施，促进红色旅游、历史文化互动，进一步擦亮城市名片；将传统文化、时代精神和乡土特色相互融合，塑造一批文化墙、雕塑景和绿化园，进一步增强城市魅力；围绕社会主义核心价值观教育、振兴发展讲堂、‘昔阳好人’评选等系列活动，坚定信仰、凝聚力量、提升素养，进一步推动城市文明。”

2019年的报告指出：“大力弘扬‘自力更生、艰苦奋斗’大寨精神……聚焦聚力‘乡村振兴示范县、转型综改主阵地、对外开放桥头堡、宜居宜业明星城’四大目标，突出抓好深化改革、转型发展、乡村振兴、三大攻坚、民生共享五个重点……不断增强人民群众获得感、幸福感、安全感，全市争上游，东山创一流，全面开创新时代昔阳高质量发展崭新局面，以优异成绩迎接中华人民共和国成立70周年。”

通过上述昔阳县委、县政府的一系列举措就可以看出，当地政府已经将大寨精神与时俱进了，并且赋予了其新的内涵，这背后体现的是大寨作为资本、作为品牌所显示的效应，也就是说，不仅要弘扬大寨精神，而且要借助这个品牌，有助于实现乡村振兴与县域复兴。

二、大寨镇与大寨村

大寨一直为乐平县所辖。1914年乐平县改为昔阳县，大寨自然也就属于昔阳县了。1953年5月国家实行区乡村制，大寨隶属于昔阳县第一区武家坪乡。1954年9月，撤销区级建制，直属昔阳县武家坪乡。1955年12月26日，大寨由初级社转为高级社，称为大寨新胜农业生产合作社，仍属于武家坪乡。1956年春天，大寨（新胜社）、武家坪（国强社）、金石坡（金胜社）、高家岭（高胜社）和庙坪（民强社）[①]五个高级社合并为一个高级

① 庙坪现为武家坪的一部分。

社，仍称为新胜高级农业生产合作社，大寨的陈永贵担任主任，武家坪的郭忠义任副主任，大寨的贾承让任会计。当时这五个社里大寨发展最好，据说大寨人怕“穷沾富光”，所以并不同意陈永贵的做法，但是陈永贵在村中有威望，思想工作做得到位，在征得另外4个村干部的同意后，这5个社就合并了。由于高级社规模太大，435户1755口人604个劳动力和4948亩土地，并且社与社之间也常常因为经济基础、发展水平不平衡而矛盾不断，大集体的优越性没有充分显示出来。同年冬季，这个维持了不到一年的构想趋于失败，又重新回归到了一村一社进行核算。[1]1958年8月24日，大寨、武家坪等7个高级社，在武家坪集会，宣布成立红旗人民公社，陈永贵任公社常委副书记兼大寨村党支部书记。时间不长，红旗人民公社又合并到城关公社。

当时的行政区划反复调整，变化太快。1958年11月10日，昔阳又被划归阳泉市，城关公社属于阳泉市昔阳协作区的一个分社。1959年6月，昔阳从阳泉分出并且重新设置为县，将原来的7个公社划分为14个公社，大寨属于昔阳县大寨人民公社（驻南关）管辖。1961年7月，大寨管理区改为大寨大队。同年大寨公社分设为城关、大寨、李家庄、阎庄窝4个公社，新设的大寨公社驻武家坪，大寨大队归其所辖。1967年，大寨公社驻地由武家坪迁到大寨大队。1984年4月，大寨公社改为大寨乡，大寨大队更名为大寨村。[2]大寨镇建立的时间并不成长，2004年在撤乡并镇中，当时的洪水、杜庄、大寨乡合并为现在的大寨镇，镇政府驻地在大寨村。

大寨镇位于昔阳县县城东南5公里处，全镇总面积185平方公里，其中小城镇建设面积大约0.7平方公里。下辖大寨、杜庄、洪水3个片区，一共是57个行政村，其中14个自然村。2017年总人口为

① 昔阳县志编纂委员会编：《昔阳县志》，中华书局1999年版，第36页。

② 王俊山：《大寨村志》，山西人民出版社2003年版，第2—3页。

33636人。大寨镇主要产业有煤炭开采、水泥制造、糠醛提炼、衬衫和羊毛衫加工等。阳泉到左权的阳左高速[①]、昔阳到河北邢台的二级公路207国道、山西阳泉到河北涉县的阳涉铁路[②]贯穿境域。[③]

依靠集体化时代的影响，大寨镇早已是省级名镇，且历史悠久，境内不仅蒙山烟雨是昔阳八景[④]之一，位于镇域西南15公里处洪水片石马村的石马寺更是已有1400余年的历史，还是国家重点文物保护单位、国家AAA景区、省级森林公园。

据民国版《续修昔阳县志》卷二之二“寺观”篇记载：“县西南30里石马山，又名石佛寺，冬月云生则雪降。”元代王构有《石马寺》诗[⑤]，明乔宇有《石马寒云》诗[⑥]，清乾隆十年（1745）邑绅赵庚修石洞一座、石桥一座。邑宰王祚永有游山诗。石刻亦为昔阳八景之一。

据石马寺中碑刻记载：北魏永熙三年（534），这里已经动工开凿佛像，现有3个石窟、100多个佛龛、1500多尊石佛。人民公社时期寺庙遭到毁坏：寺庙内放化肥、圈羊，散发出的氨气污染了寺内的空气，造成佛像的彩绘脱落。更令人痛惜的是来自直接的破坏，许多石佛的面部被砸毁。2004年，民营企业家李志恒投资3000万元实施开发。现在，石马寺这个

① 阳泉到左权的阳左高速公路要经过昔阳县大寨镇，2011年1月开工，2014年7月通车。

② 阳涉铁路的起点是山西省阳泉市的白羊墅火车站，往南一直延伸到河北省涉县的悬钟站，全长199公里，2004年竣工。这条铁路主要位于太行山区的山西省昔阳县、和顺县、左权县，河北省的涉县等革命老区，不过自建成到现在一直是运煤线路。

③ 来自大寨镇政府的《2017年大寨镇简介》。

④ 昔阳八景分别是：蒙山烟雨、沾岭拖兰、古寺园林、洪水池塘、石马含云、昔阳花木、松峰积雪、皋落奇峰。明代中期兵部尚书乔宇（1457—1524）是山西省昔阳县赵壁乡南衡山村人，在《游嵩集》中，作者赋诗对昔阳八景进行了赞美。

⑤ 王构是元代乐平（今昔阳县上秦山）人，曾为宁夏路教授，历翰林院编修、吏部主事，著有《秦溪文集》。王构《石马寺》诗云：“碧水孤村静，高岩古寺阴。僧谈传石马，客至听山禽。杯动疏松影，箔吹空谷音。夕阳城市路，回首隔丛林。”

⑥ 明代兵部尚书乔宇《石马寒云》诗云：“沾岭南来是此峰，峰头雪气护寒冬。天低远岫林俱暝，日堕阴崖雪半封。千古按图空作马，万年为瑞合从龙。因占赵地如牛象，一统山河岂易逢？”

与大寨毫不相关的佛教圣地也与大寨挂上了钩，想借大寨这个品牌，突出石马寺历史悠久的特色。[①]

与石马寺所遭受的境遇不同，大寨的真正出名是在20世纪六七十年代。在运动的推动下，这个集体化前的普通村庄也被树立为中国农业的中心，成为一个“中国闻名，世界知道”的村庄，乃至于马达加斯加新闻代表团还把大寨赞誉为“世界农民的首都”。而这个村庄实际上在土改之前很少有人知道，关于这个村庄的名称以及民国之前的状况，史书上没有详细的记载，民国版《续修昔阳县志》卷二之二“都村”篇里只是记载了大寨村的村名。《大寨村志》里也只是很含糊地描述了大寨村名的来源：

> 大寨原为一个较大的山寨。在虎头山东北3公里处有一座关隘——虹桥关，古代有兵把守，在虎头山下的大寨村扎寨，大寨的村名就来源于此。与大寨相关的还有一个村叫小寨村[②]，位于大寨北面1公里处，古代曾驻军。1952年大寨在进行农田水利基本建设的时候，在寨垴山挖出许多铜箭头等古代兵器，通过这证明了大寨应该有过驻军或发生过战争。[③]

2011年9月18日下午，在蒙蒙的秋雨中，笔者曾通过大寨和小寨之间的一条小路造访了小寨这个小山村，虽然和大寨之间仅隔一道沟，但是没有大寨的喧闹，如今这个自然村很是寂静，孤零零地横躺于千百年来由于雨水冲刷而形成的山坳中间。问过村中的村民，小寨村的历史最早只能上溯到民国年间，再往前的事情就很难说清了，更不用说村庄的确切起

① 从《石马寺简介》中，我们可以看到石马寺的开发理念是：“‘借大寨牌、打国宝旗、做生态文章’，突出石文化、佛文化的特色，强化生态游的个性特征。除将原有寺院做到修旧如旧外，还重点围绕‘一寺、一河、两山’，建设‘一林、六馆、八景’，使石马寺风景区真正成为晋冀两省周边地区的宗教朝圣地、休闲度假村、生态旅游园。”

② 2004年，小寨从行政村降格为自然村，隶属于金石坡村。

③ 王俊山：《大寨村志》，山西人民出版社2003年版，第1—2页。

源了。虹桥关一直是昔阳县到河北赞皇县的必经之处。据《昔阳县志》记载:“明天顺年间,修通乐平县城至邢台县顺德府的商路后,遂于八年(1464)在虹桥关山间蜿蜒八九里的山上架桥7孔,一孔为铁梁架,其余为石拱形。”

2012年6月14日,笔者去大寨镇虹桥关村考察,村里很多人都能记起这个关口,“当时关门不大,仅能容纳一只骆驼运着货物通过。虹桥关还有明代修筑的高两层的门楼和门洞,据说曾经每天来往于山西到河北省赞皇县的车辆络绎不绝”。

进入村里的村史陈列室,看到了关于虹桥关的描述:

> 虹桥关位于昔阳县城东九公里张家山东侧。村东群山峻岭相隔,山间一条河道蜿蜒东下。高山峡谷,天然要塞,为历代兵家必争之地。早在汉朝末年,朝廷就在此设关卡,隋唐关口进一步趋于完善。明朝天顺年间(1457—1465年)虹桥关作为朝廷重要关以(隘),重修虹桥高阁(桥上楼宇毁于人民公社后期)。虹桥关历代有重兵驻守,守军于关西二三里之外安营扎寨,营寨大小各一(举世闻名的大寨村实际上是因曾驻扎虹桥关的守军而得名的,小寨是大寨东面一里处一自然村,现为金石坡村的一部分)。故后人才有“先有虹桥关,后有大寨村”之说法。
>
> 此地地理位置险要,风光奇特。夏季雨过天晴,东面一道彩虹架于关隘之上,两山之间形成七色虹桥,十分壮观,故名虹桥关。

1968年,松溪河大水切断了县城经阎庄窝通皋落的公路,遂新开辟留庄经武家坪、大寨、虹桥关、土巷、凤居、平原、赵壁、赵庄到皋落的留皋线,也正是在留皋线公路拓宽的时候,虹桥关上原有的石碑被毁。另外,“破四旧”中还将原来的门楼彻底拆除,如今早已是只有地名,没有历史遗迹了。

在对虹桥关村民的访谈中,笔者才知道村史陈列室的内容主要来自《昔阳县志》和《大寨村志》以及老一辈村民的集体记忆,所以很难追溯到大寨的确切起源,不过当地村民中有一段关于大寨虎头山的集体记忆[①]:

> 很久很久以前,大概是宋朝吧,咱这里驻过军队。主要是为了守卫虹桥关。驻的军队多的地方叫了大寨,驻的军队少的地方叫了小寨。武家坪是当时军队的练兵场。
>
> ……总而言之,大寨就是一种精神,其实它打粮食也打不下多少,毕竟地方不大。大寨主要地方就是虎头山,虎头山风水很好。从外观上看像是虎头,所以叫了虎头山。相传很久很久以前东海来了一条龙,南山来了一只虎,两个神兽在庙(现在的普乐寺)那儿打斗。空气不协调了,引起了连年的遭灾。后来菩萨把这件事情告诉了玉皇大帝,派四大金刚下来降龙伏虎,所以就有了昔阳八大景。

虽然只是传说与神话,但是从“寨”字的本义来说确实有防卫的意思。《中国方志大辞典》中“寨”有以下三个释义:一是防卫用的栅栏,如山寨、堡寨;二是旧时驻军的地方,如营寨、安营扎寨;三是宋代设置在边区的军事行政单位,隶属于州或县。[②]长期以来,文字一直专属于上层阶级,而神话与传说是作为没有文字的民族或者不需要文字的下层阶级之间知识与文化传递的工具而存在的。从这个角度来说,可能大寨就是宋代军队的驻扎之地。

作为防卫之地与驻军之地的大寨早已不存在了。按政治发展进程,1945年以来的大寨可以划分为以下几个阶段:

---

① 在访谈中,笔者发现大寨及其周边村庄的许多人都能讲述大寨和虎头山的传说,内容大同小异。

②《中国方志大辞典》编辑委员会编:《中国方志大辞典》,浙江人民出版社1988年版,第16页。

第一阶段是1964年前的大寨。据《大寨村志》记载:大寨本来是一个贫穷落后的小村庄,民国初年还不是一个行政村。到民国三十四年(1945)解放时,只有64户190多人。人口少,土地十分贫瘠,自然条件也十分恶劣,全村700多亩土地,分成了4700多块,零星地分布在七沟八梁一面坡上,村庄中40%的耕地掌握在1户地主、3户富农手中。恶劣的自然环境和土地高度集中的封建剥削制度,使得广大贫苦农民被迫给地主扛长工、打短工,挣扎在死亡线上。解放后,大寨成立了党小组、党支部,在中国共产党和人民政府的领导下,翻身后的农民焕发出无限的激情和冲天的干劲,积极组织起来,发展生产,走共同富裕的道路。1946年开始组织互助组,1953年办起初级农业生产合作社,1956年成立高级社,1958年加入人民公社。[①]在这一时期,传统社会的一些遗留物,如贾氏宗祠、山神庙还保留着。婚丧嫁娶的民俗仍然是人们日常生活中的一套重要程式,仍然是传统意义上的伦理本位的社会[②]。

第二阶段是1964—1979年农业学大寨运动时期。"在农业学大寨的15年中,许多中外政界要人、社会名流和数以万计的群众蜂拥而至,参观访问,共接待了29个省、市、自治区的近千万人次和来自世界五大洲134个国家的2.5万名外宾。"[③]此时段是农业学大寨的高潮,大寨被树立为全国的典型。在这一阶段,"亲不亲,阶级分"深入人们的日常生活之中,也成为人与人之间关系划分的重要依据,乡土社会以亲缘和血缘为纽带的社会关系网络被打破了,国家行政力量全面进入乡土社会,大大地强化了对村庄的控制。大寨也毫不例外,通过运动的方式,大寨人也被整合到民族—国家的权力结构之中。在国家的线性进化体系下,各种"封建""迷信"活动被认为是落后的象征,而与民族—国家的现代化理念格格不入,

---

① 王俊山:《大寨村志》,山西人民出版社2003年版,第2页。

② 梁漱溟先生把西方概括为个人本位的社会,把中国概括为伦理本位的社会。梁漱溟:《中国文化要义》,上海人民出版社2005年版,第70—85页。

③ 王俊山:《大寨村志》,山西人民出版社2003年版,第4页。

因此成为被革除的对象。

第三阶段是家庭联产承包责任制以来的大寨。大寨于1983年推行了家庭联产承包责任制。1984年4月，大寨公社改为大寨乡，大寨大队更名为大寨村，设立了村民委员会，成为村级自治组织。1992年，大寨开始了第二次创业，组建起了大寨经济开发总公司，走农工商一体化的道路。2020年直属于大寨经济开发总公司名下的企业有25个，年总产值达到了4.6亿元。大寨村先后获省级文明村、中国十大名村、全国文明村镇、全国农业旅游示范点、全国三八红旗集体、全国先进基层党组织、山西省新农村建设科技试点村等荣誉称号，还荣获山西省五一劳动奖状和晋中市模范单位称号。到2020年，大寨村共有220户、520人。

大寨村村域面积大约1.88平方公里，西靠武家坪，西北是金石坡和小寨，东临井沟和虎头山，北与郭家庄、长胜岭等村接壤。大寨为昔阳县大寨镇政府所在地，是大寨镇的政治中心。207国道在大寨西北1.5公里处的留庄村口与大寨旅游路相接，每隔20分钟就有一班经县城发往大寨的公交车，交通十分便利。

第二节　生态区位：太行山下的七沟八梁一面坡

一道清河水，一座虎头山，
大寨那个就在那山下边，
七沟八梁一面坡，层层梯田平展展，
层层那个梯田平展展。
牛羊胖乎乎，新房齐崭崭，
炕上花被窝，囤里粮冒尖，
银光满屋喜气多，社员梦里也笑声甜。

一朵红花开，百里光闪闪，

陈永贵是大寨的好领班，
铁手磨光金锄把，汗水洒满块块田。
汗水那个洒满块块田，
年年新套套，步步夺丰产，
怀揣社员心，眼向全国看，
依靠贫下中农掌大印，永不褪色的好党员。

一条阳光道，万马奔向前，
这就是大寨的英雄汉，
扁担挑走烂石坡，镢头开出米粮川，
镢头那个开出米粮川。
困难一层层，歌声一串串，
冰天造大坝，雪地移高山，
哪怕灾害有千万，敢教日月换新天。

这是《敢教日月换新天》[①]这首歌的歌词。通过这首20世纪六七十年代唱遍大江南北的流行歌曲，我们再次追忆起了当年陈永贵和大寨党支部带领社员战天斗地的英雄气概，而“虎头山”“梯田”“造坝”“移山”，这些词语都向我们透视出了当地独特的生态区位。

民国版《续修昔阳县志》卷之三“风俗”篇引用了乾隆年间《乐平县志》和《平定州志》对于昔阳当地风土人情的记载：

旧志云，其俗淳厚勤俭，力田而少文人，业耕耘，鲜事织纴。男子不远游，妇女不交易，士夫不衣文绣，不乘舆马，盖古陶唐氏之遗

① 1964年八一电影制片厂摄制了大约30分钟的纪录片《八连学大寨》，《敢教日月换新天》是这部纪录片的主题歌。这首由吕致清作词、巩志伟作曲、郭兰英演唱的红色歌曲在农业学大寨期间唱遍了大江南北。

风乎。……旧属惟寿盂二邑，素称富饶，虽本州莫逮焉。其最瘠苦者乐平，而风俗亦较朴素，乡大夫及诸生犹多自好，未尝以事干，县庭则庶几，其近古欤？其间阎勤苦务本、习尚节俭，日用饮食多餍粢粥，虽糟糠不弃。衣惟布褐，即妇女之服，纨绔亦不概见。此其俗习，固无奢侈之虞，以故生其地者厚重寡欲，其人往往多寿，虽秉质使然，要亦风气之淳悫所致。①

从以上的记载可以看出，一直以来，相比起周边县域寿阳和盂县来说，昔阳自然环境恶劣，民众较为贫穷。正是在这样的生态基础上，形成了当地“勤苦务本、习尚节俭”的风俗特征。大寨距离昔阳县城5公里，在土改前，只是太行山下很普通的一个村落。

黄河流域处于季风气候区，这种气候的典型特征就是降雨的不均衡性，结果造成了水旱灾害的频繁发生。如果从地理区划、自然环境来划分，山西大致可以划分为晋南、晋中、晋北。不同于晋南有汾河水浇灌的优越地理环境，自古以来晋北就是干旱少雨，且没有河流的浇灌，十年九旱也就成了重要的自然生态特征。大寨处于晋中与晋北的交界地带，但从生态特征来说与晋北更为相似，这里干旱少雨，季节性降雨明显，水作为一种重要的资源在民众的生产生活中起着极其重要的作用。正因为这样的生态区位，20世纪70年代进行了“西水东调”工程建设。

自然环境是人类生存发展的前提和基础，文化生态学主要是研究人如何在适应环境的基础上创造了文化，反过来文化又是如何在适应环境的基础上发展变迁的。“大寨地处黄土高原，总的地貌呈现为山岭沟谷相间，山高坡陡，纵横交错，起伏不平。地势由东南向西北倾斜，平均海拔为1000米，最高点虎头山海拔1167米，最低点村口为海拔890米，落差为

① (民国)皇甫振清等修、李光宇等纂:《续修昔阳县志》，台北成文出版社1968年版，第47—48页。

277米。经过多年的雨水侵蚀、冲刷,山上岩石裸露,山下则泥沙沉积。”①合作化之前,大寨的800多亩土地,一共有4700多块,就零零散散地分布在七沟八梁一面坡上。大寨人这样形容当地的地形:“山高石头多,出门就爬坡。地无三尺平,年年灾情多。”也正是在这种生态区位的基础上,大寨人“和天斗、和地斗、和人斗”,形成了至今仍然不断被提及的大寨精神。

一、气候特征

大寨地处太行山西麓,属于暖温带大陆性季风气候。由于受冷暖空气交替的影响,一年四季分明,总的气候特征是:年降雨量分布不均,主要集中在夏季的七八月份,并且旱、涝、风、雹、霜等灾害性天气也频繁发生。

表1-1 大寨全年气候状况②

春季(3—5月)	夏季(6—8月)	秋季(9—11月)	冬季(12—2月)
气温回升快,日照充足,干旱多风,容易发生火灾	白天炎热,雨量也较为集中,多风灾和雹灾	天气晴朗,秋高气爽,温度适中,不过易遭秋霜危害	寒冷漫长,干燥少雪,人们大多待在屋里过冬

大寨由于地势总的趋向是向西北倾斜,呈现东南高而西北低的特征,所以光照时间较短、热量少、气温低,年平均气温只有9.2摄氏度,比同纬度的平原地区低了大约3.5摄氏度。

二、自然灾害

大寨以旱灾为主,而在旱灾中又以春旱最为频繁。民国版《乐平县志》卷二之一“祥异”篇第一次记载旱灾是汉景帝二年(公元前155):“秋大旱,冬十月日月皆赤,十二月雷,日色如紫。”到清光绪三十一年(1905)旱灾,在这2000多年里,有记载的就有19次大旱。民国十四年(1925)发

① 王俊山:《大寨村志》,山西人民出版社2003年版,第4页。

② 此表根据《大寨村志》(王俊山:《大寨村志》,山西人民出版社2003年版)第5—11页内容整理而成。

生春旱。民国九年(1920)又发生了大旱,从年初到农历九月二十四才有了降雨,延误了农作物的种植,结果颗粒无收。民国二十八年(1939)夏天又发生大旱。[①]集体化时期,为了克服旱灾,大寨村民在陈永贵的带领下每年都进行农田水利基本建设,增强了抵御灾害的能力。1958—1980年大寨村有资料记录的这23年中,发生过10次旱灾,其中1972年最为严重,降雨仅为242.3毫米,不及正常年份的二分之一。当时正是农业学大寨期间,大寨提出了"天大旱,人大干""千里百担一亩苗"的革命化口号,最终的粮食产量为331.45吨,这比1971年只减少了51.05吨。[②]

旱灾是当地最主要的自然灾害,但是洪灾也是不能忽视的。由于黄土高原土质疏松,山陡,加之当地降雨又集中在七八月,每逢暴雨,山洪直泻而下,常常造成洪灾,在清代有记载的就发生过两次大的洪灾。据《大寨村志》记载:"清顺治十年(1653),全县暴雨成灾。康熙三十五年(1696),从6月16日开始,这场雨一直下到8月20日才结束。民国年间也发生了几次大的洪灾:民国七年(1918)7月16日到23日,全县普降大雨7天,洪涝成灾,收成减半;民国八年(1919)8月,松溪河暴涨,冲毁两岸的田地。中华人民共和国成立后主要发生过两次暴雨,分别是1963年和1996年。1963年8月2日到8月9日共八天八夜降了501.5毫米的大雨,造成了百年不遇的大雨。"[③]在大雨过后大寨村民普遍悲观失望的情况下,大寨的当家人陈永贵提出了"三不要""三不少"[④]和"自力更生十大好

① (民国)皇甫振清等修、李光宇等纂:《续修昔阳县志》,台北成文出版社1968年版,第57—66页。

② 这里的数字根据《大寨村志》(王俊山:《大寨村志》,山西人民出版社2003年版)第74页的相关内容整理而成。

③ 王俊山:《大寨村志》,山西人民出版社2003年版,第16—17页。

④ "三不要"是指:不要国家救济粮、不要救济款、不要救济物资。"三不少"是指:完成统购粮的任务不少、社员口粮不少、社员劳动日分值不少。

处"[①]的口号。虽然这对于大寨人来说无疑是一场大的灾难，但也是一个机遇，因为正是这场大雨彻底改变了大寨人的日常生活，大寨也从太行山中千沟万壑里坐落着的一个名不见经传的小山村而"被发现"，逐渐在此后的10年里随着革命化实践活动的推动而成为一个誉满华夏的村庄。

大寨的土地不耐旱，同时也经不起大雨，当地人把这种状况描述为"地里上肥地边流，冲走肥土露石头"，"三天无雨苗发黄，下点急雨地冲光"。此外，大寨地处山区，无霜期最长190天，最短138天，因此秋霜也极易造成灾害。同时冰雹也严重威胁着农作物，民国版《续修昔阳县志》记载了乾隆四十一年（1776）农历五月，"县东南孟壁、小石坡、东沟、长身岭、郭坡角、毕家岭、横水、刘庄、阎庄窝、桥上、井沟、土巷、刘红坡、落雁头、孔家沟、武家坪等村雨雹伤稼。知县李早荣酌免麸草，有差"[②]。上述村庄均在大寨周边，当时大寨不可能无灾，只是限于村小人少，县志没有记载罢了。1968年7月6日，大寨也降了大约10分钟鸡蛋大的冰雹，农作物受灾严重，粮食减产。[③]

---

① 大寨原党支部书记高玉良说，1963年大灾过后，陈永贵就是在他现在居住的院子里和当时村里的下乡干部李锦荣总结出来这口号的。1964年1月31日，《人民日报》刊登了《赞陈永贵和大寨人的精神》的报道，阐述了"自力更生十大好处"，后来又被《人民日报》转载，同时也成为大寨精神的重要组成部分。而在今天的大寨展览馆里，原来"自力更生十大好处"更加与时俱进了。第一，能使国家的钱用在最需要的地方，更好地建设社会主义；第二，能充分发挥集体的优越性，使社员更加热爱集体、依靠集体；第三，能激发人们奋发图强、克服困难的勇气；第四，能更加有利于团结；第五，能促进勤俭办社；第六，能使自己经常看到差距，不翘尾巴；第七，能锻炼干部，增长才干；第八，能给下一代留个好榜样；第九，能促使社会主义比学赶帮竞赛，带动兄弟队共同前进；第十，能有效地抵制和消除各种落后势力的影响。

② （民国）皇甫振清等修、李光宇等纂：《续修昔阳县志》，台北成文出版社1968年版，第63页。

③ 王俊山：《大寨村志》，山西人民出版社2003年版，第17页。

三、取水的"原始化"

在美国经济学家奥尔森提出搭便车理论[1]之前，学界有这样一种认识：集体行动的成果具有公共性，即使是那些没有分担集体行动成本的成员也都能从中受益，因此有着共同利益的群体一定会为实现共同目标采取集体行动。而事实上，这样的认识并不能说明生活中常常存在的滥竽充数行为，也不能解释三个和尚没水吃的情况。事实上，因为公共物品不具有归属性，即便是并未做出过任何贡献，也能享受到这一公共物品所带来的好处，这就容易导致群体中出现想获取公共物品带来的好处，但是都不想付出代价的情况，就是奥尔森基于个体主义方法论和理性人假设而提出的搭便车理论。

大寨地处石灰岩区，地下水资源匮乏。20世纪50年代前，全村仅有六眼水窖，主要靠雨水补给，村里的人畜饮水均源于此。大寨周围没有河流，均为季节性的河沟，平常并没有水，在7月和8月大雨来临的时候则常常山洪暴发，极易造成洪涝灾害。20世纪六七十年代，大寨以及周围村庄修建了一系列的饮水与灌溉工程，靠周边的郭庄水库和杨家坡水库，当时的人畜饮水问题都解决了。可是20世纪80年代以来，大寨周边许多村庄的人畜饮水又回到了靠雨水的年代。从客观上说，由于村集体经济匮乏，许多饮水工程年久失修，造成了上述问题，而从主观上来讲，在改革开放时期村民自治实施以来，许多问题议而不决。就拿水费的缴纳来说，一开始个别村民采取"搭便车"的方法，村委会对这种现象并无可行的措施，久而久之，"搭便车"的村民越来越多，尤其是"费改税"以后，村集体没有了收入，难以为越来越庞大的"搭便车"者垫付水费，而道德约束也越来越显得乏力。随着道德约束作用的瓦解，村民之间逐渐趋于个体化，不得不

① [美]曼瑟尔·奥尔森：《集体行动的逻辑》，陈郁、郭宇峰、李崇新译，上海人民出版社1995年版。

各家自建水窖，靠雨水解决饮水问题。在大寨周边的村庄，除了拥有集体经济的大寨外，虎头山、井沟等村落均已回到靠天吃饭、靠天饮水的年代。针对这种“搭便车困境”，村干部说：“村民不交水费，村集体没有收入，我们也没办法垫水费，水库就不给放水。只能吃天水了，下的雨多，我们的水就够用；下的雨少，就不够吃了，还得去买水。”

不同于上述村庄，改革开放后，尤其是20世纪90年代以来，大寨经济发展较快，不仅用水不发愁，而且“小有教、老有靠、考有奖、户有股”，成了亿元村、生态村、文明村、智慧村、幸福村。

第三节　文化生境：典型产生的基础

民国版《续修昔阳县志》记载了大寨的村名。“清嘉庆年间，优贡贾维翰系乐平大寨人”[①]，可见贾姓在嘉庆年间早已经定居大寨。截至2020年，村里有220户520人，共有姓氏36个，分别为贾、李、赵、张、王、郭、梁、任、牛、石、高、刘、翟、杨、樊、耿、邓、睢、宋、闫、姜、郝、康、孔、吕、申、邓、胡、田、冯、乔、光、甄、邵、吴、贺。居于前三位的姓氏分别是贾、李、赵。其中，贾姓占了91户319人，占全村总户数的41%，总人口的61%。即便是从清嘉庆年间（1796—1820）算起，也已经有200余年的历史，也就是大约22代了。在这漫长的岁月里，祖祖辈辈就一直在七沟八梁一面坡的土地上耕耘着。对于老一辈来说，他们早已对春种、夏锄、秋收、冬藏的生活方式习以为常。面对世事变幻的无常和劳作的艰辛，村民在其文化生境下积累了一套应对策略，建构了一套地方性知识。

① 王俊山：《大寨村志》，山西人民出版社2003年版，第28页。

格尔兹[①]认为,知识的建构总是地方性的,而这套地方性知识产生的基础就是当地的独特生境。1956年,人类学家巴斯首次引入小生境的概念,主要探讨的是文化的形成与所处生态系统之间的一种互动关系。[②]换言之,正是在其特别的生境中,相关的族群文化与所处的自然生态系统进行密集的物质和能量交换,并在此基础上建构了一套地方性知识。因此,我们要关注这种知识生成的具体情境。俗话说,"十里不同风,百里不同俗",按照文化发生学的观点,不同人类群体的民俗生活之所以千差万别,主要原因在于对自身所处的自然环境适应的结果,也就是说,"人类群体对于所处的生态环境的切身体悟以及与生态环境的磨合适应,即是民俗文化生成的生态性本原"[③]。面对脆弱的生态状况,大寨人不得不养成较强的自我适应和自我调节能力,而这种自我适应和自我调节能力也是他们自我拯救的重要基础,这是大寨人在漫长的历史过程中不断总结日常生活经验而发展起来的。

让我们再次回溯到1964年12月20日,周总理在向三届全国人大一次会议所做的《政府工作报告》中把大寨精神概括为三条:第一,政治挂帅、思想领先的原则;第二,自力更生、艰苦奋斗的精神;第三,爱国家、爱集体的共产主义风格。《政府工作报告》中所概括的大寨精神有其独特的文化基础。

民国版《续修昔阳县志》"风俗"卷中引用了乾隆年间《乐平县志》和《平定州志》对于昔阳当地风土人情的记载:"淳厚勤俭,力田而少文

---

① 格尔兹(1926—2006),美国人类学家,也被译作格尔茨、吉尔兹、盖尔茨、葛兹等。格尔兹认为,知识的建构总是地方性的。换言之,知识总是在特定的情境中形成的,因此我们要从文化持有者的内部眼光去关注知识形成的具体情境条件。[美]克利福德·吉尔兹:《地方性知识》,王海龙、张家瑄译,中央编译出版社2000年版。

② [美]R·McC·内亭:《文化生态学与生态人类学》,张雪慧译,《民族译丛》1985年第3期。另外,罗康隆借用生境概念,对文化与民族生境之间的关系进行了论述。罗康隆:《文化适应与文化制衡》,民族出版社2007年版,第77—93页。

③ 江帆:《生态民俗学》,黑龙江人民出版社2003年版,第56页。

人……旧属惟寿盂二邑，素称富饶，虽本州莫逮焉。其最瘠苦者乐平，而风俗亦较朴素……勤苦务本、习尚节俭，日用饮食多餍粢粥。”从以上的记载可以看出，一直以来，相比起寿阳县和盂县这些地方来说，昔阳较为贫穷。正是在这样的生态基础上，形成了当地“勤苦务本、习尚节俭”的风俗习惯。

大寨也不例外，以艰苦奋斗为例，在传统社会里，当地人就有这样的风俗习惯，这与七沟八梁一面坡的生态区位有着密切的关系。大寨的条件十分艰苦，大寨精神能够延续下来，并且能够不断发展，与其所处的生态区位不无关系。就以变工为例，在现代性植入村落以前，村里亲帮亲、邻帮邻，大家团结到一块进行变工，这已经成为传统社会的一种习惯、一种地方性策略。即便如此，在这个地方想要生存下来也并非易事，大寨的“三穷”与“五多”[①]是对当地生境的概括。社会主义话语正是迎合了当时的实际需要，也借用了地方性知识而潜入了人们的日常生活。

这种地方性知识随着运动的发展也被逐步地推广开来。1945年昔阳县解放，1946年昔阳县进行土改，然后进行社会主义教育，走社会主义道路。这样的运动打破了过去一家一户以个人生存为单位的小农经济方式，而上升到了社会主义、集体主义的高度。换言之，在过去，艰苦奋斗、自力更生只是为了生存，而到解放后，就提升到了社会主义国家意识形态的高度。因此，解放前大寨人在七沟八梁一面坡这样的生境中只是为了生存的需要而互相帮助，在社会主义建设中，则上升到了集体主义、国家主义的高度，也就是说，本是在当地独特生境中产生的地方性知识最终在运动中进入了国家的视野。人类学家利奇说：“自然资源是生态环境中的要素，但它们的重要性，在某个特定时期内取决于外部的经济和政治因素。同时，环境最多能造就做出选择的背景，要进行选择的背景还是个

① “三穷”是指：人穷、地穷、村子穷。“五多”是指：当长工打短工的多、负债欠账的多、讨吃要饭的多、卖儿卖女的多、寻死上吊的多。

人。"[①]换言之,大寨这种地方性知识的提升是与当时的政治环境有关。在走社会主义道路的时候,大寨的当家人能够把本来处于一盘散沙状态的"一袋马铃薯"[②]整合起来,这也就有了后来的老少互助组的出现以及大寨精神的推广。正是在组织起来的基础上,大寨积极响应国家的号召,积极多卖粮食,开始了典型化的步伐,而数字最能说明大寨在特定的时代中被逐步典型化、国家化的过程。

表1-2 1953—1981年大寨部分年度粮食分配情况[③]

年度	总产(吨)	亩产(公斤)	人均口粮(公斤)	售粮(吨)	占总产比重(%)
1953	101.64	125	194	22.5	22.1
1958	208.52	271.5	250	95	45.6
1960	242.60	330.5	200	140	57.7
1963	210	372.5	200	120	57.1
1964	285.45	404.8	225	150	52.5
1966	201	355.5	230	100	49.8
1969	330.02	471	265	120	36.4
1972	331.45	473.5	235	200	60.3
1974	389	518.5	260	150	38.6
1980	396	539	296.5	60	15.2
1981	402.35	528.5	295	150	37.3

从表1-2可以看出,大寨总人口、粮食总产量、售粮总数、人均口粮均呈现逐年增加的态势,尤其值得注意的是售粮数占粮食总产量的比例大多超过了30%,在大跃进的1958年占到了45.6%,三年困难时期的1960年占到57.7%,即便是严重水灾的1963年和严重旱灾的1972年也分别占到了粮食总产量的57.1%和60.3%。

① [英]埃德蒙·R·利奇:《缅甸高地诸政治体系:对克钦社会结构的一项研究》,杨春宇、周鑫红译,商务印书馆2010年版,第36、245页。

② "一袋马铃薯"是说农民们只是善分而不善合,在社会之中只是独立的个体,并没有意识到自己身处阶层的存在。参见恩格斯《德意志意识形态》,[德]马克思、恩格斯:《马克思恩格斯全集(第10卷)》,人民出版社1998年版,第465—551页。

③ 此表根据《大寨村志》第19页、第72页和第107页的相关数据整理而成。

中华人民共和国成立后第一个五年计划期间，产业之间的发展很不平衡，工业产量提高很快，但是农业的落后大大地制约了工业消费品的发展，因为工业消费品的发展严重依赖农业所提供的原料……农业的低度增长直接冲击着工业生产，并且农业的缓慢发展直接导致了1953年的粮食危机。[①]为了支援工业建设，国家鼓励广大的农村多产粮食，而面对内外交困的局面，树典型也成为国家治理技术中的一个重要方面。首先树立的是工业方面的典型，也就是我们知道的以王进喜为代表的大庆石油工人。

工业的发展与农业是密切地联系在一起的。在树立了工业方面的典型后，农业典型也进入了国家领导人的视野。1964年，大寨粮食亩产达到404.8公斤，已经“过长江”[②]了，所售的粮食占到了当年粮食总量的52.5%，这些都为这个地区典型上升为国家典型奠定了基础。更重要的是，大寨的当家人能够将自力更生、艰苦奋斗这些本属于地方性知识范畴的话语上升到“三不要”“三不少”“自力更生十大好处”这样的社会主义、集体主义高度。换言之，在过去，艰苦奋斗、自力更生只是为了生存，而集体化时期以来，就成了民族国家振奋人心、鼓舞志气的一种工具。

第四节　进村印象：苦人树、名人照片、窑洞饭店

大寨位于昔阳县城东南大约5公里处，大寨村也是大寨镇政府所在地。从昔阳出发，沿着公路，公交车大约10分钟就到达了大寨村。

来到村口，停车场旁边的山坡上削了一面山，在这大约30度角的斜坡上新建了一面很大的、用铁皮做的红旗，红旗上“农业学大寨”的毛体金

---

① [美]麦克法夸尔、费正清编：《剑桥中华人民共和国史（1949—1965）》，谢亮生、杨品泉、黄沫、张书生、马晓光、胡志宏、思炜译，中国社会科学出版社2007年版，第147页。

② 在集体化时期的农业中，衡量粮食产量有三个指标：一是“达纲要”，即亩产超过400斤；二是“过黄河”，即亩产超过500斤；三是“过长江”，即亩产超过800斤。

色鎏光大字熠熠生辉。

马路中间是五棵大柳树，左边是属于县政府管辖的大寨国际旅行社，紧挨旅行社的是三层楼的大寨镇政府，路的右边是属于县旅游局的导游部以及大寨镇便民服务中心。导游部旁边2012年9月新垒的堎[①]上用绿色的塑料草坪覆盖着。堎上原来的标语是："自力更生、艰苦奋斗，勇于担当的英雄气概；顾全大局、致力民生，共同富裕的爱国情怀；解放思想、与时俱进，永不言败的时代风范"，2017年已经换成"敢字当头，迎难而上，奋勇占先，争创一流"了。

距离镇政府大约100米就是大寨的村门，村门上面有"大寨"两个红色宋体大字，大门左边的墙上是"自力更生"，右边是"奋发图强"。

图1-1　大寨村门

图1-2　大寨村貌

① 为了防止水土流失而用石头砌成的石坝，当地人称为堎。

进入村里，给人印象最深的是窑洞饭店和火车皮式的房子。火车皮式的房子是从1963年大寨遭灾后开始修建的，当时大寨的当家人提出了“先治坡，后治窝”“一天两担饭，晚上加班干”的口号来建设新农村。大寨火车皮式的房子也成为当地新农村建设的样板工程，在20世纪70年代被全面推广。如在笔者曾经调查过的武家坪、留庄、井沟、虎头山、白羊峪、刀把口，这样的房子现在仍然有人居住着。

图1-3　火车皮式的房子

20世纪90年代以来，村里居民的住房得到了改造。首先是将村里一道街[①]的火车皮式的房子改造成了窑洞饭店。[②]然后在1998年建成了24套别墅，2003年建成26套别墅，又分别在2009年建成一栋可容纳40户的单元楼，2015年建成两栋可容纳80户的单元楼。自从这些房子建成后，大寨除了做生意的和老年人居住外，年轻人都搬到了新楼。大寨有700多个外来人员，在乡村教育资源整合后，这些人来大寨主要是陪读，火车皮式的房子现在主要是租给了这些外来户，这些外来户在大寨居住时间最长的已经20多年了。

---

① 进入村大门，左手边火车皮式的房子由下而上共有四排，村民把这分别叫作一道街、二道街、三道街、四道街。

② 按照大大寨的规划和郭凤莲的想法，这些窑洞饭店的外墙要拆除，恢复到20世纪80年代之前集体化时期大寨火车皮式房子的样式。这样的规划或者想法，一经提出就遭到了大寨人的强烈反对。因为这样一来，对于拥有窑洞饭店或者商店的村民来说，可谓断了财路。

图1-4　窑洞饭店

窑洞饭店是大寨的一大特色，村里人都说这是集体化时代的重要历史遗产。窑洞饭店同时也销售纪念品，在众多的纪念品里面最有特色的是伟人照片、画册、像章。为了提高饭店的知名度，打造好大寨品牌这个无形的资本，大寨的每家窑洞饭店都把自己集体化时期的业绩展现出来，如李先念警卫——李彦良饭店、李元眼——铁姑娘饭店，而在村中这些商店里最赚钱的无疑是宋立英商店。宋立英是大寨第一任党支部书记贾进财的遗孀，1930年出生，仍然精神矍铄，曾经担任过大寨的干部，被称为大寨的“活字典”。自从2000年开了以自己名字命名的宋立英商店以来，几乎每天都可以看到她的身影。

紧挨宋立英商店的是陈永贵故居，这里曾经是这位共和国农民副总理生活、起居、办公的地方。大门两边的对联分别是：

半世从政为官显清廉哲贤
一生耕耘锄月创神农新路

前几年参观陈永贵故居要收两元的门票，现在则免费开放了。

图1-5 宋立英(左)与笔者(右)合影

广场在设计与建设过程中也被赋予了诸多意义和功能,只是在一些重要的仪式中才能够突显出来,因此无论是在广场上进行歌舞表演,还是发表庄严的讲话,其实质都是国家话语在时代背景下对社会记忆建构的过程,[①]而在日常生活中,广场则主要发挥其公共空间的功能,成为大寨人休闲娱乐的场所。

广场左边是三层楼的大寨村党支部和村委会,旁边是有150年历史的大柳树,作家巴金在《大寨行》中曾经这样叙述:“我们又走过大柳树旁边了。但是我熟悉大寨这棵过去的‘苦人树’。这个山区的一切变化它都看得清清楚楚,在旧社会,这里是拷打穷人的刑场。在新社会,这里是人们称为‘饭场’的小广场和会议处,大寨人有大大小小的心事,都要到这里来讲给大家听,大柳树不知道听了多少豪言、壮语,多少捷报、喜讯,多少

① [美]保罗·康纳顿:《社会如何记忆》,纳日碧力戈译,上海人民出版社2000年版,第322页。

笑声、歌声。‘苦人树’如今变成了‘乐人树’。”[①]

图1-6　大寨村委会

每个导游都会向游客介绍这棵古树。据导游讲:“中华人民共和国成立前,李有录(2012年78岁)的母亲在劳动回家的路上拾到一穗玉米拿着回到村里,正好被地主贾泰元看到了。贾泰元认为李有录的母亲偷了一穗玉米,就将她吊到柳树上打,可能打得比较严重,没过几天就死了,这棵树就被称为‘苦人树’。中华人民共和国成立后,贫下中农翻身了,这棵树就又被称为‘乐人树’。”

本是一棵普通的柳树,在历史建构的过程中,通过对社会记忆的重构,早已被赋予了特殊的意义,成为时代的象征。现在追寻事情的真实性已经并没有多大的意义了,重要的是这棵树是大寨的一个旅游景点,而景点能够实实在在地为村里人带来经济效益。

位于村庄东北有一块叫红土饽岔[②]的地方。在传统社会,这个地方被认为是藏龙卧虎之地,风水极佳。自然,大寨最有钱的地主贾泰元和富农贾春元、贾登元三兄弟就居住在这个地方。在土改“斗地主”“分田地”“分

① 巴金:《大寨行》,山西人民出版社1965年版,第16页。

② “饽岔”为当地土语,是小山丘的意思。

果实"的运动中,他们的房子被分给了贫下中农。

大寨人民公社建于1966年,坐西朝东,有东窑10孔、北窑3孔、北排房3栋、大门1座,占地面积782平方米。1983年公社迁出后,大寨村民迁入,如今窑洞和大门依然保存完整。2013年5月3日,大寨人民公社旧址被列为第七批全国重点文物保护单位。

虽然历经50多年的沧桑岁月,人民公社的旧址依然存在。大门上面半圆形铁架子上还可以看到铁铸的六个字:"大寨人民公社"。

大门的门联是毛泽东的诗句:"五洲震荡风雷激,四海翻腾云水怒。"

门联两边斑驳的墙壁上几个褪色的宋体红字还依稀可以辨认出来,左面墙上写的是:"领导我们事业的核心力量是中国共产党",右面墙上写的是:"指导我们思想的理论基础是马克思主义"。

经历了岁月的剥蚀,本来字迹已经很模糊了,但透过这模糊的字迹仍然可以探寻到当年的岁月。[①]

大寨村门右边是通往虎头山的公路,路边是大寨村导游部和五层的大寨集团总公司大楼。

进入虎头山景区,梯田的石堎上写着"不靠天、不靠地,只能靠我们自己"的标语。自从1994年虎头山被开发为旅游景区以来,山上的设施逐步完善,现在主要有军民池、周总理三访大寨纪念亭、团结池、陈永贵墓地、郭沫若诗魂碑、叶帅吟诗地、大寨展览馆、大寨文化展示馆、团结沟渡槽、狼窝掌梯田等景点。门票也从1994年的10元涨到了2012年的48元,不过来往于虎头山的车辆依然络绎不绝。

20世纪90年代以来,大寨实现了转型与发展。在农业上,积极实施退耕还林,开展荒山荒坡绿化,打造集"绿色农业+红色文化+生态宜居"于一体的农文旅融合发展示范区和乡村振兴先行区。工业上,积极利用

---

① 2012年4月27日—4月30日,为了配合五一旅游,大寨人民公社原址的大门进行了整修,字迹也就清晰了起来。施工负责人为大寨镇的"工程师"——大南山村民李树清。

图1-7　大寨景区

自身优势，打大寨牌，引资金，上项目，工业经济比重逐年大幅提升；旅游上，深度挖掘大寨红色文化，大力进行旅游基础设施建设。[①]大寨充分利用当地独特的自然景观和人文景观，创建了集生态风景、历史文化、休闲度假为一体的旅游目的地。2016年，大寨被评为国家级4A旅游景区。2019年，森林覆盖率达到64.7%。如今的大寨，“房子新化、街道硬化、环境美化、管理民主化”，是乡村振兴的示范村。

① 《大寨简介》，内部资料，2021年。

第二章　集体化时期的典型村庄

以大寨经验为基础，考察村庄社会结构的变化及其文化重构过程，我们首先要从其传统社会开始进行。可是，该将何时作为大寨经验叙述的起点呢？在20世纪50年代之前，大寨本是太行山下一个普通的村落，这和华北许许多多的村落其实没有太多的不同之处，只是随着集体化时期的到来，大寨才从一个普通村庄上升为一个典型村庄。换言之，20世纪50年代后，随着社会主义革命与建设的推进，祖荫下的差序格局被逐渐解构，最终建构了一套以集体主义为价值观的社会伦理。因此，叙述起点也就从民国晚期开始。

第一节　乱世中的乡村秩序

虽然从晚清开始，西方的现代性便开始传入中国，不过当时的现代性是局部的，仅仅局限于东南沿海地区，中国内地仍然在传统文化的脉络里进行文化的重复生产。对于大寨这样一个普普通通的边远山村来说，在民国晚期之前的漫长岁月里，大寨人的日常生活只是一种来自内部的缓慢变迁，外来的文化并未对此地农民的日常生活以及社区认同构成影响。

一、传统社会中的乡村格局

从集体化时期对大寨进行论述，就不得不谈到外来文化对村民日常生活的介入。上一章已经谈到了民国年间，大寨村中最好的建筑有两处：一处是位于红土饽岔上三个掌柜居住着的用砖和石头碹成的窑洞，另一处是位于村口的贾氏祠堂。窑洞是私人空间，外人很少能进入。祠堂是公共空间，贾氏祠堂不仅每年要定期举行祭祖活动，而且许多日常的村务活动也要在祠堂内进行。

清朝将要退出历史舞台的前一年，也就是1910年的农历六月十五，在大寨的土窑洞里一个男孩呱呱坠地，这个男孩就是共和国成立后的大寨第一任党支部书记——贾进财。当时村中起名还延续字辈谱，贾进财也一样，他们这一辈名字中的第二个字是"承"，父母就给他起名贾承寿，小名叫作贾进财[1]。贾进财诞生之前，他就有了两个哥哥贾承福和贾承禄，因此这一添丁续谱延续家族香火的事情并未引起人们多大的注意。贾进财的命并不好：3岁死了母亲，6岁父亲得病丧失了劳动力，7岁开始给村中有钱的富户干活，9岁开始赶驴送粪，14岁开始赶牛耕田，民国三十一年（1942），已经33岁的贾进财仍然是一条光棍。

民国年间，贾氏家族在村里人口最多，也最有势力。有一年，昔阳县乐平镇河西村的宋光俭逃难到大寨。大寨原来并没有姓宋的，单门独户在这里生存并不容易。但这还不是最大的问题，对于宋光俭来说，绝后才是最可怕的。这倒不是说宋光俭的老婆不能生育，而是生下的孩子不好养活。宋光俭的妻子一共生过六个孩子，不幸的是其中的三个男孩和一个女孩很早就夭折了。其中有一个男孩已经长到9岁了，当时这个年龄已经能赶上车往地里送粪了，但是太不凑巧，有一天中午他送粪回来，在村中的槐树下面休息，太累就睡着了，下午不明不白就死了。男孩的死对

---

① 到底贾进财的"财"字怎样写，并没有一个明确的说法，有的用"才"，有的用"财"。针对这一问题，笔者也曾请教过贾进财的遗孀宋立英，她说自己是文盲，也不知道用哪个字正确，而昔阳县的乡土作家秦怀录认为应该是"贾进才"。笔者认为，既然贾进财的两位哥哥为贾承福和贾承禄，也就是说名字中用的是"福"和"禄"，那么他们的弟弟用"财"的可能性就比较大。在本书中，笔者就统一用了贾进财。

于宋光俭夫妇来说无疑是一个沉痛的打击。孩子本是中了风，加上当时条件太差，又没有及时找医生就死了。但是村里人可不这样认为，都建议宋光俭去找个巫婆、神汉看看。因此，在民国十九年（1930）农历十一月二十八生下第五个孩子宋立英后，宋光俭在当地找了个巫婆给这个女孩看命。巫婆说宋立英身上有四个小鬼，[①]随时都可能把她拽走，为了保住孩子的性命，应该把小孩的小拇指剪断。虽然不想这样做，但是保命要紧，宋立英的母亲就准备把宋立英的小拇指剪断。情急之下，母亲没有剪断小拇指，而是把无名指剪断了。也许真应验了巫婆的话，少了无名指的宋立英总算保住了性命，2019年已经90岁了，身体仍然矍铄。

宋立英毕竟是女孩，为了传宗接代还得有个男孩，因此宋光俭夫妇就给宋立英取了一个叫"拽小"的小名，为的是将来生一个男孩。宋立英父母的这个愿望最终没有实现，在宋立英之后，没有拽下男孩，而是拽下来一个女孩。虽然给这个刚生的女孩起了个小名叫"引小"，想再生育一个男孩，但是不尽如人意，宋光俭妻子身体一直不好，再没有生育过。宋家没有了男孩，在当地人眼里也就意味着绝了后。没有男孩，又是单门独户，且十分贫穷，在大寨的日子也不容易熬。在宋立英10岁那年，父亲宋光俭就把她送到了村中的富户贾登元家里当丫鬟。当时贾春元、贾泰元、贾登元三兄弟是大寨最有钱的。他们的主要收入并不是来自土地，而是来自在河北赞皇和石家庄的擀毡生意。在土改划分成分的时候，贾泰元被划为地主，贾春元和贾登元被划为富农，这是后话。

贾登元是贾进财的三叔，10岁开始，贾进财就一直给贾登元家当长工，也就是说，贾进财和宋立英侍奉的是同一个掌柜。1943年，也就是宋立英13岁、贾进财33岁的时候，由贾登元做主，将宋立英嫁给了贾进财。按昔阳当地的习俗，娶媳妇的时候男方要给女方彩礼，也就是钱或者粮

---

① 宋立英出生之前，宋光俭夫妇夭折过四个孩子，村里人认为不设法去除四个小鬼的纠缠，后面的孩子也会被拉走。

食,但是当了23年长工的贾进财此时一无所有,还是三掌柜贾登元出面,给了宋家一石玉米,就这样“一根蔓上的两个苦瓜结合在了一起”。三掌柜是一个仁义财主,直到现在人们都说这些有钱的不欺负穷人。喜事成了,可是总得举办一个仪式吧,怎样办宴席又成了贾进财头痛的事情。还是三掌柜出面,在迎娶宋立英那天的中午,请亲朋好友吃了一顿黄米糕。两个人还在长工房住了三天,三天后,他们的新婚期就结束了。贾进财继续当他的长工,宋立英也继续当财主家的丫鬟,直到1945年昔阳解放、新政权的诞生。不过,这次喜宴的花费和上次的一石玉米也不是白来的,这些都是贾进财和宋立英欠三掌柜的,以后要从工钱里面慢慢地扣。每次谈起这件事情,宋立英都是矛盾的心情,她说:“我当时也不知道这是一种剥削,不过还得感谢三掌柜,贾老头(贾进财)当时穷得什么也没有,哪会想到娶老婆。……”[①]

虽然贾姓是村中的第一大姓,但是从上文已经看出贾姓内部也呈现不同的分层与分化,不过这种分化并没有上升到阶级理论所呈现的地主与农民之间你死我活的敌我斗争,而是表现为温情脉脉的关系。在祖荫下,长期以来以差序格局为基础所形成的社会格局具有很强的稳定性,如果没有外部势力的介入,这种差序格局基础上的超稳定社会结构将会继续维持。

二、现代性植入下的乡村文化网络

在传统社会,国家依靠宗族对乡村社会进行统治,也就是学术界所说的“政不下县”的现象。正如威廉·J·古德所说:“在帝国统治下,行政机构

① 宋立英1930年农历十月十八日出生于大寨村,1947年入党,曾经担任过大寨村妇联主任、党支部副书记、大寨公社党委副书记,山西省妇联副主任等职务,荣获过全国三八红旗手、山西省三八红旗手、山西省劳动模范等光荣称号。她一直居住在大寨村,且身体矍铄,善于言谈,记忆力又好,成为大寨的“活字典”。笔者分别于2012年3月、2015年7月、2016年8月、2018年8月四次对宋立英进行过访谈。

的管理还没有渗透到乡村一级，而宗族特有的势力却维持着乡村的安定和秩序。”[①]对于大寨以及昔阳这样一个山高皇帝远，且远非东南沿海可以接受欧风美雨沐浴的地区而言，现代化的进程是极其缓慢的。据《昔阳县志》记载：直至光绪三十一年（1905），随着乐平中学学堂的成立，西方现代化的步伐才在昔阳逐步开始。“学校是一种国家机器”[②]，现代化的引入，首先是从学校开始的。民国二年（1913），县立第一女子初级小学校成立。民国三年（1914）4月，乐平县改名为昔阳县；7月，全县区划改1镇3乡为4个区，设81个编村。民国十五年（1916），军用电信分局成立。[③]而“传播媒体、交通、邮电等资源的开发，使国家更容易快速地渗透到社会中，进一步强化了对民众日常生活的监督”[④]。

从1922年开始，阎锡山在山西全面实施“村本政治”，基本内容包括：改进村制，缩小编村；村以下增设闾、邻组织；另设村级组织村公所、息讼会、监察委员会和村民会议，并成立由适龄男丁组成的保卫团；整理村范，制定村禁约，规范村政；在伦理观念上提出了“村公道”和“村仁化”。山西全省先后组成4万多个编村，每一编村要管100户人家。[⑤]当时大寨村小人少，只能设一个闾。1937年日军侵占昔阳的时候，大寨的闾长由贾增元担任。

民国晚期随着现代化的进一步渗入，乡村权力的文化网络开始发生变迁。大寨作为一个三角地带，不仅有共产党，而且也有国民党和日本

---

① [美]威廉·J·古德：《家庭》，魏章玲译，社会科学文献出版社1986年版，第166页。

② 布莱克莱吉对马克思主义学者路易斯·奥尔萨瑟所说的“学校是一种国家机器”这样一种观点进行了评述。参见[英]戴维·布莱克莱吉：《当代教育社会学流派：对教育的社会学解释》，王波等译，春秋出版社1989年版，第177—181页。

③ 昔阳县志编纂委员会编：《昔阳县志》，中华书局1999年版，第26—28页。

④ 吉登斯认为“运输的机械化、电子媒体的发明所导致的通信与运输的分离，国家‘公文档案’活动的扩展以及所包含的为行政所用的信息收集与核查的大量涌现”，这些延伸时空范围的新手段在巩固民族—国家一体化过程中发挥了很大作用。参见[英]安东尼·吉登斯：《民族、国家与暴力》，胡宗泽译，生活·读书·新知三联书店1998年版，第214—240页。

⑤ 邢振基：《山西村政纲要》，山西村政处村政旬刊社，1929年。

人。[①]白天日伪军进入大寨周围的村落，到了晚上一般就蜷缩在县里面，共产党就开始出来活动。在这乱世，原有的祖荫下形成的差序格局被逐渐破坏。大寨富农的后代说：

我的爷爷名字叫贾长贞，有七个孩子：三个女儿和四个儿子。第一个儿子小时候在门口玩，突然跑来一个马驹，把他吓坏了，死了。因此，就三个男孩了，就是贾春元、贾泰元、贾登元。我父亲是贾登元。土改的时候我的年龄还小，记不得什么了。另外，我现在年龄也大了，记事情也不沾[②]了。以前的时候我爹是擀毡的，在村里长大，28岁才出去做买卖，42岁日子好过了一些。鬼子进了城（赞皇县[③]）就不沾了，损失了很多钱，生意不能做了，只好从河北哭着走回来。后来村里也有鬼子了，来要钱，日子不好过，家里越来越穷，每天东躲西藏的。

正如访谈所述，在20世纪上半叶，差序格局所维系的传统社会秩序被这种从外部来的力量打破，随之而来的是村中有钱人的贫困化。失去了平衡的乡村秩序陷入了极度的混乱，乡村的文化网络开始崩溃。在这种局面下，村落的权威也受到了挑战。

上文谈到了在外来力量的影响下，村庄的权威开始动摇。在此情况下，村庄原有的权力格局也受到了挑战，而这样的社会变迁注定要与一位传奇人物——陈永贵联系在一起。

---

① 日本人在昔阳县并没有多少兵力，昔阳县的日伪政权主要是由中国人充任的伪军建立的，当地人把这批力量叫作“黑鬼”。

② “沾”是一个方言词，具有很丰富的含义，很难进行普通话的直译。这里的不沾是指记不清。

③ 河北省石家庄市赞皇县在山西省晋中市昔阳县东面，两县之间主要通过昔赞公路（41公里）相连接。

1915年[①],在昔阳县大寨镇小南山村陈志如的家里,一个婴儿呱呱坠地了。虽然这是一个男丁,但是家里实在太穷,难以养活。陈志如也不是本地人,人生地不熟的,孩子的出生本是喜事,不过实在太穷,添丁后日常生计成了最大的问题。1919年,也就是陈永贵4岁的时候,全家仍然一贫如洗,经常揭不开锅,最后陈志如不得不带着两个儿子、一个女儿,返回了位于昔阳县巴州乡的石山老家。天不凑巧,返回老家的第二年,昔阳大旱,庄稼没有收成,为了活命,陈志如准备卖孩子。不过为了延续香火,大儿子陈永贵不能卖,合计了好多天才做出了卖妻子、女儿还有小儿子的决定。最终陈志如将妻子李小妮和小儿子卖给了和顺县一户姓杨的人家,女儿则卖到了昔阳县西陲窑沟村做童养媳。

过了一段时间,卖老婆和孩子换来的粮食也快吃完了,陈志如听说大寨周围有富户雇人打短工,就将陈永贵放到一个箩筐里挑着到了大寨。到了大寨没有住的地方,不得不在三岔沟一孔破窑洞里栖身。陈志如每天在武家坪地主家劳动,在大寨的日子也不好过,只是勉强糊口。当时不仅世事不太平,而且狼也经常出来伤人。在陈永贵7岁的时候,陈志如就将其寄养到了大寨村贾家寡妇李月妮家里,后来陈永贵还认她为干妈。陈志如感到前途黯淡,回到石山老家后在祖坟的一棵树上吊死了,陈永贵也就成了孤儿。为了生活,陈永贵不得不从小就开始打短工。他长期游走于底层的不同群体之间,对底层民众的生活充满同情,也对有钱人为富不仁深感厌恶,这些都使他从小就养成了一种逆反心理。[②]村民说:

---

① 到底陈永贵出生于哪一年也有不同的争论,陈红梅在《我的爷爷陈永贵》和王俊山在《大寨村志》中均把陈永贵的出生日期说成是1914年正月初一,而秦怀录、陶鲁笳、吴思、陈吉元、冯东书、陈大斌等人认为陈永贵出生于1915年。其实,在讨吃要饭的年代,出生日期也不再具有重要意义,文中就以1915年正月初一作为陈永贵的出生时间。

② 孔令贤:《大寨沧桑》,山西经济出版社2005年版,第7页。

> 昔阳很早就有了提灯会[①]。在大寨这个村也有一个风俗习惯。每年的正月十五，按照传统习俗都要举行迎灯活动。也就是要把虎头山的龙和虎迎回来，祈求一年的吉祥如意，五谷丰登。听老一辈讲，陈永贵这个人可能了，他社会交往广泛，各个阶层的人都接触，知道社会要发生变化了。有一年，他就带着他的一帮人，没有上虎头山就回到了红土饽岔，故意将迎灯会的路线缩短了，就和村里的有钱人发生了冲突。

据《昔阳县志》记载：民国初年，昔阳县共分为1个镇3个乡，一共是501个自然村。1922年，山西实行"村本政治"，推行编村制。昔阳县改1镇3个乡为4个区。[②]"村本政治"并未摆脱逐渐官僚化的趋势，村庄中也只是换汤不换药，担任闾长的一直是有钱的富人。大寨最后一位闾长是贾增元，他也害怕日本人的翻脸无情，因此就在村中物色代理人，能说会道的陈永贵自然成为最合适的对象。

然而新中国成立前的近代中国，国家政权的下沉始终是与革命的隆隆炮火联系在一起的。在这种局面下，千百年来一直沉睡的乡村被唤醒了。由于外来力量的介入，传统社会形成的内生性权威遭到了挑战，随之权威的生成机制也发生了变化。原有的依靠乡间民众认可的权威开始逐步退出历史舞台。换言之，在乡村文化机制发生变化的情况下，内生性权威不得不让位于建构性权威，在此情况下，建构性权威逐渐占据了村落权力的核心。正是来自外部力量的现代性植入，传统社会中形成的文化网络被逐步破坏了。而这对于大寨、对于陈永贵来说，也是一个机遇，也就是在原有权力格局发生变化的过程中，在和富户以及外来势力斗争的过程中，他在村民中的权威形象也逐步树立了起来。

---

① 提灯会是一种集工艺、美术、书法、剪纸、音乐等的综合性民间艺术，具体起源于何时已经很难考证，每年正月十五前后昔阳县就会举行提灯会活动。

② 昔阳县志编纂委员会编：《昔阳县志》，中华书局1999年版，第76—77页。

第二节　太行山下的明星

一、翻身

1937年农历十月初一，日本人占领了昔阳县。1945年8月22日，也就是农历的七月十五，日本人撤离昔阳县。对于这个穷乡僻壤，也非战略要地的县域来说，国民党没有什么兴趣来接收，日本人撤离后，昔阳县就解放了。1946年6月按照中共中央"五四指示"的精神，昔阳开展了土改。随之，乡村的权力格局也发生了变化。

从字面意思来说，"翻身"就是"躺着翻过身来"，"而对于土改前中国的农民阶级来说，这意味着打碎地主的枷锁，获得土地、牲畜、农具和房屋。但它的意义还不止于此，它还意味着破除迷信，学习科学；意味着扫除文盲，读书识字；意味着不再把妇女视为男人的财产；意味着废除委派村吏，代之以选举产生的乡村政权机构。总之，意味着进入了一个新世界"①。同时翻身也是精英评价标准和精英群体的重建过程。②翻身成为当时社会的重要革命话语。通过诸多的运动，国家的政治力量与意识观念深刻地嵌入普通民众的日常生活，也正是外部势力的嵌入，乡土社会千百年来逐渐形成的以自身血缘为纽带的家族共同体解体了，人与人之间的关系被一种叫作阶级成分的革命话语所取代。

（一）建立政权

大寨距离县城很近，同时背后又靠着山，便于隐蔽，所以在抗日战争期间成为共产党与日本人博弈的地带。白天，日本人经常进村。晚上，八

① [美]韩丁：《翻身：中国一个村庄的革命纪实》，韩倞等译，北京出版社1980年版。

② 吴毅：《村治变迁中的权威与秩序：20世纪川东双村的表达》，中国社会科学出版社2002年版，第80页。

路军与共产党就从山上下来了。1938年，大寨有7个男青年参加游击队。1940年，日本人活埋大寨青年12人。1945年昔阳县刚刚解放，受上级委托，大寨村民赵怀成之妻邢玉清到武家坪、大寨开展工作，协助当地建立政权。在建立政权的时候，村里的权力格局发生了变化，领导职务都由贫农担任。

当时村里的管理机构叫村公所，"管理村政财务，设村长、副村长、书记(秘书)、民政委员、生产委员、财粮委员、教育委员等。首任村长为贫农贾志元，他的任职时间为1946—1947年。1948年，贾志元调到县联社工作，村长就由贫农赵怀力接任"[①]。与此同时，党组织在大寨也建立起来了。1946年，贾进财的大哥贾承福入党，大寨有了第一个共产党员。1946年5月和7月，贾承财和贾进财分别入党。大寨有了三个党员了，就于当年的8月成立了党小组，由贾进财任组长，对外称政治主任兼农救会主席，归武家坪党支部管理。1947年，宋立英入党。1947年，赵大和、贾成巨也加入党支部。到1949年，大寨一共有了九名党员。接着妇救会和武委会也成立了，王兰英和贾占元分别担任首任妇救会主席和武委会主任。[②]在党支部和村公所的领导下，大寨开展了轰轰烈烈的土改运动。

(二)土改

身份的界定是与权力结构和社会设置联系在一起的。[③]土改影响了村民的日常生活，也重新改变了人们的话语形式以及社会身份。传统伦理型社会中的血缘、亲缘关系被阶级成分话语下的同志关系所替代。与中国很多地方的乡村一样，土改中大寨也经历了斗地主、分田地、分窑洞、分浮财的过程。由于大寨的有钱人算是仁德财主，用村民的话来说："这些掌柜们对我们还可以，也没有克扣过我们，因此这里不像周围武家坪

---

① 王俊山：《大寨村志》，山西人民出版社2003年版，第134页。

② 孔令贤：《大寨沧桑》，山西经济出版社2005年版，第4页。

③ 张静：《基层政权：乡村制度诸问题》，浙江人民出版社2000年版，第30—33页。

村、留庄村这些村庄的斗争那么激烈、残酷。”即便如此，随着土改运动的进行，身份以及相关的权力结构也在悄然发生着变化，村里的阶级阵线也很快就泾渭分明了。

1.划成分

土改的时候，大寨划出一户地主、三户富农。二掌柜贾泰元被划分为地主，大掌柜贾春元和三掌柜贾登元以及贾子寿被划分为富农。

在村民的认知世界里，对这些成分的具体划分其实很模糊，他们的认知世界也与国家的理念并非完全一致。按照当时中国的土改现状和需要，农民被划分为地主、富农、中农与贫农。中农又分为三个层次：上中农、中农、下中农。而普通农民并没有这样详细的认识，他们只有成分高与成分低，或者说成分好与成分不好之分。所谓的成分不好，意思就是成分高，主要指地主、富农、上中农；成分好，意思是说成分低，指中农、下中农、贫农这个群体。在笔者的访谈中，他们甚至连本村当时谁是地主也很难说清，只是说那些人成分高，遭罪了。

新华社记者沙荫、范银怀采写了《大寨之路》，并刊登于1964年2月10日的《人民日报》：“旧社会，大寨八百零二亩地，四千七百多块。一亩地好年景打不下一百四十斤粮。那时候全村六十多户人家，一大半是扛长工、打短工、赶牛放马、讨吃要饭的。那时候，这个山村里只有七牛、八驴、一口猪，十份里有七份是一家地主、三家富农的。”

1974年出版的《大寨红旗》记载：全村近800亩耕地，地主富农就占了近70%。[①]

由陈吉元、陈家骥、杨勋主编，1993年出版的《中国农村社会经济变迁（1949—1989）》记载：解放前，大寨仅存64户190口人，就有35户45人给地主富农扛长工、打短工；有9户21人背井离乡，外出讨饭。全村700多亩耕地，7头牛、8头驴、1头猪，百十只羊的家当，60%的耕地归4户地

① 文锦、沙荫：《大寨红旗》，山西人民出版社1974年版，第8—9页。

主、富农所有，48户贫雇农只有144亩劣等土地。[①]

2003年出版的《村志》记载：民国三十四年（1945）解放时，大寨只有64户190多人。人少、土薄，自然条件十分恶劣，全村700多亩土地，分成4700多块，零星散落在七沟八梁一面坡上。且有40%的土地掌握在4户地主、富农手中。[②]

以上一篇文章、三本著作对于地主富农在大寨占有耕地的描述相差悬殊，1964年的文章没有确切的说明，根据文章内容推测为70%，三本著作中的记载分别是70%、60%、40%，四者之间，呈现明显的递减趋势。《大寨红旗》关于地主富农占有土地的数字分别为70%，这样的数字可能是"文化大革命"时期整理出来的。改革开放后出版的《中国农村社会经济变迁（1949—1989）》给出了60%这样一个数字，可能是在1975年数字基础上的修正。2003年出版的《村志》是由当地人主编，在前面的基础上，进一步压缩，给出了40%这样一个数字。

在大寨村，笔者收集到了一张1964年的阶级情况统计表：

表2-1　1964年大寨生产队阶级情况统计表

类别	户数		人口	
	合计(80)	占总户数(%)	合计(352)	占总户数(%)
贫下中农	46	57.5	210	59.66
中农	18	22.5	75	21.30
富裕中农	12	15	58	16.48
富农	3	3.75	7	1.99
地主	1	1.25	2	0.57

由表2-1可知，1964年重新核定成分的时候大寨村一共有80户，其中地主1户、富农3户，分别占到了总户数的0.57%和1.99%，而成分的划分也颇具戏剧性与偶然性。村民说：

① 陈吉元、陈家骥、杨勋主编：《中国农村社会经济变迁（1949—1989）》，山西经济出版社1993年版，第364—365页。

② 王俊山：《大寨村志》，山西人民出版社2003年版，第2页。

大掌柜叫贾春元，被划分为富农。有两个儿子、两个女儿，大儿子解放前死在石家庄，二儿子在解放战争的淮海战役中死了；两个女儿活到七八十岁，2000年左右去世了。大掌柜的儿子因为革命而死，所以就成了烈属。然而成分划分是按土地占有的多少而进行的，他们家人少了，平均起来每个人所占土地自然也多了。

二掌柜贾泰元的成分是地主。他只有一个儿子，去赞皇和石家庄做擀毡生意，解放前死在石家庄。有两个女儿，土改前就死了。土改按人口定成分，他孩子们都不在了，夫妻两口人，地平均起来就更多了，所以就成了地主。

三掌柜贾登元被划为富农。贾登元有四个孩子，土改的时候一共六口人，相比起二掌柜地就少了，所以被划分为富农。

当时在村中土地最多的是贾子寿，但是他却被划为富农，主要原因是贾子寿人口多，平均下来就少了，所以没有被划成地主。

大寨和蒙山[①]一样，由于太穷，没有大地主，地主也仅仅比普通人家好过一些，不至于饿死罢了。这里的地主很穷。大寨的有钱人也是省出来的。他们也舍不得吃，舍不得穿。吃的也是和穷人一样，都是玉米、小米，也要加糠。留庄村、武家坪村就好多了。昔阳穷，寿阳县、和顺县地理位置更优越一些，土地肥沃一些，那儿就有大地主。

大寨地方小、户数少，在土改中找出了一户地主、三户富农，剩下的都是讨吃要饭的，当长工、当短工。地主吃的玉茭面，这还是地主。他吃玉茭面，里面掺点枣，只有过节过年才吃白面。吃饺子还不能吃精白面，白面里面还得加点糠。只有供养的神仙才吃精白面。我们吃玉茭面搅点谷糠，再掺点磨下的黑豆面。把很滚的水舀起来，放到盆里，用手戳，手被烫得老有红泡泡，不然凉了就酥得拍不到一起了。

① 蒙山现在属于昔阳县大寨镇的一个村，蒙山烟雨为昔阳八景之一。蒙山海拔1667米，为昔阳县最高处，水资源奇缺，历来被认为是昔阳县最穷的地方。

当时也能吃饱，我十来岁就被当丫头用，贾老头（贾进财）比我大20岁，他从小就在给人家当长工。好心人（三掌柜）把我买上嫁给他，用了一石玉茭，让我们慢慢还，白干几年，顶起来才行。贾老头在我13岁那年冬天娶了我，在三掌柜家的窑洞里，人家的妮妮（女儿）腾出来，我们住了三个晚上。

在这土石山区，劳作完全是靠肩挑手抬的方式，大寨村地主、富农的土地也不例外，并且这些土地基本上是自己耕种，也有的雇佣长工或短工，而非以土地租佃为主，并且从占有土地来说，大寨也没有超过100亩的户数，地主只有58亩土地，且主要的收入并不是来自土地，而是靠河北赞皇县的擀毡生意。

2.学习与扫盲

自近代以来，学校作为一种文化传承的场所起到越来越重要的作用。正如盖尔纳所述，在学校这种正式现代化的社会化空间里，传统社会“面对面的文化传承模式”被“超离于面对面的普遍性知识传播”所代替。[①]不过在集体化时期，教育并未完全摆脱“面对面的文化传承模式”，但是作为一种获取文化资本的教育却脱离了地方性知识，而是否有机会接受教育，不仅和表现有关，更重要的是与其在社会分层中的成分联系在了一起。

中华人民共和国成立后，全国性的识字运动是新建立的革命政权进行社会动员的一种方式，而要进行社会动员，掌握一些文化是极其必要的。同时让这些没有文化的人能够拥有文化，这也是毛泽东思想体系的重要组成部分。因此，对这些目不识丁的庄稼人进行文化上的启蒙与教育也就成了时髦话语。土改以来，这项运动就开始了，一直延续到人民公社时期。大寨也不例外，因为识字的人实在太少，所以识字运动也就成了扫盲运动。

① [英]厄内斯特•盖尔纳：《民族与民族主义》，韩红译，中央编译出版社1983年版。

大寨的扫盲从1945年昔阳解放就开始了，1958年后进入高潮，扫盲也成了运动。扫盲以学习毛泽东语录为主，“老三篇”[①]成为重点内容，“三爱”[②]也成为基本要求。《大寨村志》上是这样介绍当时的扫盲情况的：“党支部组织了24名理论骨干，这些辅导员主要是对理论进行讲解，同时还建立了一套学习制度：一是骨干带头学，二是各系统集体学，三是以家庭院落划分学习小组分散学，四是互帮互学，五是政治夜校集中学。”[③]大寨人这样描述当时的扫盲：“每天劳动回来累死了，还得学习，有时候就睡着了。学习还要进行比赛，如果谁落后了还要写检查。”要想外出就学首先是要成分好，其次表现也要好，在此基础上，才可能被选派出去上学。这与人民公社时期集体不仅掌握着社员的经济，而且也掌握着社员向外流动，改变命运的机会有关。大寨也是如此，外出参军、上学是不可多得的改变命运的机会，但是这并不意味着每个人都可以拥有这样的机会。20世纪六七十年代，在内部进行政治化学习的同时，大寨一些根正苗红、又红又专的社员还被赋予了很难得的被派出去学习的机会，成为工农兵大学生，如赵素恒被派往清华大学学习，贾实籽去了太原工学院（现在的太原理工大学），赵变花去了山西医学院（现在的山西医科大学），贾素堂去了天津大学，贾素平去了山西大学。

扫盲与深造的过程也是接受国家治理理念的过程，因为只有这些庄稼人识字了，有文化了，国家政治才能更好地在基层实施，国家话语才能在基层更好地被接受。

翻身虽然是从划分成分开始的，而成分是依据经济上的标准，但更重要的是，通过土改农村传统的生活秩序被颠覆，土改前的“上等人”成为社会的下层。也正是通过这种革命化的方式，昔日“天高皇帝远”的国家如今不再遥远，民众与国家的距离也越来越近，他们的身体也被逐渐卷入到

---

① “老三篇”是指：《为人民服务》《愚公移山》《纪念白求恩》。

② “三爱”是指：爱国、爱社、爱家。

③ 王俊山：《大寨村志》，山西人民出版社2003年版，第157页。

仪式社会中而难以脱身。

二、新农村中的身体实践

不同于运动中成分的划分,在这些农民的认知体系里,他们经常将自己说成是受苦人。虽然从表面来看,农民、工人、干部、教师只是一个所从事职业的划分,但实际上在农民的世界里,这本身也是一种身份的区隔,因此受苦人这个概念有着十分沉重的内涵。受苦人的苦不但是一种身体的感知,同时也是一种精神的体验,而且还是对客观事物的评价,更是自我认同和群体认同的表达。[①]大寨人只是用自己的身体感知去诉说那个时代,用自己的心灵感知去回味那个年代。

当时人们所认识的新农村建设的标准就是:楼上楼下,电灯电话。为了这个既朴素又崇高的目标,大寨人开始与天斗、与地斗。

为了建设新农村,大寨人从1953年开始,首先进行了“十年造地计划”。前面已经提过,大寨的生态方位是七沟八梁一面坡,800亩土地分成4700多块,并且是典型的“三跑田”(跑土、跑肥、跑水),“下了大雨土跑光,三天没雨苗发黄”。1953年冬天开始,大寨人在陈永贵的带领下治理了白驼沟。这是大寨合作化以来和大自然进行的第一仗,所以后来把白驼沟更名为合作沟。当年陈永贵就被评为晋中地区劳模。1953年冬天到1954年春天,大寨人又治理了后底沟、赶牛沟、念草沟和小背峪沟。1955—1957年进行了著名的三战狼窝掌的治理。从治理白驼沟到征服狼窝掌,大寨人用了5个冬春,在7条山沟里垒起了总长15公里的180多条大坝,把300亩坡地变成了梯田,把4700多块地修成了2900多块。从1963年8月大水过后,大寨人还提出了著名的“先治坡,后治窝”的口号。

① 郭于华:《作为历史见证的“受苦人”的讲述》,《社会学研究》2008年第1期。

表2-2　大寨大队治沟实践[①]

沟名	治理时间	总面积（万平方米）	投工数（个）	打石坝(条)	造地(亩)
合作沟（白驼沟）	1953年冬	4.5	1700多	25	9
后底沟	1954年冬	4.66	2200多	25	11
团结沟（赵背峪沟）	1955年冬	3.33	1100	—	10.7
小背峪沟	1955年冬	4.86	—	—	8
狼窝掌（三次）	1955年冬	8.79	6700多	42	22
	1956年冬				
	1957年冬				
麻黄沟	1959年冬	2.66	2100多	12	8
老坟沟	1960年冬	2.1978	—	—	5

（一）劳动强度极大

土改后，原有的互助组也进一步被深化，当时互助组还被赋予了两个组别：一个是好汉组，由贾进财领导，这个组由农具好、劳力好、牲畜好的户组成；另一个是老少组，由陈永贵领导，主要是由那些年龄太小、没有多少劳动力的户和年龄太大、快要丧失劳动力的户组成。为了和好汉组形成明显的对比，老少组还被形容为"老的上不了马，小的拉不开弓"。1953年，大寨成立了初级社；1955年，转为高级社；1958年，大寨也开始了大跃进；1959—1961年，三年困难时期；1963年，大寨遭受洪灾；1964年，四清运动；1964—1979年，是为期15年的农业学大寨。由于是典型村，所以大寨村民比全国其他地方的民众"受的更多"。

然而，随着时间的推移，他们对这些运动也就习以为常了。大寨新农村建设的经历者们是这样说的：

① 根据《大寨村志》（山西人民出版社2003年版）第37—43页的内容整理而成。

大寨建设新农村的1963年，我们这些铁姑娘当时最小的14岁，最大的17岁。我当时14岁，初中毕业后就回到村里开始劳动。那一年正好遇上了大水，当时白天治坡，晚上治窝，很累，人们都盼能休息一黑夜，但是每天开会，青年会、姑娘会、社员会、民兵会、党员会、团员会、群众会，一年就没有间断过开会，12点以前没有休息过。梁便良[①]带着我们凌晨3点开始起来劳动。早上起来安排地里的粪，主要是在播种以前从村里把粪往地里担，3点起来趁着有月亮明亮的时候就开始劳动。铁姑娘和男青年担粪、撒粪，等老年人起来，粪已经撒完了。可是那会儿那身体真好，也许是年轻，大家唱着歌干活，也不觉得累。那会儿如果累，月月还不休息几天，可是照样二十八九天，舍不得耽误，人呀锻炼出来也就不觉得累了！那个时候"一天两担饭"，夏天还可以，冬天就麻烦了，担出去的饭都冻了，没办法只能吃着冰碴饭。1964年后，全国各地有很多人来参观大寨。春天早晨，天一亮就起床，梁便良带着我们往地里送粪。上午男社员扶着犁，我们撒肥、捏种子，直到中午送来饭。这就是"一天两担饭，晚上加班干"。

那时担上筐篮，拿上铁锹，带上"老三篇"书，还得扛上枪。在地里也得拿上枪练习，休息了练。那会儿也没有穿的，大口子鞋，没有袜子，还露出肉来。现在熬过来了，不过现在还是不好活。虽说那会老陈照顾，可是收秋了，都想多担一些，不要叫人家们说闲话，当时还有那种思想。现在不对了，弄得哪儿哪儿痛，身体毁了。那会儿不能偷懒，想叫别人说好，7分高分，咱就得7分。

我们从这些大寨建设者的话语里可以感受到社会主义建设运动对于

① 梁便良（1928—2000），男，文盲，当年的老少互助组成员（参加老少组的时候18岁）。一担能挑100多公斤粮食，号称"铁肩膀"。曾经担任过大寨村党支部副书记、大寨公社革委会副主任，当时大寨铁姑娘劳动时由他带队。

普通人日常生活的影响，我们可以从这些普通人的叙述中看到历史的演变过程，以及在那些运动的岁月里普通人是怎样一步步地被卷入时代与历史的大潮之中，而这样的做法正好符合当时“自力更生、艰苦奋斗”的话语体系。

（二）去除私人空间的房子

走进大寨，引人瞩目的建筑除了20世纪90年代以来建成的小别墅，就是一排排学大寨时期修成的火车皮式的房子。火车皮式的房子去除了私人空间，一味地追求清晰化与简单化[①]，这使大寨人的日常生活中少有隐私，且丧失了自我选择生活的权利。

1963年遭受特大洪灾后，大寨人“一天两担饭，晚上加班干”，这样的时间制度大约延续了十年。大寨人造好了屋，也就是现在看到的大约300孔窑洞、500间瓦房这样蔚为壮观的火车皮式的房子。这种房子不仅存在于大寨，而且遍布昔阳县各地，也成为人民公社中新农村建设的“样板工程”。

火车皮式的房子由石头碹成，主要是利用了当地多山的状况，随地形而建，先把下面的一层窑碹好，然后把上面的土推下来，压住窑顶，再在上面碹第二层窑。正因为如此，大寨才出现了一道街、二道街、三道街、四道街的名称。

火车皮式的房子给民众的日常生活带来很大不便，不论是取水还是上厕所都极为不便。同时这些整齐的房子也没有任何属于各户自己的院子，所以人们不用走进屋内，透过玻璃就可以看到屋内的一切陈设，也就是说，这种房子缺少私人空间。曾经的铁姑娘说：

① 清晰化与简单化较早是由美国学者斯科特提出，他认为“清晰性是国家机器的中心问题”，“现代国家机器的基本特征就是简单化”。也只有在清晰化与简单化的基础上，现代国家一系列的宏大社会工程才可以实施。参见[美]詹姆斯·斯科特：《国家的视角：那些试图改善人类状况的项目是如何失败的》，王晓毅译，社会科学文献出版社2004年版，第2—3页。

图2-1　火车皮式的房子

> 上地当时也是很紧张，饭也是90%没有时间吃上就去地里了。参观的人一来了就要进家看，因为讲卫生图名声，外面还得整得好好的，建了这个隔断，这是挡丑，这都是“面面活”。那会儿还得抬将孩子，念书也不花钱，吃上点走了就沾了，穿上鞋不要冻着就沾了。以前春天担粪，冬天担粮食。咱那会儿一家六七口人，收拾不好，后面大寨讲卫生，就建了里面这隔间。那会儿“一天两担饭，晚上加班干”，孩子们跟上也是可吃苦了，都能忍了。

乡村建设运动是从民国年间开始的，中华人民共和国成立后开始了新农村建设。大寨人用身体感知了当时的建设运动，每当问起当时的劳动过程，他们都说“当时不用思考，思想轻松，每天上地就是了。年轻，也不觉得累”。

三、典型的被树立

随着社会主义实践活动的进一步推进，传统社会中原有的一整套完整的生活与意义体系被逐渐解构，而建构起了另一套与本土或地方性知识相冲突的知识话语。对于大寨这个村庄来说,国家化、典型化的体系也经历了一个逐步的建构过程。

树典型是国家治理的一种重要工具,因此典型的树立是和国家联系在一起的,而最早发现典型的是地方政府,这就注定了在带着特殊感情的境遇下,在树立典型的过程中,地方政府和典型被捆绑在了一起。

昔阳县刚解放,县政府就对大寨的互助组予以肯定。1950年10月,县政府还奖给大寨一面"组织起来,发展生产"的锦旗,这是大寨有史以来第一次得到奖旗。1952年12月,陈永贵应邀出席了山西省农业丰产劳动模范代表会议,并获得了奖励。农业社建立后,大寨粮食连年增产,引起了昔阳县领导的重视,经常派干部蹲点指导总结推广,加快了大寨进军三晋、走出太行山的步伐。1956年2月,陈永贵和宋立英出席了山西省农村社会主义建设积极分子代表大会,被授予省级社会主义建设积极分子的称号,大寨农业社也荣登粮食生产先进单位金榜。1958年3月,陈永贵出席山西省第二次社会主义建设积极分子代表大会,再次摘取农村社会主义建设积极分子的桂冠。[①]

从1953年开始,大寨人用了十年时间,完成了对虎头山七沟八梁一面坡的改造,这也就是所称的"十年造地计划"。1959年10月,昔阳县委发出了《山区建设的一面红旗:大寨》的通讯报道,全面总结了大寨的经验,并在全县范围内兴起了声势浩大的"学赶大寨、白羊峪、刀把口"运动,"昔阳三枝花"[②]由此成名。1959年冬天,晋中地委书记贾俊到昔阳进行调研,看了大寨后深受感动,晋中地区开始把大寨树立为农村学习的典型,同时将材料上报山西省委。1960年2月,中共山西省委发出"向模范支部书记陈永贵学习"的号召。同年6月18日《山西日报》第一版刊登了

---

① 孔令贤:《大寨沧桑》,山西经济出版社2005年版,第107页。

② "昔阳三枝花"是20世纪50年代张怀英担任昔阳县委书记的时候树立的三个典型。分别为"以农业为主、农林牧副全面发展的大寨;以林业为主、农林牧副全面发展的白羊峪;以牧业为主、农林牧副全面发展的刀把口。"参见张怀英:《聊天录》,长江文艺出版社1998年版,第215页。

题为《大寨支部是坚强的战斗堡垒：陈永贵是出色的党支部书记》的署名文章，同时第二版还发表了《陈永贵：党支部书记的好榜样》和《太行山上一面高产红旗：介绍昔阳县大寨大队逐年增产的经验》的社论。在人民公社时期，《山西日报》经常报道有关大寨的事迹。

据笔者统计，从1957年大寨第一次在《山西日报》上露面，到1979年农业学大寨结束，《山西日报》上一共刊登了198篇有关大寨或农业学大寨的文章。陈永贵和大寨在山西省成了名。在此过程中，陈永贵成了昔阳的劳动模范，1959年还应邀进京参加国庆10周年庆祝活动。不过当时这个"太行山上的明星"的名声并不能和昔阳县白羊峪的王殿俊和刀把口的张老太，更遑论山西省平顺县西沟村的李顺达、川底村的郭玉恩、羊井底村的武侯梨相提并论。因为王殿俊和张老太二人早在1944年就被评为太行区劳动模范，二人还分别在1949年和1951年登上了国庆的观礼台，而平顺县的李顺达在1944年太行区首届群英会上就被评为生产互助一等英雄，1950年还出席了全国劳模大会。相比起这些先进村、先进人物，此时的大寨以及陈永贵还没有多大的名气，也只是一个省内的普通典型。

"昔阳三枝花"出名，尤其是大寨被树立为典型与当时的昔阳县政府有关。在响应党的号召，寻找农业典型的同时，地方政府起了重要作用，而这又与典型背后所蕴藏的社会认知、国家意志密切联系在一起，这也是计划经济的一个必然产物。

1963年以前，大寨只是省级模范，而真正让大寨出名的是1963年8月洪灾中提出的"三不要"与"三不少"口号以及发扬的自力更生的风格，这具有历史的偶然性但也具有必然性。曾任山西省委第一书记的陶鲁笳在《毛主席与农业学大寨》中这样叙述："1964年3月28日到29日，毛主席召集中共河北、山西省委的林铁、刘子厚和我等几个人，到他停在邯郸的专列上，听取工作汇报。我汇报说，前不久我在昔阳县大寨大队蹲点，了解到这个大队的生产和思想工作都很出色，支部书记陈永贵是个生产能手,也是思想政治工作的能手,而且对管理工作抓得很严,公私分得很清……这时,毛主席对大寨和陈永贵以肯定和赞赏的语气说:穷山沟里出好文章。"①

作为山西省典型的大寨被时任山西省委第一书记的陶鲁笳大力表扬,这不是偶然的。虽然大寨确实在当时是一个典型,但是如果县里、省里不去推动典型的发展,这个典型也不会被发现。昔阳县某县领导说:

> 陶鲁笳的汇报很重要,因为他有第一手材料。在这之前,陶鲁笳也接见过省级劳模陈永贵。还有一个实际情况就是陶鲁笳在抗战时期是昔阳的县委书记,对昔阳熟悉。1964年陶鲁笳来昔阳,他不仅去了大寨,还去了他抗战时期的皋落镇东沟村,他还专门找到了他抗战时期的窑洞,非要去窑洞住。那天晚上我们住的是排房,他住的是窑洞,他在他抗战时期的窑洞里专门住了一晚上。你说当时的干部多好。

接着,农业部部长廖鲁言到大寨调查。调查组于1964年4月29日到大寨,陪同廖鲁言的有中国农业科学院作物研究所副所长许运天,国务院农业办公室的郑重、张丽云,新华社记者范银怀等人。

调查组在大寨、昔阳住了20天,他们开座谈会,查阅大寨大队历年来投工和分配账目,还与大寨人实行了"三同"。在考察期间,他们还组织了八次联席会议,听取大寨人以及各社队之间的意见。1964年5月21日下午,也就是这次调查工作将要结束的时候,廖鲁言在大寨召集了有中央有关部门、山西省、晋中地区、昔阳县及大寨公社、大寨大队各级领导干部参加的座谈会,在会上他将大寨精神总结了六个方面的经验:第一,有志气、树雄心、树大志、志气高的革命精神;第二,革命精神和科学态度相结合;

① 陶鲁笳:《一个省委书记回忆毛主席》,山西人民出版社1993年版,第113—115页。

第三,干部大公无私、以身作则,依靠贫下中农,阶级路线执行得好;第四,自力更生、艰苦奋斗;第五,改造人的工作(政治思想工作);第六,共产主义风格,正确处理国家、集体、个人三者之间的关系。[①]回到北京后,廖鲁言将这次调查结果写成了《大寨大队调查报告》[②],向毛泽东和周恩来汇报了大寨经验和应该注意的问题。

最终,大寨这个县、市、省的模范村庄、典型村庄上升到了国家典型的高度。周恩来总理在1964年12月20日向三届全国人大一次会议所做的《政府工作报告》中,就把大寨精神做了精要的概括。在这次会议之后,全国开始了学大寨、赶大寨的运动。

第三节　样板村里的村民

在集体化时期的宏大社会运动中,仪式的清晰化与简单化是其重要特征。因此,在"榜样的力量是无穷的"口号之下,抓典型、树典型、树样板、学榜样也就成为通常发动运动的极佳办法。伴随着运动的发展,大寨在被树立为典型的同时,也逐步地被典型化。人们常说"榜样的力量是无穷的",树立典型的目的就是为了激励别人,对于典型来说,也就意味着"只能上不能下"。大寨村——这个中国第一村每天都存在紧迫感。

一、战天斗地与破四旧

新中国成立后,大寨就一直保持着战天斗地的精神,与此同时进行的还有破四旧活动。

---

①《廖部长在大寨党、团员、贫下中农委员联席会上的讲话》(1964年5月11日),昔阳县档案馆昔阳县委档案,档案号:3-1-351。

② 廖鲁言:《廖鲁言文集》,人民出版社2013年版,第458—469页。

(一)修坝造田

1957年开始的三战狼窝掌,体现了大寨人自力更生、艰苦奋斗的精神。大寨属于山区,改造“三跑田”就需要修筑梯田。1963年大灾后,大寨开始进行新农村建设,提出了学界耳熟能详的“先治坡,后治窝”的口号。但是不论是治坡还是治窝,都需要石材,这对于一个只有不到200人的贫瘠小山村来说可不是一件小事。大寨倒不是没有石头,金石坡和大寨是邻村,在两村的交界处,距离大寨大约500米处就有一片一亩多大的青石坡。这个石窝距离大寨很近,运输也方便,只是这一大块石头太平整了,被当地人认为是“老虎吃天,无处下口”,较难开采。最后这个困难是被老英雄贾进财抡着38斤重的大锤克服的。由于长期抡大锤,贾进财的双手黝黑干硬,骨节严重变形。1985年,八一电影制片厂还专门把当时已经76岁的贾进财请到北京,花了两天时间用电影镜头从不同的侧面记录下了这双战天斗地的手。

(二)拆掉宗祠

宗族是同聚落居住,按父系血亲伦常而建立的组织。它不仅普遍存在于中国各个地方,而且宗族所建立的一套规矩与方法也成为乡村社会的“稳定器”。一般来说,宗族都拥有共同的财产,如族谱、宗祠、墓地。同时宗族也有一整套组织体系,在村落的政治、经济、文化方面发挥着重要功能。

由于华北处于政治中心,历史上战争经常波及,且由于20世纪50年代后的多次运动,所以相比于华南宗族的发达,宗族在华北村落中主要体现为一种认同与凝聚力,外化的载体较少。

大寨历史上建有贾氏宗祠,其年代早已不可考。新中国成立后,曾经作为学校使用过。在破四旧运动中,作为“封建”“迷信”“落后”象征的宗祠被拆掉了,只留在了老一辈的记忆里。村民说:

村里姓贾的一共三大股。原来有一个贾氏宗祠，三间大房子，是砖瓦房。祠堂里面摆着一些牌位，里面还有起名字的辈字谱，有这么高(书这么厚)，辈字谱是用来起官名的。奶名不用起，养活下叫什么就叫什么。我的奶名叫乖小，字辈谱在破四旧中早烧了，官名就推不下来了，有时候孙孩子占了他爷爷的名字，乱了辈数了。俺爹是“元”字辈，和村里的地主富农贾春元、贾登元、贾泰元是一辈。我这一辈也基本上还是按字辈谱来的，下面的就乱了。当时祠堂每年选一次管理人。

三间祠堂房子摆满了牌位。祠堂平常不开门，腊月的时候将死去的人写在祠堂里的牌位上，正月初一早晨祭奠祖先。我记得印象最深的是过年的祭祖。估计我只有十来岁的样子，年初一早晨，村里姓贾的都要到宗祠里面跪拜，把好吃的带上，放到牌位前面的桌子上，还要磕三个头。解放后，村里人还祭祖。过了几年，祠堂变成学校了。后面成了民兵房，牌位也没了，被烧了。破四旧中人们就把祠堂拆了，现在许多村又在修复，想起来当时拆掉可真可惜。

在传统社会里，作为仪式与信仰活动载体的宗祠本来与大寨人的生活世界和生存逻辑之间是融合与匹配的关系，然而在运动中，这些“封建”“迷信”“落后”的象征载体被去除，象征载体消失了，人伦关系也自然会发生变化。

(三)人生仪礼中的破四旧

人生仪礼主要包括诞生礼、成年礼、婚礼和葬礼。在人生仪礼中，婚礼仪式和葬礼仪式又是最重要的。

1.婚礼

婚姻是维系人类自身繁衍和社会延续的最基本制度，它在保障家庭稳定和亲属群体的延续方面发挥了重要作用。例如，在择偶范围上，为了防止有父系血缘关系的婚配，始于周朝的同姓不婚制度[1]就被作为重要准则一直延续下来。长期以来，不论是出于“男女同姓，其生不蕃”(《左传·僖公二十三年》)的优生学考虑，还是“婚礼者，将合二姓之好，上以事宗庙，而下以继后世”(《礼记·昏义》)所显示的出于联盟的需要，以及《白虎通·嫁娶》中“不娶同姓者，重人伦，防淫、佚、耻与禽兽同也”记载的道德、伦理的需要，同姓不婚均是作为乱伦禁忌而被历代所禁止。

1966年前，大寨的婚嫁要经过六个步骤，也就是“六礼”，主要包括：提亲、换帖、纳吉、下彩、请期、迎亲。20世纪六七十年代，国家提倡婚事新办，勤俭节约，女方不要彩礼、不要嫁妆，男方也不请客、不收礼、不摆宴席，很多地方都是第一天结婚，第二天就上地劳动，有的甚至在工地举行婚礼。

图2-2 党支部赠送铁姑娘的结婚纪念物——《毛泽东选集》[2]

对于婚礼，铁姑娘们记忆犹新：

> 我嫁给了一个军人，我们两个见了两次面，他从部队回来我们就办了结婚手续，就结婚了。我的男人弟兄五个，结婚时还是借的他哥

① 《魏书·高祖记》中记载：“夏殷不嫌一姓之婚，周制始绝同姓之娶。”

② 大寨某铁姑娘1969年2月19日结婚时大寨党支部赠送的《毛泽东选集》。左边书扉页上的内容为：“认真读毛主席的书，忠实听毛主席的话，坚决按毛主席的指示办事，永远做毛主席的好社员。”右边书扉页上的内容为：“努力活学活用毛主席著作，紧跟毛主席奋勇前进，将革命进行到底！”

哥的房子。做了一个六尺宽、五尺长的被子，大队给的是《毛泽东选集》、铁锹和镢子。

我现在老了，那会儿一直动弹，没有脱离劳动，等生下孩子才不动弹。结婚是在正月，一共花了50块钱，现在连一只鞋也买不下。我结婚的时候，凤莲就已经出名了，我让凤莲帮我在北京买双袜子，她就帮我买了两双。这都放了40多年了，我现在还保存着。那天我还和孙子说："孩孩，奶奶给你保存着，结婚的时候你拿上。"那会儿衣服也是洗上两水就破了。你看那会儿还没舍得穿，这是忆苦思甜，不要浪费粮食。大队给我们这些铁姑娘的就是《毛泽东选集》、铁锹和镢子。

嫁人要嫁成分好的。我是1969年腊月二十三经贾进财介绍结的婚，结婚的时候就他（丈夫）哥哥、姐姐，吃了点糕。俺们家什么也没办，只是吃了点河捞[①]。结婚的时候红卫兵把门，不让人们随便进出，所以也没有人来。也没有嫁妆，只是做了一身衣服，没要钱。

婚姻作为维系人际关系的一套文化制度，起着社会"稳定器"的作用。因此，婚礼的仪式过程也就显得极为神圣了，但是在破四旧中，国家仪式取代了传统的宗族和民间仪式，"政治的仪式化运作弥漫于农民的日常生活中，改变了人们原有的整合的生活逻辑和乡土社会的文化景观"[②]。民间仪式以一种国家化形态而存在，婚礼也概莫能外。从上面铁姑娘的婚礼可以看出，不论是婚礼仪式的过程还是内容，国家都一直在场。通过这种方式，国家将其意识形态植入了普通民众的日常生活之中。

2.葬礼

死亡是人类文化的永恒主题，而汉民族又是一个重死重丧而又避讳

① 河捞是一种古老的面食，多在山西民间和陕北流行，在不同的地方名称不大一样，有叫河捞面的，有叫饸饹面的，有叫床子面的，还有叫压河捞或轧河捞的。

② 郭于华：《民间社会与仪式国家》，《读书》1999年第9期。

言死的民族，在丧葬仪式中传统文化的一系列伦常秩序，如差序格局、血缘基础、礼治秩序都有很好的体现。[①]因此对死亡的探讨一直没有停止过，这更增加了死亡的神秘感。

传统社会中的丧葬仪式包括以下几个步骤：初终、设床、沐浴更衣、报丧、大殓、选择墓地以及出殡。大寨除了以上的程序外，更加烦琐，也颇具地方特色，其过程包括：装殓、守灵、报丧、呈孝、开吊、祭祖、墓祭、迎帐、家祭、客祭、央人主、辞灵、挂孝、出殡、安葬、虞祭、烧夜纸、服三、过七、服孝。[②]

在传统社会的葬礼中，对于地方而言，小传统的民间礼仪是其整个仪式的主导力量，作为大传统的国家是以隐蔽的方式而存在的。但是在破四旧中，小传统所代表的礼仪文化几乎消失了。村民说：

> 破四旧中，提倡丧事简办，也没有办什么仪式。让木匠做了一个薄皮棺材，把近亲叫来，大家给死人收拾一下。当时也不让放炮、贴白对联，第二天早晨就埋了，其实也没有什么仪式。看日子也是迷信活动，也不敢看日子，况且也找不下会看的。随便找个地方挖个土窑窑，就埋了。

二、新婚姻的符号载体：铁姑娘队

铁姑娘队这个特殊的群体一共是23人，年龄最小的是贾存兰和贾爱锁，1951年生；年龄最大的是郭凤莲和赵小花，1947年生。这个群体中有4名党员。铁姑娘们外嫁离开大寨的有12人（其中有两个铁姑娘随军到了洛阳），居住在大寨的有10人。铁姑娘的成员赵素兰是党员，也是第一

① 郭于华：《死的困扰与生的执著：中国民间丧葬仪礼与传统生死观》，中国人民大学出版社1992年版，第1—24页。

② 王俊山：《大寨村志》，山西人民出版社2003年版，第217—220页。

任铁姑娘队队长，1974年由于疾病去世；2014年，毕家岭的贾坐栋逝世；2017年，大寨的贾存锁逝世。所以现在的铁姑娘只剩下20个了。

图2-3　20世纪60年代的铁姑娘队[①]

(一)身份的建构过程：从铁妮妮到铁姑娘

乡土中国是一个父权制社会，重视群体而忽视个体，重视男性而无视女性，女性处于一种从属于男性的状态，而很少被赋予发出声音的权利。从五四时期文学中的新女性到革命化运动中妇女干部的塑造，从铁姑娘的去性别化到超女的中性化，无不与女性追求独立的话语、寻求自我的真正解放有着很大的关系。[②]而在已经过去的20世纪里，大寨以及大寨产生的铁姑娘队无疑是一个较为引人瞩目的群体。这个群体早已成为20世纪60—80年代中国一个独特的象征性符号，成为论述妇女角色变迁、描述妇女解放运动、解构集体化时期的一个重要工具。大寨铁姑娘的产生与革命运动中追求的"男女平等"的口号不无关系。

① 该图片2012年8月翻拍于大寨铁姑娘家中。

② 余庆辉认为：无论是铁姑娘还是超女都不可避免地被贴上了政治的标签。在现实社会中处于主导力量的政治对艺术无疑具有支配地位，同样作为上层建筑的艺术文化也成为政治变革不可或缺的因素。参见余庆辉：《艺术形象中的女性"身体"隐喻：以"铁姑娘"与"超女"为例》，《怀化学院学报》2008年第5期。

图2-4　2009年铁姑娘队在北京[①]

虽然早在1953年9月18日,《山西日报》第二版就刊登了《发动妇女参加劳动的好办法:昔阳白羊峪农业社实行男女同工同酬的经过》;1957年11月22日,山西省昔阳县还树立了一名16岁的铁姑娘典型张玉娥[②],但在当时并没有多大的影响。

在昔阳县的地方性语言中,对女性的称呼一般用的是"妮妮",年轻女性就叫小妮妮,上了年纪的就叫老妮妮或者老婆婆。直至现在,当地都很少用"姑娘"这一我们所熟知的性别化词语。即便是家庭联产承包责任制实施以来,在昔阳县的很多地方,人们仍然习惯将铁姑娘称为铁妮妮。集体化时期,这些铁妮妮参加劳动除了响应国家话语中所提倡的男女平等外,妇女也要从锅台、灶台上走出来,参与到社会主义新农村建设的号召中来,这与大寨独特的状况——缺少男劳动力有关。村民说:

① 该图片2012年8月翻拍于大寨铁姑娘家中。

② 共青团昔阳县委员会:《铁姑娘:张玉娥》,山西省昔阳县档案馆藏:全宗号16,目录号2,案卷号25。

听老人们说，在鬼子占了昔阳县的时候，大概是1940年吧，鬼子进村，活埋了大寨男劳力12名。1942年，村里又有42人被鬼子整死了。为了打鬼子，村里还有7个男的参军，其中5人被打死了。现在仍然健在的贾存眼老人的父亲就是参军没有回来，所以到了解放的时候，大寨就剩下60多户180多人。鬼子逃走后，昔阳就解放了，一开始是贾进财，后来就是陈永贵带领村里人开始建设社会主义新农村。大寨村子小，还由于战争死了许多男的，男劳动力就越少了。当时提倡男女平等，女的也要参加劳动。我们这一批女的基本上都是十二三岁就开始劳动了。我们劳动很卖力，开会时，干部们就说这些铁妮妮可受苦了。后来，记者宣传的时候就把铁妮妮改成了铁姑娘。

为鼓舞妇女的斗志，1960年3月8日《人民日报》发表的社论就宣称："毛泽东主席1955年提出的'使全部妇女劳动力……一律参加到劳动战线上去'的号召不需要很长时间将得到实现。"毛泽东所说的"时代不同了，男女都一样。男同志能办到的事情，女同志也能办得到"[①]的语录更是风靡一时，许多妇女走出家庭，走向了工作岗位。因此，铁姑娘的出现不仅是当时大寨在劳动力资源短缺时期的无奈选择，同时也是迎合当时政治形势的必然产物。铁姑娘出现后，国家将其作为典型，采取了政治动员的方式，开始推广，不是仅限于大寨，大江南北、各个领域都涌现出了无数的铁姑娘。因此，铁姑娘这样一个本是地方性的语言与身份的代称，随着后来其作为一种革命的符号，被重新进行了建构。

（二）去性别化的群体

铁姑娘作为一个象征符号的逐步推广，也与政治化大寨过程中很多

① 毛泽东：《毛泽东主席论妇女》，人民出版社1978年版，第25页。

人来大寨参观学习不无关系。在每次迎接重要宾客的时候,铁姑娘队是少不了的,也正是在这迎来送往的过程中,铁姑娘这个群体也逐步被符号化、政治化了,也就成为一个独特的去性别化的产物。

在人民公社时期,男性的性别特征“男子汉”“钢铁般的意志”等词语充斥于整个时代的话语体系中。传统文化中“温文尔雅”“柔情似水”的女性不见了,“梳短发,穿军装,宽肩粗腰,大嗓门,身着蓝色工装,皮肤黝黑,结实而强壮,神态活泼开朗;从不在乎自己的容貌,忌讳个人情感”,“同志”“战友”取代了“窈窕淑女,君子好逑”,“一副肩膀两只手,一根扁担两条腿”,在生产劳动中“誓叫大地换新颜”的铁姑娘形象被树立起来了。[①]

《大寨村志》一书里,记载了50条“好汉”,书中是这样描述的:“在创业阶段,大寨发扬‘愚公移山’的精神,坚持自力更生、艰苦奋斗,在生产劳动中,千锤百炼,铸成五十条好汉。”按照常识化的理解,“好汉”应该是指男性,而事实上,在大寨革命化的岁月里,“好汉”也包括女性。这50条“好汉”里,就包括12位女性。“这些女性社员中的六位还根据其特点,被送以绰号。例如,常不闲——宋立英;爱先进——贾喜润;杨排风——田如明;穆桂英——吕喜英;爱社迷——郭爱莲;绵羊姑娘——贾存眼。”[②]

与文学中样板戏所塑造的女性英雄人物身上缺少真实女性应有的性别特征一样,大寨的铁姑娘也是如此。铁姑娘们多次提到当时的“妇女能顶半边天”“男女都一样”的口号。这种口号使铁姑娘们充满了革命的激情,铁姑娘也在全国遍地开花。[③]20世纪50年代以来,提倡“男女都一样”的口号,鼓舞妇女向男人看齐,多做贡献,而不在于平等的权利,女性在实践中只是多尽义务,却无相关的权利意识。农村的男女同工不能同酬是普遍的现实。换言之,铁姑娘们即使做了男人的活,也拿不到同男人一样

① 金一虹:《铁姑娘再思考:中国“文化大革命”期间的社会性别与劳动》,《社会学研究》2006年第1期。

② 王俊山:《大寨村志》,山西人民出版社2003年版,第253—254页。

③ 例如,20世纪60年代华西的赵毛妹和大寨的郭凤莲就是闻名全国的“南北铁姑娘”的典型。

的报酬。[①]她们甚至根本没有意识到这是个问题。在访谈中她们还把这解释为一种大公无私的精神。某铁姑娘说：

> 大寨一直有大公无私的精神，我们铁姑娘也一样。实际上，大寨的妇女做得不比男人少。妇女们劳动后还得看孩子、洗衣服、做饭。可是工分上，男的最高分是10分，女的最高分就是8分。在一开始劳动的时候，这个不平等就有了。男的刚参加劳动，大概十二三岁的时候就给5分，而女的也是这个年龄参加劳动的，只给2分或者3分，其实我们不比男人受得少。不过，我们也不在乎这个，都是为国家做贡献，多点少点无所谓。

从女性人类学的角度来说，革命与建设虽然表面上改变了女性的从属地位，但并没有改变女性作为他者的历史命运。革命与建设只是在形式上解放了女性，然后又通过去性别化及花木兰化的方式把女性重新约束在以革命来命名的男权话语之中。因此，“样板戏中的女性英雄人物与铁姑娘的形象一样，在看似抬高女性的革命言说中，其实不自觉地潜隐着男性话语霸权”[②]。这种去性别化的结果就是：在一些地方出现了把男女平等看成抹杀性别差异，不顾女性的生理特点，让女性在生产劳动中与男性完成相同工作量的无差别“平等”。还极力宣扬女性在生产革命中涉足性别要求极高的行业，以舆论导向作为指引，使女性进入许多强体力劳动领域。于是，许多革命女性不顾生理上、体力上、性别上的差异，在各方面与男性画等号。大寨也一样，某铁姑娘说：

---

① 金一虹：《“铁姑娘”再思考：中国“文化大革命”期间的社会性别与劳动》，《社会学研究》2006年第1期。

② 彭松乔：《样板戏叙事：他者观照下的女性革命神话》，《江汉大学学报（人文科学版）》2004年第1期。

> 我还很清楚地记得,三战狼窝掌的时候是在冬季,那时天气很冷,估计有零下19度。穿得也很单薄,但是我们这些姑娘们仍然坚持劳动,先治坡,后治窝。1963年是大灾之年,所以1963年、1964年最累。那时劳动也没表,梁便良领着我们挑了八次粪,每次担百十来斤,担完粪了,天还没亮。当时不觉得苦,现在我们这些人大多身体不太好,就是当时累坏了。

在去性别化的场域中,女性的身体处于一种缺席在场的状态。铁姑娘在"出经验,出典型"的大寨也被符号化了。"铁"也就成为与那个时代氛围极为相符的典型意象。在20世纪70年代,"铁"这个具有时代特色的典型意象也在向全国推广,也就出现了众多不顾妇女生理特点的妇女带电作业队、三八钻井队、铁姑娘队等。

(三)婚姻中的政治化因素

铁姑娘是特定时期的一个特殊化群体。随着年龄的增大,她们要结婚成家,这个群体也就自然解体了。然而这些铁姑娘的婚姻并没有那么顺利。

1.婚姻的准则

在大寨,铁姑娘是重要的人力资源,嫁出去意味着一种损失,这也就有了"大寨铁姑娘不出村"的说法,但是大寨本村并没有这么多适龄的男青年,总不至于让这些铁姑娘终身不嫁吧。为此,大寨党支部不得不采取了以下三种变通的方式:

(1)同姓可婚

我国最早的婚姻法是1950年4月13日中央人民政府颁布的《中华人民共和国婚姻法》,规定了禁止结婚的原则,如第二章第五条对于禁止结婚的规定:"为直系血亲,或为同胞的兄弟姊妹和同父异母或同母异父的兄弟姊妹者。其他五代内的旁系血亲间禁止结婚的问题,从习惯。"长期以来,大寨一直遵循着同姓不婚的准则,这条准则严重地束缚了大寨的发展。因为婚姻是维系人类自身繁衍和社会延续的最基本制度，对于男性来说就需要找到合适的配偶，对于女性来说需要找到合适的丈夫。20世纪60年代的大寨，正在轰轰烈烈地与天斗、与地斗，外面的女性不愿意嫁到大寨，因为“受得不行”（劳作太苦），这就是“有女不嫁大寨人”。既然外面的女性不愿意来大寨，那么为了延续后代，自然也就产生了“大寨铁姑娘不出村”。

大寨实在太小了，并且贾姓占到了90%以上。即便铁姑娘们留到村里，如果不改变同姓不婚的原则，还是很难改变村里的婚姻状况。为此，大寨干部提出了同姓可以结婚的做法，但前提是出了五服。通过这种途径，村里许多同姓之间开始有了婚姻关系，通婚圈也进一步地缩小。

（2）入赘婚

入赘婚是一种特别的婚姻形态，民间习惯称为招女婿或者招养婚。这种婚姻的表现形式是女子不出嫁，招男方入女方家为婿。采取这种婚姻形式与女方家没有男性继承人有关。而男方入赘后不仅可以为女方父母养老送终，所生的孩子也可以继承女方家业。入赘婚是从妻居的一种形式。另外，在一些地方入赘婚讲究很多，如男方入赘后，将来生的孩子也要姓女方的姓；更有甚者，男方也要在入赘后改姓女方的姓。入赘就成为解决村里无男性继承人的一种方式。但是大寨的入赘婚，只需男方入住女方家，生的孩子也是随男方姓。同时，男方也可以自立坟地，而不是埋入女方家的坟地。铁姑娘中的贾坐栋姊妹三个，父母没有男孩，贾坐栋外嫁毕家岭（距离大寨村7里）。贾坐栋的妹妹贾满栋招了一个上门女婿，两个孩子随父亲姓耿了，而没有姓贾。

（3）借住大寨

另外，为了留住人才，大寨让一些外嫁的铁姑娘连同自己的丈夫迁移至大寨居住，铁姑娘贾存锁和赵素荣就是这种情况。

铁姑娘贾存锁的爱人贾文环是虎头山村人，20世纪六七十年代，大寨缺乏劳动力。贾文环是劳动的好手，可以一次担200斤的玉米，从白驼沟回村里都不需要歇歇。看到贾文环是个好劳力，大寨村干部就让他来大寨定居。贾文环说："要我来大寨得让我的父母亲和弟弟也来，村里也就答应了，我们就从虎头山村搬到了大寨。"

贾存锁跟笔者谈起了她们当时的婚姻：在昔阳当地流传着"大寨铁姑娘不出村"的说法，实际上干部们是不想让这些铁姑娘嫁出村去再受苦。贾存锁出身不好，成分高，她当时就是想找一个成分好的贫下中农嫁了。贾进财到她家里提亲，一直缠着她的父母。实际上，这位铁姑娘对这门亲事很不愿意，贾进财给她选的这个未来的丈夫成分高，但是贾进财每天到她家，她父母就说："不为别人，为进财。"她对这种说法很反感，但是没办法。1969年正月初三，也就是她23岁的时候，出嫁了。也没有什么嫁妆，她母亲给她带了一个梳妆盒，里面放的钢笔和笔记本。大队给的是《毛主席语录》《毛泽东选集》。出嫁的时候做了两身衣服、一套被褥，花3元钱买了双鞋。当时也不让大操大办，她丈夫的舅舅、姨姨、姐姐从虎头山来了吃了顿便饭。也不坐车和轿子，贾进财就把她领着到了未来的丈夫家里，这样她就结婚了。

赵素荣之所以在大寨定居，则是因为她的丈夫有开车的技术。

赵素荣丈夫的籍贯也不是大寨的，而是昔阳县最穷的山村——蒙山。笔者第一次见到赵素荣的时候，她正在三道街的院子里坐着乘凉。她说她们这辈人正好赶上1963年的大水，这场洪灾过后为了建设新农村，白天黑夜加班干。她现在住的窑洞就是1963年后建成的。砌窑洞的时候用的都是大石头，地基打得也很结实，所以直到现在房子还可以住。

当时这些铁姑娘都很年轻，干活儿也不觉得累，现在很多曾经的铁姑娘身体都明显不如以前了。赵素荣23岁结的婚，丈夫一开始在大寨公社供销社开车，大寨建房子的时候还拉砖，后来去了县里也是开车。

赵素荣的婆婆和公公一直在老家，没有跟着来。她觉得以前的社会有些封闭，不让打扮，光是劳动。她们每天就是劳动，出嫁也没什么嫁妆，只有两个扣箱，公社给送了玻璃匾，队里送了《毛泽东选集》《毛泽东语录》,干部们送了两个毛泽东像章,花了300元就结婚了。大寨主要干部有保守思想,当时不让她们出村,一说出村,干部们就不高兴。后来村里没有合适的,就嫁出去10多个铁姑娘。那时有人给她介绍对象,大寨一个干部问她:“你去蒙山呀?”她说有人介绍,还没成。“你去那干什么?(蒙山村子小,用水也不方便)你就干脆来大寨落个户吧,不用住到蒙山了。”这番话正是她所期望的。后来赵素荣这位铁姑娘就一直没有离开大寨,她觉得村干部不让离开大寨也是好心。

实际上这背后体现了人力资源的争夺,也正是在这样的情况下,一些铁姑娘最终留在了大寨。

2.婚姻中的政治因素

通过划分成分,原先的宗族分层被一种叫“亲不亲,阶级分”的革命化话语所替代。“不爱红装爱绿装,嫁人要嫁子弟兵”也成为那个时代的潮流。

20世纪六七十年代,许多知识青年来到了向往已久的大寨,这为大寨的铁姑娘们提供了和外来青年交往的机会,但同时一个严峻的问题也摆在了村党支部面前——铁姑娘的婚姻问题。当时,“大寨实在受得不行,很多铁姑娘都想嫁出去”。铁姑娘的外嫁意味着劳动力资源的损失,这对于大寨积聚人才、凝聚力量的计划来说,是一个十分不利的因素。尤其是对于郭凤莲这样出色的人才来说,大寨的主要干部更是不希望其嫁出大寨。

村干部给青年们做思想工作:“不要小看这山沟沟,山沟沟才出材料哩!……有人想离开大寨,离开根,你走吧,到城市里去过穿绸绸衣裳烫发头、吊头口袋妞妞扣的光景。可是,艰苦创业时她离开,以后她要是回来,大家就往她脸上唾,说你不害羞!”

另外,村里还经常开会议论,让大家回忆铁姑娘是怎样成长起来的。头上那个“铁”字可不是容易的,光劳动过硬不成,首先必须思想过硬。个别人想离开农村,就是思想有问题。大寨是咱家,咱的根。咱要扎根大寨、建设大寨,用自己的艰苦劳动让大寨变个样子!

大寨的铁姑娘里有两个当时还自己找了外面的对象,一个是郭凤莲,另一个是贾美容,但未修成正果。

铁姑娘贾坐栋嫁到了大寨镇毕家岭村。她的父母没有儿子,只有三个女儿。她在大寨有一个妹妹,叫贾满栋,就是耿银柱(养鸡户)的妻子。耿银柱本是昔阳县王寨人,入赘到了大寨。贾坐栋说,当时不让铁姑娘嫁出去,大寨没有那么多合适的男青年,最终许多铁姑娘还是嫁出去了。不过,没有一个铁姑娘嫁到城市,都在乡村。遵照当时知识青年婚恋观的政治化思想,郭凤莲嫁给了大寨的男青年贾富元。贾富元早年父母双亡,没有上过几天学,一直是给集体放羊,1964年还参了军,可以说贾富元是当时根正苗红的典型。

铁姑娘们当时的择偶标准有以下几点:一是不找城市的,只能找农村的,结果嫁出去的铁姑娘很多都进了山;二是要找成分好的,因此当兵的男青年成为铁姑娘们理想的选择对象。铁姑娘贾美容的择偶过程就是当时革命化婚姻的极佳写照。

贾美容和现在的老伴结婚前曾谈过一个对象,那时外来的有文化的男青年常常来大寨教铁姑娘们唱歌跳舞,1969年,她和一个师范生开始谈对象。大约谈了三年也没到一块,原因是村里主要干部不同意,认为"铁姑娘不能找有文化的臭老九","知识青年上山下乡,铁姑娘哪能嫁到城里!"后来,别人给贾美容介绍了一个军人,是昔阳县大寨乡树条峪村的,因为那时候正是"农业学大寨,工业学大庆,全国人民学解放军"期间,军人地位很高。这次没人反对了,他们两个见了两次面,然后就办了结婚手续,她就这样结婚了。

第四节　运动的高潮与结束

现代性本来的目的是将人从繁重的劳动中解放出来,但是经常事与愿违。同时还应该强调的是仪式在构建政治合法性中的重要作用,[①]也正是通过仪式的展演,国家不仅在山河治理中,而且在日常生活中也实现了对民众的规训。然而在仪式社会中,“革命表象是乡村政治的驱动力,是动员农民大众参与革命表演的源泉;革命仪式不断地荡涤着一切旧思想、旧文化、旧风俗、旧习惯,荡涤着一切与克里斯玛型权威相背离的东西,它既是巩固乡村社会的策略,也是乡村社会本身。权力服务于夸示,夸示更服务于权力,并因此使得整个社会永远具有史诗般的恢宏背景”[②]。本节主要对大寨工、“西水东调”、建设大寨县这些历史宏大事件进行论述,同时阐述大寨人在面对这些宏大社会工程时的选择。

一、大寨工

在农业学大寨这项宏大的社会工程中,大寨工的推广是重要的组成部分,也正是在大寨工的推广过程中,大寨在逐步被典型化。

据《大寨村志》记载:“1946年,大寨组织了互助组;1953年办起了初级农业生产合作社,实行土地、牲畜、劳动力统一管理的方法,土地按质量评产入股,按股分红,劳力记分,按工分分红,牲畜按使用情况记分参加收益分配;1956年大寨由初级社转为高级社,土地收归公有,取消了社员土地分红,牲畜作价入社,成为集体财产;1958年加入人民公社。”[③]入社后,大寨根据当地的实际情况摸索出一套“标兵工分,自报公议”的评工、记分式,被称为大寨工。而且这套评工、记分方式得到了毛泽东的首肯,在邯

---

① David Kertzer, Ritual, Politics, Power, New Haven: Yale University Press, 1988.

② 张乐天:《告别理想:人民公社制度研究》,东方出版中心1998年版,第5页。

③ 王俊山:《大寨村志》,山西人民出版社2003年版,第105页。

郸汇报的时候，毛泽东说："这个办法好，评工、记分就是不要搞烦琐哲学。又有差别，又不悬殊，才能调动广大群众的社会主义劳动积极性。"[①]大寨的评工、记分方式是大寨人在长期劳动中根据当地实际情况总结出来的，也仅仅适合在当地推广，然而大寨工得到了高层领导的肯定后许多地方就开始推广。在20世纪70年代，伴随着一系列运动的推行，大寨工也上升到了政治的高度，被说成不仅具有"共产主义的因素"，能够"限制资产阶级法权"，以政治挂帅处理人与人之间的关系，而且成为培养一代"一心为公劳动的共产主义新农民"的重要措施。[②]

在20世纪70年代，人们习惯把大寨的评工制度称为大寨工。大寨工被高层给予了"高度评价"后，开始加以推广。[③]尤其是农林部两次召开的全国学大寨劳动管理经验现场会议，更加速了大寨工的推广。[④]实际上，大寨评工制度的管理方法，"就是依靠超经济的外力，去维持集体劳动的'积极性'"，而这个"超经济的外力"包括很多因素，如政治态度、人际关系。[⑤]

对于大寨的评工、记分，改革开放后土地下放时的村委会主任也记忆犹新：

---

① 陶鲁笳：《毛主席教我们当省委书记》，中央文献出版社1996年版，第165页。

② 陈大斌：《大寨寓言：农业学大寨的历史警示》，新华出版社2008年版，第176页。

③ 陈伯达在1966年听取大寨大队劳动管理和分配问题的重要讲话主要突出了以下几点：一是大寨的劳动管理方式，主要是在农村劳动中"突出政治，做人的工作"；二是评工分要以"日常经验"为尺度，反对"定额管理"，"让大家都过得去"；三是指示要将大寨的劳动管理方式在天津小站的几个大队进行试验。针对大寨大队的劳动管理方式，1966年2月有一篇《大寨大队贾承让、赵素恒谈大寨劳动管理和分配问题》的文章，山西省委将大寨的经验上报中央后得到了陈伯达的首肯，这就有了1966年3月《陈伯达在听取大寨劳动管理汇报时的插话》一文。参见黄道霞、余展、王西平主编：《建国以来农业合作化史料汇编》，中共党史出版社1992年版，第828—830页。

④ 1967年9月和1968年1月，农林部两次召开全国学大寨劳动管理经验现场会议，第一次有12个省参加，第二次有18个省参加。1968年4月13日，农林部转发了以上两次会议的纪要。陈大斌：《大寨寓言：农业学大寨的历史警示》，新华出版社2008年版，第179—185页。

⑤ 陈吉元、陈家骥、杨勋主编：《中国农村社会经济变迁(1949—1989)》，山西经济出版社1993年版，第440页。

> 大寨倒运的时候我是村长。家庭联产承包责任制在全国推行的时候在大寨有很大阻力,大寨迟分了两年地。其实很多老百姓不想分,但是他们上工却越来越不积极,出工不出力。每天早晨我必须出去吆喝叫人,即便到了地里,很多人也不好好劳动。人多了,没法监督。没有运动的推动,评工、记分也就失去作用了。

图2-5　位于李家庄乡的渡槽

从某种意义上说,这种农民集体行动的逻辑中所表现出来的“出工不出力”的现象,如果用斯科特的话语来表达就是一种弱者的武器①。通过这样的方法,国家的政策在民间被部分消解掉了。

二、“西水东调”的宏大工程

在将农业学大寨这一宏大社会工程推向高潮的过程中,“西水东调”是不能不叙述的。

---

① [美]詹姆斯·斯科特:《弱者的武器》,郑广怀、张敏译,译林出版社2007年版。

在所有的自然灾害中，干旱对于大寨来说是最致命的，自古就有十年九旱之说。不仅大寨，昔阳也严重缺水。为了解决这一重大问题进行了一项宏大工程："西水东调"。

"西水东调"工程开始于1975年，结束于1980年。第一，目的。为了解决昔阳的缺水问题。第二，过程。准备把昔阳县境西边一条发源于昔阳、和顺、寿阳一带山区的潇河改变流向，也就是说，将本来是由东向西的潇河改变为由西向东，将本来是流入汾河水系改变为流入黄河水系。这样就可以流经昔阳的五个公社，新增和改善一共9万亩土地。而急于修建这样的大型水利工程，"西水东调"工程也就并未做很好的预算与规划。本来是先修上游再修下游一步步来，当时采取了逆向思维——倒逼机制，让先修下游，结果是下游修好了，上游还没有修好。1978年10月，涵洞打通了，干渠也基本修成了，只剩下两个水库还没有完工。第三，结果。随着时势的变幻，20世纪80年代初，工程停工。①

1980年6月15日，《人民日报》在第一版发表了题为"昔阳'西水东调'工程缓建"的长篇报道，同时配发了《再也不要干"西水东调"式的蠢事了》的社论。《人民日报》的社论指出："山西省昔阳县'西水东调'工程，搞了四五年，投工近五百万个，耗资达几千万元，最近终于下马了。这是农田水利建设工程中的一个极为沉痛的教训，很值得我们深思。"②

虽然"西水东调"工程已经停工30多年了，但是在调查中发现，不同于国家的表述，大寨以及昔阳县人从其利益出发，认为："如果当时能把'西水东调'工程完工了，现在昔阳县也就不会缺水了。"

三、农业学大寨的结束

从1978年开始，学大寨的热潮逐渐冷却。当年5月11日，南京大学

① 张弘毅：《记述昔阳的"西水东调"》，《文史月刊》2003年第5期。

② 佚名：《再也不要干"西水东调"式的蠢事了》，《人民日报》1980年6月15日。

图2-6　大寨团结沟渡槽

政治系教师胡福明在《光明日报》发表的《实践是检验真理的唯一标准》文章引起了社会各界的强烈关注。正是这篇文章开启了十一届三中全会思想解放的前奏。全国各地“肯定小岗经验,否定农业学大寨”成为一股潮流,大寨被认为是“苦干加蛮干的代表”“极左思想的发源地”而遭到了批判。1980年9月,《人民日报》《光明日报》、中央人民广播电台、新华社组成联合记者组到大寨、昔阳和山西各地做了40天的采访调查。他们在各方面的支持下,写出了两组内参[①],反映学大寨的问题。1980年10月《山西日报》发表了《大寨背离了大寨精神》的文章:“大寨是接受过国家和别的单位支援的。这些年,光喷灌、滴灌、支农池、军民池、蓄水池、团结沟渡槽、高空索道、农机县、果园和栽桑养蚕等,国家和兄弟单位就支援了84万多元,平均每户1万元,每人1750元。大寨从1966年至1978年,共卖给国家粮食374万斤。……如果算一算上述国家的支援账,大寨每向国家

① 孙启泰和熊志勇的《大寨红旗的升起与坠落》里面很大部分材料就是用了这两组内参。参见孙启泰、熊志勇:《大寨红旗的升起与坠落》,河南人民出版社1991年版。

出售一斤粮食，除了规定的粮价外，等于国家再贴二角二分钱。”当笔者2011年在大寨调查的时候，大寨人还屡屡提起这篇文章，他们说：“这么多年了，事情也就过去了，那个时候，大家都不能接受，听到这篇报道村里很多人都哭了，好像以前的都做错了。”

1980年11月23日，中共中央转发山西省委《关于农业学大寨运动中经验教训的检查报告》[1]，在国家层面对农业学大寨有了一个公开定性的结论。

现代主义怀着巨大的热情和对科技的过分自信来改善人们的生存状态。[2]在这种状况下，不论是大寨工、“西水东调”，还是普及大寨县[3]，均是现代主义宏大社会工程的表现形式。随着仪式的逐步退场，大寨也面临转型。然而集体化时期所形成的文化惯习使得大寨20世纪80年代的转型极为缓慢。

① 参见黄道霞、余展、王西平主编：《建国以来农业合作化史料汇编》，中共党史出版社1992年版，第885—888页。

② [美]詹姆斯·斯科特：《国家的视角：那些试图改善人类状况的项目是如何失败的》，王晓毅译，社会科学文献出版社2004年版。

③ 1976年12月10日，第二次全国农业学大寨会议在北京召开，陈永贵代表中央在大会上做了题为《彻底批判“四人帮”，掀起普及大寨县运动的新高潮》的报告。

第三章　后大寨时代的艰难转型

文化重构是与文化适应联系在一起的。在从集体化时期向改革开放时期、计划经济向市场经济的转型过程中，大寨这个典型村庄的民众经历了艰难的文化重构过程，而这主要体现为文化上的种种不适应。

本章主要论述20世纪80年代初期大寨人的文化适应问题。政治运动虽然结束了，但是由于文化惰性的作用，大寨人并未马上适应时代的发展。从本章开始，进入了后大寨的论述。从时间上来说，后大寨是从1983年家庭联产承包责任制开始的。

第一节　土地承包

1981年，包产到户在全国推广，到了7月份，全国实行包产到户的生产队占到了总数的32%。[①]据1988年12月22日《农民日报》统计："到1981年10月底，全国实行包产到户的达到45.1%，其中包干到户的总队数达71.1%，包产到户的达84.5%，包产到户占总队数的71.1%，包干到户的占13.4%，基本上完成了由包干到户到包产到户的转变。"在小岗农民冒着政治风险寻求一种新的发展道路的时候，大寨人还在集体主义的大旗下进行着战天斗地的发展模式。然而由于缺少了运动的推动，来大寨

① 陆学艺：《联产承包责任制研究》，上海人民出版社1986年版，第75页。

参观的人员明显减少，就以国内客人为例，据《大寨村志》记载：1979年到大寨参观访问的外宾共325批5405人，国内到大寨参观的也有182954人，但是比起1978年的外宾432批5199人，国内到大寨参观的474234人，[①]1979年来大寨的人明显少了很多。在小岗经验的挑战之下，大寨也采取了一些应对之策，但是一种文化模式要转化成另一种文化模式，其过程是极为艰难的。

一、三个小队

不同于小岗村这个家庭联产承包责任制的典型，对于大寨来说，是因其走集体主义道路，而被认为是集体化时期的典型。从大寨典型到小岗经验涉及农村生产关系的极大调整，这对集体主义农村典型——大寨人来说，必然不容易接受。面对大的潮流，村里无法从正面抵制包产到户，而是采取了以退为进的办法，将大寨大队分作三个生产小队，实行任务到队，以队作战，奖惩兑现，不过小队并没有核算权，仍旧是大队核算。村干部说：

> 随着社会风向的转换，1979年、1980年的时候，局势已经明显不利于大寨了。村里分成了三个小队。当时队长是老党员李有命，三个小队小队长分别是贾文环、贾怀珠、高玉良。三个小队当时还干得不错，一直干了三年，也就是1980年、1981年、1982年。李有命人好，越来越领导不了社员，那时候已经很少开批斗会了。主要是很多社员即便出去也不好好劳动。

村里的三个小队基本上还干得不错，不过中间也发生了一些摩擦，比如为了自己的小队利益，而在别的小队浇地的时候偷水。另外，全国的形

① 王俊山：《大寨村志》，山西人民出版社2003年版，第272—273页。

势已经发生了变化。

1980年12月，郭凤莲突然被组织部门调走，33岁的贾长锁就被任命为大寨第四任党支部书记。他的压力也很大：外面分地的呼声越来越高，而在大寨，老干部们都不愿意分地，梁便良就是其中的一位。梁便良说，是共产党把他从旧社会解救出来，所以他对集体化时期的做法一向坚决支持。①

1981年年底，在党员会上，梁便良说："村里三个小队干着，像怎么回事？退！退！退！昨天破了口子，分成三个队。今天变成六个组，下一步不就单干了吗！我入社时候什么家底？不就是土改分的十亩地、一条驴腿和一条牛腿吗！现在什么样子？大家都拍拍心窝子想一想，集体化哪条对不起我们？大锅饭要不得，二锅饭也不行？"②对于大寨老一代人来说，大多把包产到户理解为单干，也就是他们所说的"辛辛苦苦三十年，一朝回到解放前"。面对集体化时期形成的传统观念，压力最大的肯定是支部书记贾长锁，他的压力不仅来自上面，还来自村里。上面是要求分到个人，而村里很多干部、党员不想分开单干。另外，三个小队之间也经常出现矛盾，新建的矾石厂的产品也没有销路，村里面临着一系列问题。

二、短暂的再集体化

上文谈到了1979—1981年，大寨分成三个小队，以小队进行核算。梁便良当时是党支部副书记，就提拔了三个年轻人当小队长，一队队长是贾文环，二队队长是贾怀珠，三队队长是高玉良。小队长要配副队长，一队配的是妇联主任，二队配的是副书记，三队配的是一般党员。虽然贾长锁人缘很好，但是思想有些跟不上时代，1981年年底他觉得小队无法管理，1982年年初在他的主导下大寨又恢复了集体化时期的老办法，也就

① 关于大寨在家庭联产承包责任制的争论，可参见《中国农民报》1981年4月5日第1版刊登的《大寨人正在摆脱"左"的枷锁》的报道。

② 孔令贤：《大寨沧桑》，山西经济出版社2005年版，第274页。

是又变成了大队核算。当时的大队长已经是高玉良了,他每天统一派活,然后分组去干,完了按照工分进行粮食的分配。

1982年年初,在贾长锁的领导下,大寨把三个小队又合并成了一个大队,又回到了派工的做法。这件事情很快就被大寨公社、昔阳县委的领导知道了。上面的领导多次找贾长锁谈话,说他这是开历史的倒车,但是贾长锁仍然坚持自己的做法,他对领导的说法根本听不进去。

经历了三个小队集体化劳作的三年,到了1982年,社员们上地劳动的积极性更不如以前了。不仅粮食产量从1981年的402.35吨下降到了1982年的369.5吨,[①]而且新建的矾石厂生产的质量不过关,难以找到销路。可以说当时的大寨已经走到了十字路口,到底是向右拐还是向左转,对于这个曾经的集体主义典型来说,的确是一场考验。

三、抓阄分地

据《昔阳县志》记载,1981年年底,全县已经有99.3%的生产队实行了家庭联产承包责任制,[②]而此时的大寨仍然在集体化时期的道路上徘徊。1981年昔阳县里就开始组织分地,当时大寨人都想不通,不愿意分地。既然不愿意分地,那就只能是按照农业学大寨时候的做法采取大集体劳动。某干部说:

> 那个时候形势已经发生了很大的变化。1981年,人们还害怕村干部,一见到干部露头就好好动弹(劳动)了,但是到了1982年,人们就不好好动弹了。他们也听到外面的很多地方已经分完地了,人们变得自由了。听到这些来自其他村里的变革,大寨人也不能完全不为之所动,人是进了地里,可是进地后就不动弹了。

① 王俊山:《大寨村志》,山西人民出版社2003年版,第108页。

② 昔阳县志编纂委员会编:《昔阳县志》,中华书局1999年版,第61页。

村里也就几个干部，那么多人在地里干活，村干部也不可能监督每个人的实际劳动状况。高玉良就和贾长锁说："长锁，还是把地分了吧，这样硬顶着也不行。"大寨一直不分地，在昔阳县造成了很大的影响，很多地方都在看大寨。县里没办法，就成立了专门的工作组，来大寨督促分地。工作组的组长是县里的一位副县长。这位副县长知道大寨人，尤其是村干部对于分田到户有抵触情绪，就让大寨村的贾承让（当时是乡里的副乡长）回村任工作组副组长。有一次为了分地，开会开到晚上12点，还是没有结果。后来大家散会，工作组把贾长锁留下，继续做思想工作，一直到凌晨。贾长锁还是想不通：村里当时劳动日工分已经是两块二了，一口人每年可以分到500斤口粮，细粮也能占到40%，这在昔阳县是最高的。况且集体经济也已经发展到一定水平。分地后把大块的地分割成一条一条的，也无法实行机械化。在昔阳，洪水乡北亩大队较早实行了家庭联产承包责任制，并且成为包产到户的典型。工作组就将贾长锁和贾承让领到了北亩大队进行参观，以开动他们的脑筋。1982年年底，贾长锁和高玉良就组织了分地。一些村民还是不想分地，高玉良就说："你们又不想分地又不想干。分了地你们自由自由，你愿意动弹你就去动弹，不愿意动弹就不用动弹。"

分地这项工作进行了40天。一开始是做方案，当时是让熟悉土地情况的村民将地分成三等六级，一等是一级、二级，二等是三级、四级，三等是五级、六级。

先把地一块一块做出等级，找村里有经验的老农把土地划出等级，然后按人口划等级，当时还有口粮田和责任田两项。第一项是按人口分口粮田，口粮田是中等地，每人8分。第二是按劳力分责任田，男劳力每人5亩，女劳力每人1.8亩。1980年村里还成立了林业队、机械队、酱醋作坊，凡是在这些部门上班的就不分责任田了。土地划出来，再按人口排出来，一口人是几家，两口人是几家，三口人是几家，然后才开始分地。分地时，按照土地的好坏、远近、旱地还是水浇地再分等级，然后分别抓阄。村里的干部贾长锁、高玉良、李会明这些人对村里情况很熟悉,都参加了分地。

1982年年底分地的主要负责人是贾长锁和高玉良。抓阄完成后,各家就去地里认自己的田地。此时大寨人还是很积极的:"人们看到地分开了,也很积极,第一天分了地,第二天每户就把自己的地都认清了。"另外,当时还留了一些小块地,这是为以后增加的人口预留的。

虽然抓阄的做法背离了集体化时期所宣扬的大公无私的精神,但在传统文化中,这也是村落社会中最公平的一种方式。因此,大寨包产到户最终采取了抓阄的形式也是可以理解的。不过大寨抓阄背后有一套规则:支委、村委、党员、团员不能先抓,也就是说,这样的机会首先是被赋予了普通群众。即便如此,能够采取抓阄这种做法本就说明了村落内部正在发生着"一场静悄悄的革命"。

与大寨一样,集体化时期的先进村——"昔阳三枝花"的白羊峪在家庭联产承包责任制的推行过程中也遇到了很大的阻力:全国很多地方1981年、1982年就实行了家庭联产承包责任制,白羊峪一直坚持集体劳动到1983年。大寨距离县城只有5公里,而白羊峪距离昔阳县城38公里,相比起大寨,白羊峪更加偏僻,接受外来信息也更加困难,当时从普通村民到干部都不愿意分地,都说是集体劳动好,愿意走集体化的道路。不同于这些集体化时期的先进村、典型村,当时的一些后进村,如西石瓮(位于白羊峪东5里),1982年就分田到户了,而这些先进村却一直坚持到1983年。那个时候,白羊峪干部和群众大多认为包产到户是把路线走歪了,都不愿意分地,尤其是村干部更是想不通。随着时间的推移,20世纪90年代后,无论是村干部还是老百姓对包产到户的政策也逐步接受了。包产到户仅仅是经营方式的变化,比起集体化时期,最起码人身自由了。①

---

① 以上内容来自2011年8月12日下午在位于白羊峪东的昔阳县的四通润农菌业有限公司对白羊峪原党支部书记乔恩惠的访谈。乔恩惠,男,1946年10月18日出生于白羊峪,初中文化程度,中共党员,1982—2009年担任白羊峪村党支部书记。

相比于白羊峪这些集体化时期的先进村，作为后进村的北亩[①]虽然在包产到户时也有一些波折，但是比大寨顺利得多。大寨最高工分是每天2.1元，而北亩最高工分是每天1元。1980年，北亩开始分成了三个小队，实行小队核算。此后，村里开始实行大包干。当时村里的一些人并没有转过弯来，如姓李的一位村民和十来户人家组成了一个组，他们实行的是包产到组。其他村民当时就是包产到户了，但是一年后这个组的产量明显不如包产到户的产量，1982年北亩就全部实行了包产到户，这是昔阳县第一个实行大包干的村子，2012年人均收入达到5000元。白羊峪某干部说：

大锅饭不如小锅饭，三十年河东，三十年河西。村民都愿意大包干，调动了人们的积极性。当时粮食丰收，是人心所向的一件事情。小队核算，比在集体强。当时粮食市场也不是什么太开放。相比之间，比（20世纪）70年代强。

从上面的材料可以看出，相较于集体化时期的先进村，这些当时的后进村在改变经营机制方面速度更快，人们也更容易接受新的体制。在内外合力之下，大寨——这个集体化时期最为坚固的堡垒最后也被攻克了。[②]

大寨人这样描述对包产到户的感受：

1983年村里分地是按口粮地和责任田两种来划分，分开的地都

① 北亩地处昔阳县城西南部15公里处，从行政上隶属于大寨镇洪水片区，总面积1.24平方公里，全村363户924人，其中党员47人，耕地1047亩，是昔阳县社会主义新农村建设的重点推进村之一。北亩有三个砖厂，现为私人承包，村里的剩余劳动力主要在砖厂工作。

② 1982年12月20日，大寨实行了包产到户，当天《羊城晚报》的一位记者正好来大寨参观。第二天，也就是12月21日，《羊城晚报》头版刊发了一篇题目叫《大寨也不吃大锅饭了》的新闻稿，《羊城晚报》副总编辑许实还配了"街谈巷议"《贺大寨人不走"大寨路"》的社论。《大寨也不吃大锅饭了》荣获1982年全国好新闻奖。

是一条一条的,为了公平,最后抓阄了。当时人们不愿意分,动弹嘻嘻哈哈的。你说分地了,我们两口子一块去地里不敢并排着走,还觉得羞。(20世纪)六七十年代男的一群、女的一群出地嘻嘻哈哈的多好,包产到户后我们两口子相跟去地里觉得很不习惯。村里人都不愿意分,但是上级的命令,不执行也不行。书记是贾长锁,他也不想分。

虽然不习惯,但是包产到户确实在当时调动了人们的积极性,恰好1983年昔阳县风调雨顺,大寨粮食产量达到了破纪录的787万斤,比1982年增产44万斤,1984年更是达到了791万斤,这是大寨有史以来粮食产量最多的两年。[①]

1986年,大寨实行了第二轮土地承包,按人均1.4亩重新分配土地,这一做法比全国很多地方晚了五年。

第二节　个体户的曲折发展

前文阐述了在土改前大寨的有钱人主要收入不是来自土地,而是河北省石家庄等地擀毡的生意,也就是说,三个掌柜是因为“庄稼搅买卖”而成为村里的有钱人。改革开放后,外来文化逐步进入大寨,尤其是赵素恒就任党支部书记后,鼓励村里发展个体经营,大寨村民的生计方式开始重构。但是本来积极响应国家政策的个体户,发展过程却较为曲折。

① 这里的数字根据《大寨村志》(王俊山:《大寨村志》,山西人民出版社2003年版)第72页的内容整理而成。

一、养鸡

1984年，大寨村民耿银柱[①]在虎头山掏银垴上建起了第一座养鸡场，这是大寨第一个养殖户。虽然当时改革开放已经五年了，但是大寨人的生计方式并没有发生根本性的变化，养鸡场对于大寨人来说，也是一个新鲜事物。

虎头山上的养鸡场是由大寨村集体化时期的养猪场改造而成的。当时的党支部书记是赵素恒，他年轻，见过世面，接受新鲜事物比较容易。在他的支持下，养鸡场办起来了。

耿银柱并不是大寨人，他是昔阳县王寨乡（现为孔氏乡）南泉村人。1980年他来到了大寨，和贾承运的三女儿贾满栋结了婚，做了上门女婿。耿银柱说："在（20世纪）70年代，我们村为了多打粮食，在劳动的时候就实行了包工的做法，这和（20世纪）80年代的家庭联产承包责任制差不多。"大寨人对包产到户却有着一种天然的逆反情绪，因此个体户在大寨的生存与发展比较艰难。但是作为外来户的耿银柱认为国家早已改革开放了，并且提倡发展个体经济，搞个养鸡场符合国家的政策。

在别人异样的目光下，外来的"另类人"耿银柱开始了他的尝试。

1983年，也就是大寨分田到户的第一年，耿银柱就把自己家的玉米留了一部分做鸡饲料。他也深知，养鸡是一门技术活，如果干不好，鸡得了病，就要赔钱。当时家里经济条件不好，一儿一女都在上学，需要钱，养鸡只能赚不能赔。为此，他做足了功课，除买了几十种养鸡的书每天钻研外，他还去过天津的大型养鸡场专门学习参观过。幸好，老婆贾满栋也很

① 耿银柱1955年出生，笔者对耿银柱进行过三次访谈。他的两个孩子在县政府工作，自从2010年1月他妻子去世，孤身一人的他大多时候都住在工作的地方——虎头山生态园，因此笔者对他的三次访谈均在生态园。白发苍苍的耿银柱好像对自己曾经的养鸡场不太感兴趣，反而经常让笔者发表对国家政治的看法，每次笔者都不得不想办法尽力改变谈论的话题，设法回到论文所需要的材料上来。2012年9月，耿银柱患心脏病在大寨生态园逝世。

支持他。

当时的耿银柱28岁,他做外贸工作已经8年了,一个月能赚80多元。为了办好养鸡场,他就把昔阳县外贸的工作也辞了,而辞掉工作搞养殖其实冒很大的风险。虎头山上养鸡并不容易:其一,用水没保障。农业学大寨时期修建的水池年久失修不能使用了,每天都得从山下往上挑水,很麻烦。其二,鸡的品种很关键。他就从外地引进了许多新的品种。半年后,1000多只母鸡开始产蛋了,至少一天能产八九十斤,效益还不错。真是功夫不负有心人,投资2万多元的养殖场终于办起来了。1985年的时候,他看到人工孵化小鸡比养鸡更赚钱,就在养鸡的同时学习孵化技术,同时还搞饲料,一年的纯收入也能达到万元。耿银柱这个养殖个体户不仅得到了县政府的表彰,1985年3月1日,还被山西省委、省政府命名为农村百业科技致富模范。

在大寨,看到耿银柱的家庭养鸡场办得红红火火,村里人不时地议论:“养鸡场的地盘原来是大寨的猪场,是集体的资产,你说耿银柱每年白用。”甚至有人还去找了党支部书记赵素恒询问此事。其实,当时发展养殖,搞个体经济是国家政策范围内允许的。村民议论倒是小事情,耿银柱可以当作什么也没听见。关键是一天晚上,耿银柱发现鸡叫的声音不对,出去了才知道有人往鸡棚里扔石头。鸡害怕,受惊了几天都不下蛋。早晨出去,发现鸡圈被人破坏过。他就去找赵素恒:“你说这是谁干的缺德事情?为什么个人干点事情就这么难呢?”虽然估计是大寨人干的,但耿银柱和赵素恒也没什么好的办法。此事最后就只能不了了之。

耿银柱的养鸡场虽然赚了些钱,可是随着时间的推移,他觉得大寨山多,用水不便,发展规模养殖难度大。在这种情况下,他就将鸡场的工具卖了,离开大寨,到平定县的一家村办养鸡场当了顾问,月薪150元,这个工作自由,不用每天去。

二、小卖部

“你就不怕再斗地主”，这句话是1983年赵怀恩[①]告诫自己儿子赵华晓[②]的。当时，赵华晓正准备从工厂辞职在村里开小卖部。

改革开放后，赵华晓思想上的转变也经历了一个过程。1983年大寨刚改革开放，实行土地承包政策，当时赵华晓正在大寨乡的糠醛厂上班。有一天，农业部的一位领导在大寨参观，据说此行的目的是了解家庭联产承包责任制的实施情况。由于赵华晓的家紧邻大街，这位领导顺便就走了进去。他问赵华晓怎样看待包产到户，赵华晓说：“不走资本主义的路，就迈不开社会主义的步。”农业部的领导又问他：“你们还进行政治学习吗？”他说：“我们每天都学习，读报纸领会国家的精神。”不过赵华晓后来回忆说：“我当时说了假话，因为当时已经不怎么学习了，也就是有时间了看看报纸。那时的大寨人转不过弯来，外面人说是（20世纪）70年代跟上大寨可是受罪了，去了外面大寨人都没有人敢承认自己是大寨的。不过，随着时间的推移，慢慢地思想也就逐渐转过弯来了。”

1981年，赵华晓的儿子出生了，当时家里经济并不富裕，他就决定干个体户，但是早已习惯了集体主义吃大锅饭，个体户是新鲜事物，没有经验。当时大寨吃的是颗粒盐，0.15元一斤，批发价是0.132元，一斤盐挣不到2分钱。赵华晓骑自行车到城里上班，村里人经常让他捎东西，他认识到通过差价可以赚钱。当时盐紧张，不好买，而他的姐姐在县商业局工作，和供销社的人认识，供销社就以批发价卖给了赵华晓，赵华晓就在大寨按零售价卖。这件事启发了他，没过几天，他把糠醛厂搞化验的工作辞了，回来专心开小卖部。他说：“我回来压力也很大，因为父母说你就不怕社会再变，你在乡办企业干得好好的，干嘛回来朝三暮四的，但我还是决

---

① 赵怀恩是集体化时期大寨的50条好汉之一。

② 赵华晓，1955年生，现为虎头山大寨展览馆馆长。

定要回来发展。”

村里很多人说:“不知道这个人想咋地,有正式工作不做,干个个体户。”他的连襟是三都乡供销社的主任,这个主任根本瞧不起他这个个体户,用昔阳的土话说:“那货还沾,也不知道他想咋样。”当时,赵华晓的姐姐担任昔阳县法院的副院长,她也不同意弟弟干这个个体户。她说:“我给你找个工作,正式工不行,临时工总能找到吧!”可是赵华晓没有同意,他当时考虑的是供销社姓“公”,但是每天按时上下班,这和农民的作息时间不一致,等农民有时间买东西的时候,供销社正好关门了。因为姓“公”,所以一直是计划经济时期的老一套做法,人们买东西不方便,看到这个商机,他自己1984年就正式开了个小卖部。

在糠醛厂上班是按天来算的,一开始每天2.5元,后来就是每天4元,工资也不算低。供销社的上班时间与人们的空闲时间不一致,正是看到了这个商机,赵华晓就开始办起了小卖部,“早晨你不开门我开,中午你不开门我开,反正一天我24小时开门”。由于是村里第一家小卖部,所以生意很好,最多一天挣过2000元,他兴奋得三天三夜都没睡觉。后来,村里有了煤矿,他就和矿上做生意,他把煤矿的福利、五金都包了。当时矿工一个月才35元,一年最多也就400多元,而他这个小卖部一年挣矿工们好几年的收入。

那个时候,赵华晓的门市部每天纯收入6元,一个月就是180元。当时运气也好:第一,办起小卖铺后方便面刚流行,大寨中学的学生、老师都来买方便面,也就顺便买了瓜子、香烟。虽然一袋方便面利润没多少,但是薄利多销。第二,铁三局修阳涉铁路,在大寨住着工人,工人们经常光顾他的小卖部。第三,大寨办起了艺校,周边购物的人群也就多了,商店也就红火了起来。当时他每天用拖拉机拉货,人们都惊奇能卖那么多东西。那个时候家里反对,他也是顶着压力。他的父亲逐步看见他赚了钱,就说:“你就不怕再斗地主。”赵华晓说:“管他呢,随着社会走吧,该怎么就怎么吧!”供销社姓“公”,不适应市场经济的发展。前面说过他的那个连襟,也就是供销社主任,随着供销社倒闭,供销社主任也失业了。这个主任自己也要干小卖部,但是没钱,就问赵华晓借钱,他借给了连襟1万元。赵华晓的姨姨就说:“你当时不是骂人家了,说是这能赚了钱?!看你现在问谁拿钱,还不是问人家。”赵华晓连襟三个,当时大连襟在石油公司,二连襟在供销社工作,都是国家工作人员,正式工,而只有赵华晓是农村的,最后这些正式工都不如他这个个体户。

谈到个体户,赵华晓说:

> 当时个体户矮人一截。干了八九年,也是我意志不坚定,我姐姐给我在建设局找了一个工作,我就到建设局上班了,村里的小卖部就不干了。我算了一下,最少扔了30万块钱。后面大寨红起来,旅游纪念品卖得很好。一盒子毛主席像,我们进货才二十几块钱,可是在大寨卖游客120元,后悔得我。我在建设局干了几年,1991年郭凤莲重返大寨,1993年把我叫了回来,现在我是大寨展览馆的馆长。

年轻人接受新事物的速度快,赵华晓也是村里第一个买录音机的,村民们好奇,都想来看看录音机长什么样子,为何能发出声音。相比起老年一代,年轻人受集体化观念的束缚较少,在时代转型与社会变迁过程中也较早地转变了观念,开始走出去与引进来,不过发展的道路始终是缓慢的。

三、开饭店

与小卖部这个新鲜事物几乎同时兴起的是大寨村也有了第一家饭店,这就是李巧英饭店。对李巧英的两次深入访谈都在她的饭店里,这个外来媳妇能说会道、精明强干的特征给笔者留下了深刻的印象。

李巧英1971年嫁到大寨,那一年她20岁,丈夫25岁,媒人是大寨的李有录。李巧英说:

那时找对象很简单,有人介绍见见面就来了。结婚的时候正赶上毛主席时代,大寨是全国学习的榜样,劳作强度远远超过了金石坡。我第一天上午11点嫁到大寨,第二天就去地里劳动了。慢慢地也就习惯了大寨"一天两担饭,晚上加班干"。那个时候年轻,也不觉得累。最主要的是觉得当时思想上没负担,每天只要好好劳动就是了。

虽然李巧英和赵华晓都从事过个体户经营,但是李巧英这个从外村嫁来大寨的女性比土生土长的大寨人赵华晓在发展道路上更为艰难。谈到小卖部,李巧英说:"我当时也是逼出来的,孩子们大了,要成家,没钱,没办法我才开始做小买卖。"20世纪80年代大寨开了煤矿,招收工人。那时候煤矿的安全设施落实不到位,挖煤是很危险的事情。不凑巧,1985年10月,李巧英的丈夫在矿里被一块从顶棚掉下来的煤砸伤了。丈夫出事的时候她正在地里掰玉米,并不知情。早上9点李巧英的丈夫就出事了,下午3点她才知道。村里有个人问她:"巧妮,你那不咋地吧?"这时候她才知道丈夫出事了。当时煤矿出事很普遍,一听说丈夫在煤矿出事了,估计是死了。当时她很绝望:

我软得不行,玉茭子也不掰了,躺回家里,我认为没有这个人了。我绝望地躺到床上,煤窑的领导来了,叫我去看看,我说我不想去看了。他说没事,已经包扎好了,他们也是怕吓着我。我当时也信也不信,半信半疑地坐着摩托到了医院,一到医院,我就休克了。后面醒过来去看了看他没事,我就放心了。老伴还以为我软得下不去城了。我在医院伺候了他一晚,因为医院有人伺候,第二天就回到了村里。

在大寨第一家经营饭店的是李巧英,不过她一开始是从干小卖部开始的。

(一)开小卖部

1985年,改革开放已经六年了,那个时候大寨的主要经济支柱是煤矿。李巧英不想让丈夫一直在煤窑工作,因为在那里工作太危险。她就下了决心,先办手续,开个小卖部。

在村中开个小卖部也不容易,需要办理许多道手续。几经周折后,1985年腊月,李巧英把手续办全了,不过她并没有告诉村里人,而是把手续办好先保管起来。当时煤矿有不成文的规定,如果矿工第二年不干了提前告诉矿长,那么前一年第十二个月的工资就被扣了。1984年腊月二十九,矿上才开支,然后放假,一直到初六。正月初四,李巧英就让丈夫告诉矿长想辞职,当时煤窑的矿长也正好在三道街上住,是邻居。村里人马上就全知道了,他们都很惊奇:"你不干了,你能做甚?""我说我再生一法吧!"当时大寨人大多还没有做生意的意识,李巧英就开始行动了。

后来,大寨人都说李巧英不简单。其实在当时干小卖部压力很大,尤其是对于一个从外村嫁来的女性而言,更是如此。村里人都用怀疑的目光看着李巧英夫妇。正月初四,李巧英丈夫从矿上辞职,初五他们就把货备好了。李巧英告诉城里的亲戚:"你赶初六早晨8点一定要把货物给我拉上来。"当时还处于计划经济向市场经济转轨的过程中,需要从县里的糖业烟酒公司进货。他们的小卖部位于三道街的窑洞里,放置货物需要空间,李巧英就把立柜改造了,做了个货架。人在里面睡,外面就是门市部。开业那天,她买了2000响的鞭炮,当时村里人都舍不得花那么多钱买炮,全村人以为她在做什么,都没有想到她要开小卖部。后来李巧英丈夫的姐姐说:"巧英,村里人都说你要开小卖部了,可是没有办下证?"李巧英告诉她:"大姐你放心,先办好手续我才开的,我不干那违法的事情。"村里面人就嚷嚷开了,你看人家没有办下手续就开铺铺了。李巧英也不理会村里的这些闲言碎语,继续经营着自己的小卖部。开业的时候是正月,正好学生们有压岁钱,所以一天能卖三四十块,三道街的小卖部经营了三年,一直到1986年。

1987年,李巧英就将小卖部从三道街开到了前街。那时候她还种着地,不过种地早已不是她家主要的生计方式了。她心里想,一定要把小卖部这行做起来,不能让村里人看笑话。她的丈夫下窑一天赚10块钱,她最起码就得赚够10块钱。当时一根麻花赚2分钱,一分一分地赚,赚10元钱也需要很长时间。后来为了多赚钱,她就尝试着自己炸麻花。几经试验后,她还学会了炸麻花。另外,她还蒸馒头,还将大圆白菜剁碎,放上黄豆,腌上咸菜,卖给学校,一天平均下来也能挣20多元钱。后来学校看见这行赚钱,就也开了个小卖部。自从学校的小卖部开业后,李巧英在学校也就没有什么生意可做了。

(二)进城卖衣服

小卖部的生意不太好了,她就又去城里看市场,买了一个铁皮房子,做服装生意,不过家里的小卖部也并没有关闭。丈夫在家里开小卖部,她去城里卖衣服。

李巧英从金石坡村嫁过来,就怕被别人小看。就拿她的小卖部来说吧,她觉得必须横下心来干,必须比在煤窑里赚钱,也只有这样才能不被村里人看不起。煤窑当时一个月挣300多元,再者煤窑里工作每天担惊受怕的,并不安全。干小卖部自由,也不用看领导的脸色行事。可是在城里买下铁皮房子后,生意并不好。李巧英说:

> 这个生意没做好,我憋在自己肚子里没法说。主要是因为市场里没有大寨的,全是外面的人,况且这些人进入市场早,货物堆得满满的,而“要想赚钱,货卖堆山”,没有资金,你不可能把货物堆起来。在市场里卖了两个月货,第一天卖下100多元,第二天卖下300多元,第三天才卖下60元,第四天卖下二三十块钱,到了第七天干脆就没有开张。不过,市场里一块开店的人对我还不错,经常鼓励我。然而市场里要收卫生费、管理费,这费那费的,收得也不少,我一个月挣下的钱还不够交费。

看到在城里做生意赚不了钱，她就关了店回到了村里，并且告诉市场里的人们，她准备出售铁皮房子。

（三）第二次开小卖部

在城里卖衣服失败了，她不得不再次回到了村里。此时，村里人们的风言风语也愈加严重了。

村里的人们嚷嚷开了，说是来元[①]惹不起老婆，不花1000元碹孔窑，而是花1200元买下个破房子，最后扔到了城里。李巧英的丈夫是个老实人，也不去理会这些闲话。李巧英对他说："如果咱挣不下钱，咱俩相跟着出去要饭，要下先给咱的孩子吃饱。长下了（孩子吃剩下），你先吃饱我再吃。"丈夫很支持李巧英，他说没事，做买卖肯定是有赔有挣的。他们都是大寨的普通人，刚起步的时候很不容易，吃了很多苦。干服装生意挣不了钱，想把城里的铁皮房子卖掉，可是一个月了还没有人买。李巧英觉得这样一直拖延着，铁皮房子在市场里占地，还得出地皮费，就决定把铁皮房子拉回来。那个时候汽车还很少，找辆车并不容易，单排座的车又太小拉不上，还必须是双排座的车，即便是这样的车也得拉两次。恰好大寨中学有一辆双排座的车，李巧英就出了点油费，雇这辆车将铁皮房子拉到了大寨乡政府斜对面的一处空地上，也就是现在大寨旅行社那里。拉回来半截，另半截还在城里，就有个陌生人前来问这个铁皮房子卖不卖。李巧英说："那也得我全部拉回来才能卖吧！我卖1000元，你还得把这运费也出了。"那个人同意了，李巧英就和他约定三天之内交钱，如果超过了三天他还没有来，这铁皮房子就转给别人了。

事不凑巧，下了三天大雨，买家根本就来不了。三天后，天晴了，李巧英就把铁皮房子支开，支开后就把家里面的货也拉下来，当天就卖下160元钱。她觉得这是好兆头，需要加紧干，那时候进货还得在自行车两边带上个篓篓从县城往回蹬，一天运两回货。生意一天比一天好，每天纯利润

① 李巧英丈夫叫李来元。

可以达到100多元。李巧英开小卖部的时候还不流行出租车，她就坐汽车先去阳泉，再倒车去石家庄进货。去了石家庄买上货，将货放到用编织袋缝制的包包里，背着到了火车站，排上队进了站上车。背的东西太重，把她的两个肩膀弄出了两道血印。一星期后，肩膀不疼了，她就得再去石家庄，每回都是这样，不等伤完全好了就得再走。那时县城里做买卖的人们资金多，几个人包一辆车就从石家庄把货物拉回来了，李巧英由于资金匮乏，包不起车，就只好坐火车了。虽然吃了很多的苦，可是没有当时的苦也不会有今天的生活，日子过得一天天好起来了，她也成了村里的万元户。

（四）卖烧饼的万元户

20世纪90年代，记者来采访她的时候，李巧英已经是万元户了。在当时经济并不富裕，人们的观念还没有完全转变过来的时候，万元户是很不简单的，谈到这些，她流露出很自豪的神情：

> 我也得生活，大寨人夸我，我也感到很自豪。当时一年赚多少我也记不起来了，只是干了6年挣下4万块钱。我盖房子的钱就是从这来的。为了省钱，我还给24个工人做饭。他们吃了饭走了，我还得熬下这么一大壶开水，从乡政府那儿走小道送到建房子的那儿。工人们喝水的时候，我们老两口还得推排车平地。现在想起来那会儿，我都觉得怕。那会儿年轻什么也不怕，一心就想盖房子，现在想起来觉着怕，觉得凄凉。

房子盖起来了，钱也基本上花光了。正赶上两个儿子要娶媳妇了，李巧英丈夫也得了病——胸膜炎，她也得了甲亢，就不得不在家里歇着。

1996年，李巧英家娶了两个媳妇，她的大儿子和二儿子举办婚礼分别在5月16日和8月29日。家里没那么多的钱，大儿子结婚收的礼钱又用到了二儿子的结婚中，最后还欠下2万元的外债。

1996年，村里组织在虎头山上劳动，主要是在展览馆院子里栽树。村委会规定劳动够半年才给发工资，大儿媳妇生下了一个女孩，她还得伺候儿媳妇，经常旷工，劳动不够半年，就不得不辞去了山上的工作。孙孩子大一些的时候，她觉得一直待在家里不行，为了生活还得找寻出路。

李巧英先去市场摸行情，她发现打饼子很赚钱，不仅投资少，也好经营，她就和小儿子去阳泉买打饼子的工具。她的小儿子没文化，也不知道打饼子的工具叫什么名称。村里传统做烙饼就用鏊子，他就说是买鏊子，其实那个工具叫电饼铛。李巧英看到阳泉市里很多人打饼子用的就是那种工具，她就问这鏊子是哪儿买的，可是没有人告给她，她就只能回到村里。第二天叫上大儿子去阳泉。大儿子有文化，他一看是电饼铛，不是鏊子。把电饼铛叫作鏊子，县城的人们根本听不明白。李巧英花了2000元钱买了一副回来，买的时候，售货员说是质量绝对有把握，恰好当时停电了，也就没有试，就这样满腹狐疑地回到了村里，到了家里可真是遇上麻烦了，启动不了。没办法，第二天，她花了60元钱，雇了一辆车又拉到了阳泉，到了卖电饼铛的那里，一插电，启动了。原来，李巧英三道街家里的电压不够，所以启动不了。

回来后，她就租下大柳树下赵华晓母亲的房子。电饼铛是买回来了，可是不会用，这就得自己试验。刚做饼的时候，她就慢慢琢磨，一开始做不好，她就给街坊邻居散着吃。等到技术过关了，饼子做得成功了，才开始卖。那个时候她的二儿子和二儿媳两口子都在村里的衬衫厂工作，效益不好。打饼子的技术成熟后，李巧英就把这个店交给了二儿子两口子经营，她回家里帮着带孩子。在看孩子的时候她也没有闲着，心里还想着看什么行业能赚钱。结果是二媳妇生了第二个孩子，不能干打饼子的生意了，她又接着从家里出来经营打饼子店。

（五）第一次开饭店

大寨村委会对面有一棵超过百年的大柳树，也就是现在成为旅游景点的“苦人树”，李巧英第一次开饭店所租的房子就是位于这棵大柳树旁边的赵华晓母亲的房子。这个房子位置很好，是个做买卖的好地方，但是租金也贵，20世纪90年代后期，月租金就涨成了100元，村里人嫌贵，没人愿租。但是李巧英觉得应该能赚钱，就租了那个铺子打饼子卖，生意还不错。她的饭店也就是从那时候开始的。

改革开放后，很多人还是怀念这个毛泽东树立起来的典型，因此到大寨参观一直就没有中断过，这为大寨旅游的发展创造了条件。即便有人来村里参观，很长的一段时间内，大寨人也并没有看到商机。李巧英也一样，并不是她自己有开饭店的意识，而是在游客的鼓励下发展起来的。

1998年夏秋之际，她在柳树下的店里打饼子卖，午饭刚好做下河捞，有两男一女三个年轻游客路过，觉得农村饭挺稀罕，就问李巧英：“你卖饭吗？”李巧英说她不卖饭，只是卖饼子。她当时没有卖农家饭赚钱的意识。游客说：“把你这饭我们吃了吧？”李巧英回答道：“这是普通饭，吃就吃了吧！”李巧英还给游客做了两个小菜，游客每人吃了一碗饭，还拿了点饼子，给了李巧英30元。那个时候，李巧英说是自己不敢要游客的钱。她说就以1元一碗饭计算，三碗饭才3元，怎么敢要游客30元。李巧英就说：“我不卖饭，饭不能要钱。”后来游客让李巧英带着上了虎头山。虎头山当时正在整理展览馆，游客进去参观，看到一张照片就翻拍下来了（这张照片中有李巧英）[①]。从虎头山下来，游客又要给李巧英那30元饭钱，李巧英还是没要。她说：

① 这张照片反映的是1977年5月2日—3日，副总理李先念陪同缅甸共和国总统吴奈温到大寨考察的场景，而恰巧李巧英就在这张当时拍摄的照片中。如今，这张照片早已褪去了革命的遗迹，成为李巧英饭店的一块招牌。此次来访具体情况可参见昔阳县志编纂委员会编：《昔阳县志》，中华书局1999年版，第56页。

> 我当时实际上也需要钱,但是不敢要人家的钱,因为首先我不是卖饭的,再者也怕郭(凤莲)书记知道了骂咱,你说我的观念可真保守。另外,我只知道卖一个饼子是五角钱,这三碗饭也不知道该卖多少钱。

游客回北京把照片冲洗、放大后,就用快件邮寄给了李巧英。看到外来的媳妇这么勤快,郭凤莲也伸出了援手,如今李巧英饭店里摆放着一张李巧英和李先念合影的照片,是郭凤莲给她的。郭凤莲说:“巧英,你把那照片放大摆在饭店前有好处。”可是刚开始的时候,李巧英并没有这种意识,这也是听了郭凤莲的话后才将照片作为自己饭店招牌的。

1998年之前,李巧英还没有多少赚钱的意识。她说,如果我当时有现在的赚钱意识,肯定就赚大钱了。她租着赵华晓母亲的房子开了一家打饼子店,有一次吃饭的时候记者说,你不要打饼子了,太累,开个饭店吧!当时她心里觉得好笑,开个饭店卖个河捞、抿疙蚪谁来吃?记者说:“没人吃,我给你带人来吃。”就是这句话鼓励了李巧英。她就买了两张桌子,每天满座,就又买了两张,还是满座。她又买了四张桌子,来了吃饭的人就搬到柳树底下,每天七八桌,能赚几十块钱。看到赚钱,过了一年她饭店对面的人家也开饭店了。又过了一年,村里人看到能赚钱,就开了很多家饭店。这些人家的饭店大多开在自己家里,成本也低些。

从1998年开始,饭店延续了三年,村里要整修广场,李巧英的伙房就不得不拆了。房子没了,她就又回到家了。2004年大儿子又生了第二个孩了,她就又开始看孩子。

(六)第二次开饭店

为了生活,她的丈夫在村里从事过扫厕所、看大门、看车的工作。就这样,慢慢地把外债还完了。大儿子第二个孩子3岁的时候,供销社的主任说:“巧英,你开个饭店吧!有个地方空着。”这个空着的地方就是现在村中的李彦良饭店。她想了想,觉得那个地方两边都是商店,生意肯定不太好,她就不准备开饭店了,准备待在家里看孙子。供销社的主任说还有一个家,让李巧英到村口的供销社看看房子。当时路两边杂树丛生,还垒着花墙,把房子遮得黑黑的,开饭店生意也不会很好。正好村里改造宾馆,把花墙拆了,李巧英和丈夫又把房子前的树枝剪了剪,饭店的光线就好多了。那年生意很好,当年就赚了2万多元,开店的本钱就赚回来了。

她的饭店除了接待本地的游客,还接待过许多外地来的,如北京水利局的工作人员每年来大寨旅游,都在她饭店里吃饭。这些游客把自己的号码存到了李巧英的手机上,来的时候就提前给李巧英打电话。李巧英说:“人家外地游客也是冲着大寨的名声来的,也不是为了吃你这口饭而来的,因此一定要招待好。”

有一次山东电厂来了一批游客,中午就在李巧英饭店吃饭,一共消费了180元。炒菜的时候油烟呛得游客不行,游客说:“巧英,你这什么也好,就是我们顶不住你这呛,你得买个换气扇。”李巧英随口说了一句:“等我挣下钱了肯定要买。”游客问买个换气扇多少钱,旁边的人说肯定得100元。这些游客结账的时候就多给了李巧英100元,李巧英没收,她说180元应该挣的,但是另外的100元她不能无缘无故要。隔了一天,又来了一批游客,包括一位官职很大的领导,消费了200元,换气扇的钱就挣出来了。由于李巧英服务态度好,所以来她饭店消费的游客很多,包括许多回头客。

这么多年来,不管遇到多大的困难,李巧英夫妇始终没有打退堂鼓。当时开小卖部的时候,有外地人拿着笔墨纸砚等文化用品送到了她的店里。村里就有人说:“你看那开了三天就搂上侉子了。”过了几年,村里的商店全部是专门有人送货了,人们也就习惯了,而且讥讽李巧英的那个人的孩子也开了店,也是外地人给送货。李巧英在三道街自己的两孔窑洞里开了小卖部,家里就十分拥挤了,后来孩子大了要成家,需要房子。在这种情况下,她决定盖新房。

李巧英从来不搞歪门邪道,都是老老实实地赚钱。她教育自己的孩子，不管怎样穷一定要走正道，不要为了钱走歪门邪道，那样终究不会长久。人活着要有骨气，人穷志不短。李巧英觉得现在大寨的年轻人缺少主动性。她说：

> 以前大寨一些年轻人就等村干部给找工作，外出寻工作的不多，这样下去不行。就说种地吧，承包几十亩地，一年也能挣几万元，出去打工也比在村里挣得多。再以集贸市场为例，市场里很多外来的，大寨人也可以发展。主要是大寨现在条件好，大家不想出去发展。这个不好，人要有主动性。

个体户在大寨的发展经历了一个不断被接受的过程，上面通过养鸡、开小卖部、开饭店这三个案例就充分地说明了这一点。这三个案例中的主要人物，如养鸡的、开饭店的原籍并非是大寨的，养鸡的是从王寨入赘到大寨村，而开饭店的是大寨的媳妇。这些首先由外来人尝试的新生事物也从一个侧面反映了20世纪80年代大寨本土力量的顽固性以及对外来事物的排斥，这也从另一个侧面说明了文化重构过程的艰难性。如今，大寨遍布窑洞饭店和纪念品商店，个体户是村中经济收入较高群体。大寨人的观念早已发生了变化，不仅不排斥个体户，而且还羡慕个体户的发展。

第三节　村干部的积极行动

1983年3月10日，昔阳县委组织部将工农兵大学生、清华大学毕业后回县水利局工作的赵素恒调回了村里，担任大寨的第五任党支部书记。作为村里的主要干部，赵素恒提倡发展个体经济，这明显与20世纪六七十年代的做法截然相反。在舆论上，赵素恒就承受着巨大的压力。尽管大寨已经包产到户了，也有了一些个体经营户，但那个时候大多数村民对

包产到户有看法,用另类的眼光看待个体户。在做通了老干部的思想工作后,赵素恒进行了大刀阔斧的改革。某村民说:

1983年下放土地,干部要"四化":专业化、年轻化、知识化、革命化,咱是一化也没有,就又退下来了。赵素恒当书记的时候,我正在太原,他给我打电话,他说:"妗,我跟你说说,上级让我回来当书记。"我说:"好呀!""我和你谈谈,支委就留下俺便良哥了,你有什么要求?"我说:"要求了也没有甚。谁能胜任就上去,不能胜任就下来,我一点意见也没有。"他说:"你不当了,但是开支委会了,你还得参加。"我说:"不怕,孩子,随时叫我我随时到。"不过,意见没有,但我还有点要求,我说:陈永贵干得很好,你们要一代胜一代,更上一层楼!"

在20世纪六七十年代,大寨是一个最为开放的村庄,同时也是最为封闭的村庄。说开放是因为这个村落不断有来自五湖四海的人参观学习。20世纪60年代开始,国家将大寨树立为农业方面的样板,被认为这是个出经验、出典型的地方,很多地方的人们来大寨学习。与此同时,集体化时期所形成的固化的、封闭的思维方式,阻碍了大寨人接受新事物的能力,这种状况一直延续到改革开放。在实现了领导班子的更新后,赵素恒为了拓宽人们的视野,就以集体补贴加上个人出资的方式给村民买了熊猫牌黑白电视机。每台电视机360元,一口人村里给补50元,剩下的每户自己出。宋立英说:"我家4口人,村里每人补贴50元,折合了200元,也就是大队给出了200元,电视机360元,我还自己出了160元。这在昔阳县还很先进。"同时,在赵素恒的领导下,村里安装完成了80亩的滴灌配套设施,还为村民全部办理了人寿保险。

赵素恒回到大寨的日子里,村里也在悄然发生着变化。村里几个胆大的年轻人开起了小卖部和饭店。村民贾久盛还在村里喂了三头牛,开了集体化以来大寨个体养殖的先河。后来贾久盛又鼓励在县武装部工作的弟弟贾富元，花了2400元，买了一辆旧的130汽车，让儿子驾驶从水泥厂往县城里拉水泥赚钱。赵素恒当时就鼓励发展个体经济，贾久盛就是典型。[①]

20世纪70年代福建省赠送给了大寨一辆井冈山牌汽车，1973年村里又购买了一辆解放牌汽车。到1980年，大寨已经有拖拉机四台、汽车两辆，不过这是集体经济年代的事情。改革开放后，响应国家的号召，赵素恒鼓励村民发展个体经济。1984年，他从乡政府的车队里花5000元买了一辆二手车，让儿子赵保红开着运煤和拉矾石赚运费。此外，他还在支部会上提出了从村里的公积金中拿出114万元奖励买汽车的村民。在他的带动下，全村有六户农民陆续购买了汽车、七户农民购买了拖拉机，成为大寨首批运输专业户。1985年，大寨村搞个体经营的汽车就达到了9辆，小四轮拖拉机也有11辆。运输业的发展不仅改变了人们的生计方式，而且也拓宽了大寨人的视野。[②]

村里的人看到搞运输赚钱，年轻人就都行动了起来，贾锁周、贾转周、贾义文、李红小等人都买了车跑运输。李红小说：

> 我1972年高中毕业，9月份就在大队开了拖拉机，一开就是12年。改革开放后我自己买了汽车跑运输，我就基本上没在农业地跟上他们战天斗地干过。我是受苦没受罪，也算幸运。我两个儿子娶媳妇的钱全是我跑运输赚来的，你说不是跑运输几十万块钱从哪里来。我还留了一些积蓄，以备养老。所以在村里活得不比别人差。

对于赵素恒来说，最麻烦的是社员的住房分配。从1964年开始，大寨修建了一排排火车皮式的房子，这样的房子被作为新农村建设的样板

---

① 孔令贤：《大寨沧桑》，山西经济出版社2005年版，第283页。

② 王俊山：《大寨村志》，山西人民出版社2003年版，第103—104页。

工程在昔阳农村加以推广。当时的房子都是集体的,村民只是拥有居住的权利。如果是属于"公"的,那么每个人就有资格去享受它,而缺少了维护的义务。大寨的房子就是如此,村民每年象征性地缴纳的房费,根本不够维修费用。村集体维修不及时,很多房子就要坍塌了。在这种情况下,赵素恒决定作价将房子的产权落实到个人。他先是在党员会上说出了自己的想法,也没有人反对。接下来就是看怎样实施了,然而相比起分地,这分房子就更难了。房子里大多住着人,况且位置的好坏、价格的高低,都是要考虑的。虽然开了数不清的会,但是意见始终不统一,最终分房子的事情没有落实。

1985年农历六月初六早晨,赵素恒骑着自行车去县财政局办事,走到村口病就发作了,只好返回二道街,路过他妹妹赵素荣的家时实在支撑不住了,就进了家躺到了床上。看到他病情严重,赵素荣赶忙叫来四道街大寨医院①的医生,得知是心肌梗死后,大寨医院的救护车马上将赵素恒送往县人民医院,第二天,赵素恒因为突发性心肌梗死而逝世了。

第四节　来自外部的压力

20世纪80年代,虽然这个曾经喧嚣与热闹的村庄逐步恢复了平静,但是这看似风平浪静的村庄其实内部并不平静,由于来自外部的压力,大寨人的心理负担很大,他们不明白自己曾经的路到底是走对了还是走错了。在社会的变迁中,从一种文化模式过渡到另一种文化模式常常会经历文化失范,而对于大寨村来说,在文化重构过程中的道路会更加坎坷。

1985年赵素恒去世后,接任他的是赵存棠,他只干了一年多。1982年开始,高玉良担任大寨村村长,1987年1月他接替赵存棠担任了第七任

① 农业学大寨的时候,大寨医院配备了先进的医疗设备。1978年,医疗队撤走,留下10余人在大寨医院蹲点工作,但是设备留下来了。1985年大寨医院又有一部分医生调往县人民医院,1991年6月大寨医院迁往靠近县城的留庄村口,现在的大寨只有一个乡村卫生所。

党支部书记。在从集体化时期到改革开放时期的社会转型过程中，高玉良担任村里的主要干部，经常出去开会，对改革开放前后大寨人社会地位的变化深有感触。

一直以来，高玉良对农业科技感兴趣。20世纪70年代，大寨成立了农学院，很多专家、教授都来这里接受改造。通过接触这些教授，他学到了很多农业方面的知识。1988年，大寨乡缺种子，市场上又买不到，乡镇领导听说高玉良在北京有关系，就让他去购买种子。那个时候政策还没完全放开，因此无法直接用钱交易，只能是带车拉着小麦去兑换种子。高玉良就和乡里的领导说，买种子的任务挺重，他一个人去不合适，最后就让大寨乡办公室的小刘陪着高玉良去了。

在购买种子的过程中，他们吃了很多苦。二人去了北京，先是找到了中国农业科学院的副院长，这位副院长来过大寨，认识高玉良。高玉良去北京找这位副院长，副院长也没有什么架子，就答应了。通过这层关系，高玉良来到中日人民友好公社，准备在那里买139号和157号这两种小麦种子。由于特殊原因，在中日人民友好公社种子没买成。最后去了北京市种子总库，但去总库需要北京市政府的介绍信。

高玉良当时并不认识北京市政府的人。中国农业科学院的副院长说他有办法，他直接给打了个电话，最后就找到了北京市政府姓白的一位副市长。他们晚上去见这位白副市长。当时进市政府一共有四道岗，进一道岗一道手续，正是通过中国农业科学院的特别通行证通过检查才进去。后来白副市长写了个条子，让去总库取种子。真不走运，到了北京市种子总库办完事情出门倒车，不小心把总库的一辆车蹭了皮。高玉良给说了很多好话，最后没办法，中国农业科学院的副院长也说好话。总库的工作人员说："大寨的这个同志还不错，和过去的不一样。"就这样，费了很大的工夫才弄了一车139号种子，157号种子还得去顺义县取，高玉良和小刘先去看了种子，坐公交车返回来。把种子过了秤，付了钱打包好，然后等大寨乡政府的车去拉。这次买种子费了很大力，这与20世纪70年代的待遇绝对是天壤之别。

在集体化时期，大寨人离开原来所处的意义之网而进入另一个意义之网，而新的意义之网在长达近二十年的建构中已经部分地内化为大寨人的一种传统。随着运动的结束，历史人物淡出了历史舞台，然而由于变迁的滞后性，大寨人并没有立即回到原来的意义之网中。

因此，在乡村治理中，必须借助乡村的传统脉络，顺应乡村自身文化结构，这样的文化涵化才可能取得成功。换言之，要改变乡村的文化格局，就需要乡村自身结构的变化。对于大寨来说，20世纪80年代开始了转型，但是村庄的社会生态、村民的文化心理并未发生根本性的变化，大寨在呼唤一位新的权威的出现，而郭凤莲回归大寨无疑正是顺应了这样的趋势。

第四章　自然生境的改变与生计方式的调整

上一章论述了20世纪80年代初，大寨开始了艰难的转型。本章承接上一章的相关论述，进一步从多个层面论述20世纪80年代大寨在内卷化[①]与边缘化的境况下所进行的沉重的转身，以及在此过程中出现的文化堕距[②]现象。具体来说，郭凤莲1991年11月重返大寨后，不断地采取走

① 虽然格尔兹在1963年《农业内卷化》中的内卷化（involution）概念滥觞于美国人类学家A.戈登威泽，是用来描述一种内部不断精细化的文化现象。实际上，早在18世纪，德国古典哲学家康德就在《判断力批判》一书中提出人类社会演化过程中的内卷问题，他还非常明确地把这种内卷理论与演化理论相对照，并把这种理论称为锁入理论。格尔兹在对印度尼西亚爪哇岛殖民地和后殖民地时代的农业研究的时候，以内卷化作为一个重要的概念，指出了爪哇人由于缺少资金、土地数量有限，难以解决剩余劳动力问题，加之行政上的限制，致使农业无法向外延扩展。在面对人口增长，且又不至于使人均收入急剧下降时，新增的劳动力不得不填充到有限的水稻生产之中。格尔兹把这样一种在自我战胜的过程中"内部细节过分的精细而使得形态本身获得了刚性"的过程称为农业内卷化。在中国农业的研究中，黄宗智对格尔兹的农业内卷化理论进行了阐释，将内卷化延伸为过密化，其含义是"劳动的超密度投入"导致"劳动的边际生产率递减"的趋势。针对黄宗智是否将格尔兹所用过的内卷化这一概念"误读"的问题，还引起了学界广泛争论。

② 社会变迁过程并非是一帆风顺的。美国社会学家威廉·费尔丁·奥格本提出了文化滞后理论，认为"社会迅速变迁使社会调适问题越来越严重，社会调适问题有两种：一是人适应文化，二是社会迅速变迁所引起的不同部分之间的调适。一般来说，在文化变迁过程中，物质文化的变迁总是先于非物质文化发生变迁。而在非物质文化中，一般来说，首先是制度发生变化，其次是风俗、民德，最后才是价值观念的变迁"。虽然"文化中部分结构的变迁必然要求相应的部分也随着变迁，但是变迁的速度会发生不一致，有些部分变化快，有些部分变化慢，结果就会造成各部分之间的不平衡、差距和错位，这就是'文化滞后'"。文化滞后也被译作文化堕距。[美]威廉·费尔丁·奥格本：《社会变迁：关于文化和先天的本质》，王晓毅、陈育国译，浙江人民出版社1989年版，第106—112页。

出去与引进来的策略，在“名村＋名人”的运作模式下，大寨人实现了生计方式的转型。

第一节　回到靠天吃饭：村落的内卷化与边缘化

在转型过程中，大寨社会首先是从物质文化的变化开始的。具体来说，随着社会生境的改变，出现了生计方式的调整与重构。十一届三中全会后，大寨被边缘化了。从国家的视角来说，为了改变这种边缘化的现象，地方政府不得不对村庄的正式权力格局进行改组。对于大寨人来说，长期的紧跟形势，早已习惯于执行上面的命令，突然要进行包产到户，并且必须面对变化莫测的市场，显得有些手足无措。从人们的思想状况来说，仍然在“姓社还是姓资”的老路上徘徊，正如上一章所提到的村落中出现的一些个体经济，由于深陷于集体化时期所形成的文化之网，没有实现完全的转型。在这种情况下，大寨逐渐落后了。

一、村干部的频繁更换

集体化时期，大寨人自力更生、艰苦奋斗，最终被树立为全国的典型。人民公社后期，单纯依靠政治运动推动社会发展的方式难以为继，国家不得不从乡村部分地撤出，逐步地赋予乡村自我发展的能动性。但是国家并未完全离开民众的生活，而是以缺席在场的方式存在着。

美国学者弗里曼、毕克伟、赛尔登对河北省饶阳县五公人民公社进行了调查，[①]张乐天对浙北农村中人民公社制度进行了研究，[②]他们发现，集体化时期并没有打破过去几百年来形成的内卷化局面。与杜赞奇强调国家与社会二元对立的模式不同，萧凤霞用国家内卷化这一概念去讨论国

① [美]弗里曼、[美]毕克伟、[美]赛尔登：《中国乡村——社会主义国家》，陶鹤山译，社会科学文献出版社2002年版。

② 张乐天：《告别理想：人民公社制度研究》，东方出版中心1998年版。

家和地方社会之间的相互渗透关系，尤其是20世纪80年代以来，地方怎样仍旧运用原有的国家去整合地方。她认为："如果地方社会依然不自觉地延续集体化时期建构的这一政治文化，可能会歪曲20世纪八九十年代以来经济改革的本来目标。"[①]这一观点强调国家内卷化不仅是国家的参与，同时也有地方社会乃至普通百姓的参与，正是在国家与地方共同参与下，形成了一种共卷的局面。[②]以大寨为例，20世纪八九十年代，大寨所经历的频繁的村庄干部更替并没有使其施政效率得到极大提高，这从下面的表格就可以看出来[③]：

表4-1　大寨历任党支部书记名录

序号	姓名	性别	任职时间
1	贾进财	男	1948年8月—1952年冬(4年)
2	陈永贵	男	1952年冬—1973年6月(21年)
3	郭凤莲	女	1973年6月—1980年12月(7年6个月)
4	贾长锁	男	1980年12月—1983年3月(2年3个月)
5	赵素恒	男	1983年3月—1985年7月(2年4个月)
6	赵存棠	男	1985年8月—1986年12月(1年4个月)
7	高玉良	男	1987年1月—1991年10月(4年9个月)
8	郭凤莲	女	1991年11月—2010年6月(18年5个月)
9	贾春生	男	2010年7月—至今

在合作化中，大寨第一任党支部书记贾进财发现陈永贵能力胜过自己，就主动将党支部书记的职位让给了陈永贵。[④]贾进财的这次让贤，给了陈永贵登上历史舞台的机会。1973年，郭凤莲担任大寨第三任党支部书记。郭凤莲出生于毗邻大寨的武家坪，4岁的时候母亲因病离世，自幼

---

① Helen Siu, "Socialist Peddlers and Princes in a Chinese Market Town", American Ethnology 16, No.2 (1989): 195–212.

② 张小军：《理解中国乡村内卷化的机制》，《21世纪(香港)》1998年2月。

③ 此表根据《大寨村志》(王俊山：《大寨村志》，山西人民出版社2003年版)第131页内容以及大寨村委会资料整理而成。

④ 早在1964年7月9日《山西日报》第2版就刊登了《贾进才三次让贤》的报道。秦怀录、孔令贤、宋连生等学者也对此事进行过论述。

寄居在大寨外婆家,成为大寨的一名社员。1973年,也就是郭凤莲28岁的时候她就担任了村党支部书记,这次任职共7年。1980年12月,郭凤莲突然被调走。郭凤莲走后,从1980年12月—1991年11月的这11年时间里,大寨换了四任党支部书记。接替郭凤莲的贾长锁任职为27个月;贾长锁之后是赵素恒,他在任28个月后就因病去世;赵素恒突然去世后由党支部副书记赵存棠接任,但是他任职16个月就辞职了,成为大寨历史上任职时间最短的党支部书记。其中的原因,段存章这位20世纪70年代常驻大寨记者站的记者将其描述为:"老陈去世了,他悲痛欲绝,不想再担任干部了。"[①]赵存棠辞职后,村长高玉良成为大寨第七任党支部书记,他在职的时间相比起前几位较长,达到了57个月。

11年里,换了四任党支部书记,平均任职时间不到3年,最短的赵存棠只在任16个月。而与此大致同时期,距离大寨3公里的虹桥关1980—1989年这9年间的党支部书记一直由王五昌担任,曾经"昔阳三枝花"的白羊峪从1980—2006年这26年里,村里的党支部书记也一直由乔惠恩担任。[②]闻名全国的西沟村的申纪兰[③]更是从20世纪70年代以来就是村里领导层的主要人物。[④]1980—1990年,成为大寨历史上村落权力格局中较为不稳定的一段时间。

二、农业的内卷化

与干部频繁更替相伴随的是村落经济的内卷化。长期以来,农业一

① 孔令贤:《大寨沧桑》,山西经济出版社2005年版,第176页。

② 白羊峪村志编撰委员会:《白羊峪村志》,内部印刷,2008年,第136页。

③ 1983年李顺达去世后,西沟村的胡买松、张高明、王根考等担任过党支部书记。虽然申纪兰并未担任过党支部书记,一直是村里的党支部副书记,实际上多年来她在村里一直起着举足轻重的作用。申纪兰,女,汉族,1929年12月生于山西省平顺县西沟村,1953年加入中国共产党,同年就成为全国劳动模范,1954年当选全国人大代表。2012年8月和2018年7月,笔者踏上晋东南的土地,来到了长治市平顺县西沟村进行了两次短期的田野调查。在此过程中,对申纪兰进行了访谈。

④ 张松斌、周建红主编:《西沟村志》,中华书局2002年版,第115页。

直是大寨的主导产业，经历改革开放后10年的发展，随着人口的增加，农业也出现了内卷化局面。这从表4-2表可以看出来。

表4-2　1981—1991年大寨粮食产量[①]

年份	人口数	粮食总产量（吨）	人均粮食（吨）
1981	475	402.35	0.85
1982	497	369.5	0.74
1983	494	490	0.99
1984	497	300	0.60
1985	501	367.6	0.73
1986	501	197	0.39
1987	510	273.2	0.54
1988	510	346	0.68
1989	510	386	0.76
1990	521	309	0.59
1991	530	312	0.59

表4-2呈现的是1981—1991年这11年间大寨村人口、粮食产量和人均拥有粮食的情况。1981年大寨人均拥有粮食为0.85吨，1984年为0.6吨，到了1990年，也就是郭凤莲重返大寨的前一年，人均粮食只有0.59吨。换言之，从1981年开始，随着人口的增长，粮食生产并没有出现持续的增长，反而出现了递减的情况，人均占有的粮食基本上呈现出“边际报酬逐步递减”的趋势，也就是学界所说的“有增长而无发展”的内卷化局面。

三、非农产业的逐步转移

在农业出现内卷化局面的同时，从1981年开始，大寨试行了“专业承包，联产计酬”的生产责任制，走以农为主、多种经营的路子，村里还办起

① 此表根据大寨村委会相关资料整理而成。

了酱坊、醋坊、粉坊、矾石厂,开始了非农产业的探索。[①]前一章也谈到大寨出现的个体经济,如小卖部、饭店、养鸡场等。这些情况都说明了大寨正在发生着"一场静悄悄的革命"。

表4-3 大寨经济效益[②]

年份	总收入(万元)	农业		林业		牧业		副业		工业运输		其他	
		收入(万元)	百分比(%)	收入(万元)	百分比(%)	收入(万元)	百分比(%)	收入(万元)	百分比(%)	收入(万元)	百分比(%)	收入(万元)	百分比(%)
1978	18.56	8	43.1	4.35	23.4	2.3	12.4	2.77	15	—	—	1.14	6.1
1979	27.24	14.52	53.3	2.9	10.6	2.40	8.9	7.22	26.5	—	—	0.17	0.6
1980	25.49	10.22	40.1	2.64	10.4	2.06	8.1	9.86	38.7	—	—	0.71	2.8
1981	26.12	11.46	43.9	2.8	10.7	1.67	6.4	8.22	31.5	—	—	1.97	7.5
1983	31.02	15.21	49	4	13	1.5	4.8	8.69	28	—	—	1.62	5.2
1984	28.7	9	31.4	3.5	12.2	—	—	4.3	15	2.7	9.4	9.2	32
1985	60.43	15.33	25.3	0.82	1.4	2.81	4.7	—	—	41	67.8	0.47	0.8
1986	70.8	11.4	16.1	7	9.9	—	—	—	—	45.6	64.4	6.8	9.6
1987	80.12	18.83	23.5	0.1	0.1	0.25	0.3	0.9	1.1	57.5	71.8	2.44	3
1988	94.5	25	26.5	—	—	0.2	0.2	0.1	0.1	67.5	71.4	1.7	1.8
1989	200	19	9.5	2	1	3	1.5	—	—	150	75	26	13
1990	220	18	8.2	—	—	1.5	0.7	0.5	0.2	197	89.5	3	1.4
1991	281	22.6	8.0	—	—	0.8	0.3	1	0.4	254.6	90.6	2	0.7
1992	337	22	6.5	—	—	2	0.6	2	0.6	245	72.7	3	0.9
1993	1006	52	5.2	1	0.1	4	0.4	—	—	418	41.6	531	52.7
1994	2029	48	2.4	1	0.1	3	0.1	—	—	1035	51.0	942	46.4
1995	3000	50	1.7	1	0.03	24	0.8	—	—	1780	59.3	1145	38.2
1996	3026	50	1.7	14	0.5	34	1.1	—	—	1808	59.7	1120	37
1997	4796	26	0.5	2	0.1	5	0.1	—	—	3208	66.9	1555	32.4
1998	5419	24	0.4	—	—	2	0	—	—	3217	59.4	2716	40.2

注:项目包括餐饮业、服务业等,个别年份果品收入计入农业收入。

从表4-3可以看出,1978—1998年,大寨的产业结构发生了很大的变化,主要表现在第一、第二、第三产业比例的变化上。首先,作为第一产业的农业在总收入中比例逐步减少,改革开放的1979年最高,占到了总收入的53.3%,但是如果以绝对数字来计算,1995年和1996年最高,均为50万元。其次,作为第二产业的工业运输业经历了一个由无到有再到逐步

① 王俊山:《大寨村志》,山西人民出版社2003年版,第274页。

② 王俊山:《大寨村志》,山西人民出版社2003年版,第113页。

壮大的过程，1984年和1991年是两个重要的年份。1984年前，工业收入基本为零，1984年工业运输的收入占到了总收入的9.4%，以后逐年增加。1985年工业运输超过了农业的收入，占到了67.8%。到了1991年工业运输占90.6%，是这17年来所占比例最高的，以后逐年下降，但是仍然保持在50%左右。

工业的发展源于煤矿的投产。据《大寨村志》记载：1980年，在强大的压力之下，“西水东调”工程停工。此时的大寨内外交困，分地任务在眼前，而村里人还是习惯于长期以来形成的集体劳动挣工分的做法，但是进了地里却不再像以前那样积极劳动了。看到外面都在开矿，1982年3月，村里借用“西水东调”的部分机械设备，抽调了一部分年轻劳动力开挖煤矿。差不多两个多月后，也就是当年的5月1日，一座总投资30万元，设计年产原煤为3万吨的煤矿才投产。1985年，又建了第二个坑口。1991年，两个坑年产原煤4万吨，其中外销3.1万吨，收入120万元。1982年大寨煤矿的矿长是副书记梁便良，后来的矿长由贾武环、贾长锁等人担任，负责技术指导的是太原西山矿务局的退休技术员张更生。[①]

梁便良的父亲是阎庄窝[②]人，母亲是大寨人。阎庄窝的自然条件比大寨还差，20世纪40年代，为了生存，梁便良的父母从阎庄窝来到大寨居住。从此，大寨就有了姓梁的户。

1983年后，全国各地都开始办企业。村东的老坟沟蕴藏着丰富的煤炭资源，梁便良就申请开煤矿。虽然有20世纪六七十年代建立的关系网，但20世纪80年代的大寨早已不是70年代的大寨，梁便良等人费了很大力气才申请到了开采许可证。这是山西省第一家村办煤矿。1984年，煤炭市场供不应求，村里决定再建第二个坑口，于1985年建成。1987—1989年，梁便良担任矿长，培养了年轻人，如贾武环。后来，贾武环担任

① 王俊山：《大寨村志》，山西人民出版社2003年版，第95—96页。

② 现隶属于昔阳县大寨镇，位于大寨镇东北部10公里。

矿长，梁便良就协助他工作，主要是跑采购。

梁便良夫妇育有四个孩子，只有大儿子在县城工作，是国家工作人员。1986年梁便良三儿子梁计文结婚，没有正式工作，就只能种地。但种地也赚不了钱，难以养家，1987年他就下煤矿。梁便良对子女要求很严格，当时梁计文在矿上干的也都是苦力活。第一年倒煤，就是将矿里的煤运到矿外去，工作累，赚钱不多，还是没法养家。第二年下坑搬矿车，工作了三年。那时候煤矿的工资是按天算的，9天以内一天是10块，9—20天内一天是6块。村办煤矿资金匮乏，设备陈旧，矿机经常出毛病，加之梁计文的孩子还小，需要照顾家庭，所以不可能全勤，一年下来实际上也挣不了多少钱。此外，下矿还很危险，矿难时有发生。

1988年，大寨从石家庄制药第六分厂引进技术，并贷款2000万元，在虎头山上养猪场旧址，建成一座年产600吨氯化苄的合成化工厂，[①]村委会就将村民贾武环从煤矿调到化工厂任厂长。在化工厂工作既省苦也安全，梁计文就准备去化工厂。贾长锁[②]说，你有文化，又年轻，不要走了，就在煤矿搞电器维修吧，梁计文就又留了下来。

1996年后，村里旅游业开始兴起，梁计文就辞了煤矿里的工作，回村里做买卖。他和妻子起早贪黑地干，他去采购，妻子在村里卖纪念品，赚的钱也比以前多得多了。

煤矿成为大寨20世纪八九十年代最为赚钱的产业，最多的时候有固定工人90人，其中本地工人54人，外地民工36人。外地工人主要是贵州和山东的，大寨村里也有20多人在煤矿上班。随着主要劳动力进入企业，过去单一的以农为业的状况也出现了变化。

---

① 王俊山：《大寨村志》，山西人民出版社2003年版，第98页。

② 继梁便良后担任煤矿矿长的是贾长锁。

表4-4 大寨农民职业分化表[①]

职业类型	劳动力数(人)	占总劳力的比例(%)	收入情况(年/元)
总劳力	291	100	1500元左右
农业劳动者	123	42.3	1000元左右
农村管理者	3	1	1500元左右
乡村企业职工	128	44	1500—2500元
个体工商业者	30	10.3	3000元以上
企业管理者	7	2.4	3000元以上

备注:外出从业人员23人未计入。

20世纪80年代末,虽然大寨人的身份并没有发生变化,但是农民内部也在分化。随着职业的分化,村民的收入差距、经济地位、价值观念、生活方式也不可避免地发生着变化。表4-4中农村管理者主要指村党支部和村委会成员,全部为兼职,所以成员其实只有三人。个体工商业者主要指运输业从业人员和村中的个体经济者。在改革开放10余年后,村庄中集体化时期以来单一的务农方式也逐步被乡村企业职工以及个体工商业者所代替。从收入来说,村中农业劳动者仍然人数众多,但是收入在这五类人员中是最低的。乡村企业职工虽然人数最多,达到了128人,但是收入明显低于企业管理者和个体工商业者。不过这三个工作岗位的收入均高于单一的务农收入。在上章中我们谈到了个体户李巧英,上表中的个体工商业者就包括李巧英,1991年她家的年收入就达到了3000元以上,成为村里收入较高的农户。农村管理者主要是指村干部,这个群体的收入并不是最高的。因此,在20世纪80年代末,收入与职业虽然有密切联系,但是并非农村管理者是村里最为富裕的群体。

① 陆学艺:《改革中的农村与农民:对大寨、刘庄、华西等13个村庄的实证研究》,中共中央党校出版社1992年版,第167页。

四、村落被边缘化

在集体化时期,大寨之所以能够独领风骚,成为典型中的典型,除了时代的推动外,很重要的原因就是积极响应国家"以粮为纲"的号召,多打粮食,支援国家建设。

表4-5 大寨1953—1998年部分年度粮食情况统计[①]

年度	户数(户)	人口(人)	粮食总产(斤)	平均亩产(斤)	交售公粮(斤)	总收入(元)	当年公共积累(元)
开始办社的1953年	74	295	203280	250	45000	17672	—
大跃进的1958年	80	318	417040	543	190000	39539	3847
遭受洪灾的1963年	83	367	420000	745	240000	65402	8588
亩产"过长江"的1964年	83	364	570890	809.6	300000	73270	11918
亩产超千斤1970年	83	444	749900	1071	240000	125206	28377
严重干旱的1972年	83	467	662900	947	400000	168630	38732
持续干旱的1973年	83	475	770000	1026	300000	182421	47457
1983年	131	494	980000	762	—	—	—
1987年	135	510	546400	716	—	—	—
1991年	140	530	624000	834	—	—	—
1995年	1620	537	630000	856	—	—	—
1998年	186	521	324000	450	—	—	—

从表4-5可以看出,1958年大寨村的粮食亩产就"过黄河"(指亩产超过500斤)了,1964年就"过长江"(指亩产超过800斤)了,一度亩产甚至上了千斤。在黄土高原上这样高的产量除了人们的艰苦劳动外,也与当

① 此表根据《大寨红旗》(文锦、沙荫:《大寨红旗》,山西人民出版社1974年版)第11页和《大寨村志》(王俊山:《大寨村志》,山西人民出版社2003年版)第72页的相关资料整理而成。

时水利设施的修建以及肥料的普及有关系。据《大寨村志》记载，1965年5月21日，周恩来总理陪同阿尔巴尼亚政府经济代表团第一次来大寨参观，看到大寨光秃秃的山坡后，就和陪同他的地方领导说："大寨要持续发展，必须解决水浇地的问题。"正是有了周总理的指示，省、地、市、县的领导和有关单位以及解放军积极行动起来，帮助大寨村进行了大规模的修渠、凿井、建水池工作。经过10多年的努力，先后建成了郭庄水库饮水工程、杨家坡水库饮水工程、团结沟渡槽、虎头山蓄水池、罗面垴蓄水池、友谊坡蓄水池。到1977年年底，大寨全村水浇地面积达到了400多亩，占到了总耕地面积的一半以上。

1973年4月23日，某位外国元首来访，赠送了一套喷灌与滴灌设备。1974年冬天，大寨开始利用虎头山支农池的蓄水，安装喷灌、滴灌系统浇地。在康家岭挖土2245立方米，从支农池开始铺设铸铁管道，其中主管道724米、支管道935米，安装54个喷头，每个喷头出水量为每小时10吨。固定式喷灌面积45亩，其余土地采用移动式喷灌。在干旱情况下，固定滴灌可浇地53亩，半固定喷灌和滴灌可浇地420亩。①

大寨的"首席农业专家"是这样说的：

> 大寨的水利工程直到1984年才铺完。最后康家岭50亩、后底沟60亩都可以实现水浇地。因为有水，我们当时还在山上试验过种水稻和小麦，均取得了丰收。这还被当作大寨经验加以推广。

然而随着时间的推移，20世纪六七十年代安装的喷灌与滴灌设施都已经不见了踪影，水稻和小麦也因为缺水而退出了村民的种植结构，大寨的地里基本上都是玉米了。从客观方面讲，20世纪80年代以来昔阳县村村挖煤，致使浅水层的水位下降，这个十年九旱的地区更缺水了。不用说

① 王俊山：《大寨村志》，山西人民出版社2003年版，第79—81页。

浇地，就是饮水也成了问题。从主观方面来说，由于缺少了国家的支援，集体经济匮乏，水利设施年久失修，最终这些水利工程退出了历史的舞台。这才会出现上表中所显示的1983年后，粮食的亩产徘徊在七八百斤，而没有像20世纪70年代那样，亩产达到千斤。

随着改革开放后社会的变迁，农业逐渐出现了内卷化的局面。为了改变这种情况，积极响应国家发展乡办、镇办企业的号召，大寨也逐步告别了“以粮为纲”的单一经济结构，“要想富得快，庄稼搅买卖”的观念也开始逐步进入大寨人的视野。然而发展的过程并不是一帆风顺的，市场是变幻莫测的，对于大寨人来说，这更是一个相当陌生的领域，经常不免要“交很多学费”。

20世纪八九十年代，呈现出两种局面：第一，村中的个体户逐步得到了发展，且一直延续到现在。第二，村办企业在逐步的探索过程中，这与当时发展较快的村庄在经济上形成了差距。

表4-6　大寨、刘庄、华西等13村概况[①]

村名	户数	人口	总产值(万元)	人均产值(元)	人均纯收入(元)
茅坪	31	143	5.67	397	—
小岗	29	146	14.2	973	628
房圩	354	1482	203.3	1372	950
沙石峪	225	892	223.3	2503	1230
西铺	365	1326	429.9	3242	1100
大寨	141	525	200	3809	700
烈马峪	141	547	242	4424	1537
西岭	248	985	700	7107	—
竹林	596	2017	3131	15523	1300
锉口	252	1160	2033.6	17531	1314
洪林	250	1200	3000	25000	1500
刘庄	326	1446	4500	31120	2200
华西	403	1475	12000	81356	1200

① 房圩、西岭、锉口和刘庄为1990年数字，其余均为1989年数字。参见陆学艺：《改革中的农村与农民：对大寨、刘庄、华西等13个村庄的实证研究》，中共中央党校出版社1992年版，第2页。

从横向的比较来说,20世纪90年代初,大寨不论是总收入、人均产值,还是人均收入,在这13个村中均处于较低水平,大寨明显落后了。

在"以粮为纲"的岁月里,大寨是典型中的典型。改革开放的10余年后,在早已丧失了原有光环的背景下,大寨落后了。表4-6显示在13个村庄中,大寨的总产值排名为倒数第三,和第一的华西相差11800万元;人均收入大寨排名为倒数第二,和人均收入第一的刘庄相差1500元。在改革开放后10余年的发展中,不论是农业还是工业,大寨并没有像华西、大邱庄一样再塑辉煌。与此相伴随的是大寨人盼望尽快致富,摆脱贫穷的现状,重塑辉煌,但是又害怕社会体制发生变化,富裕了带来麻烦。这样一种既向往新体制而又留恋旧体制的矛盾心态萦绕在村民身上,成为现实发展中的痼疾。同时这样一种矛盾的心理态势严重地制约了大寨的发展,也加快了大寨被边缘化的速度。①

不单是经济收入出现差距,在这10多年中,大寨变得冷清多了,在中央媒体上也很少公开露面了。不过瘦死的骆驼比马大,地方政府并未忘记大寨这个曾经的典型。1980年,郭凤莲代表大寨出席了山西省劳模大会,被授予劳动模范;宋立英、贾进财作为特邀劳模出席会议。1982年,大寨大队被评为山西省先进集体,贾进财被授予劳动模范的称号。②

从大寨自身来说,必须有大的结构的转型才能跟上时代的节奏,郭凤莲的回归顺应了时代的步伐。

第二节 全国学大寨到大寨学全国:走出去与引进来

20世纪80年代,大寨的转型较为缓慢。因为集体化时期的极"左"路线而在20世纪80年代游离于中国的主流政治之外,又始终受到主流政治

① 陆学艺:《改革中的农村与农民:对大寨、刘庄、华西等13个村庄的实证研究》,中共中央党校出版社1992年版,第12页。

② 王俊山:《大寨村志》,山西人民出版社2003年版,第274—277页。

的极大关注。

1984年11月,山西省省长王森浩到大寨视察。

1985年8月14日,全国政协赴山西考察团一行13人视察大寨。[①]

虽然集体化时代早已结束了,但是这些在任或者曾经在山西工作过的领导仍然关注着大寨的状况。1991年正月,山西省委原书记王谦视察大寨,他登上虎头山,又回到大寨村,看到改革开放10余年了,大寨的面貌没有发生大的变化。其实,那时候的大寨还是在以农业为主的基础上谋出路,产业结构没有发生大的变化。当时的支部书记向王谦汇报大寨的发展状况时主要谈的仍然是粮食产量、种植技术等有关农业方面的计划。听了汇报,王谦不太满意:"你们的粮食整理转化呢?你们的村办企业呢?年轻人,像这样,不行啊!"[②]

1991年11月15日,郭凤莲又被调回了大寨村,任党支部书记。笔者曾对这位颇有气场的名人进行过三次访谈,她侃侃而谈:

> 当时回来的时候什么也没有,现在的光景可是好了。你就不知道当时的大寨是什么样子,破破烂烂得简直就不行。脏乱差,山上没有路,山下没有路,街上是一个接一个的坑。我当时想这地方可怎么办?几代人住在同一孔窑洞里。虽然当时的生活条件不行,我当时穿得也一般,但是看到大家伙穿得脏兮兮的,我就心里难受。我也挣不下多少钱,当时一个月才105块钱的工资。后来把工资也甩到了大寨。没有了,我就借钱。给县里跑,给村里跑,和我当时跑的人现在见了我都说:"郭大姐呀,咱当时可受罪了。"我说是的,确实当时可受罪了。
>
> 我是1980年秋被调离村里的。那天,我正在虎头山狼窝掌劳

---

① 昔阳县志编纂委员会编:《昔阳县志》,中华书局1999年版,第65页。

② 孔令贤:《大寨沧桑》,山西经济出版社2005年版,第305页。

动，县里来了一辆吉普车，让我去县委，我以为是开会或者接待什么客人。没想到是晋中地委组织部的调令来了，县委书记亲自宣布，让我去晋中市果树研究所工作。

我先是到晋中市果树研究所任副所长，在那里待了4年11个月。由于离家远，孩子小，爱人也在昔阳工作，我就申请调回昔阳。1987年我被调到昔阳县公路段任书记，在公路段我工作了4年11个月。

我是一名党员，应该服从组织的安排。不过，离开大寨10多年了，我当时心里也很矛盾，怕干不好上对不起领导，下对不起群众。在经过激烈的思想斗争后，我还是回到了大寨。回到村里一看，实际状况比我想象的还糟糕，用“脏乱差”三个字来概括一点不过分。

卫生倒不是主要问题，关键是村里的人觉得委屈，没处诉说。外面说大寨完全是国家扶持起来的，大寨人每卖一斤粮食国家就赔二角二分，村民的思想普遍处于一种十分迷惘之中，不知道该往何处去，甚至大寨人都怀疑当年自力更生、艰苦奋斗的大寨精神是不是错了。面对早已实行的改革开放政策，很多村民都有一种排斥的情绪。总之，他们身上背着十分沉重的思想包袱，不知道该往何处去。

大寨确实落后了，离开的这11年，我也直接、间接地听到了大寨的一些问题，但是当你面对村里的实际情况，才知道问题确实很严重。1991年我回来的那一年，村里人均收入730元，虽然有几个企业，如煤矿、化工厂，但是清产核资后一看，集体根本就没钱，还有外债。就拿化工产来说，由于没有做市场调查就盲目上马，不要说产值，连工人的工资也发不了，已经处于濒临倒闭的境地了。煤矿还好一些，但是快10年了，开矿时候的贷款还没有全部付清，村里几百人还要指望它。外面的压力大，村里账上又没钱。在这种情况下想发展，困难谁都可以想到。

作为党员，应该服从党的安排，需要我回村里，我就得重返大寨。

不过，大寨当时面对的压力相当大，工作很难搞。其实，我也有委屈，不论是工作还是生活，我也有很多不如意的地方。但是，我向谁诉说？来自外面的压力我们解决不了，关键是村里人思想包袱也很重，他们觉得被国家、社会抛弃了，不知道该咋办。我明白当时最重要的事情就是不仅我要放下包袱，大寨人也要放下包袱，只有解放思想，放下包袱了，才可能轻装上阵，否则带着沉重的思想负担，我们什么也干不成。

在集体化时代，我们基本上每天都要开会，每天紧绷着阶级斗争的弦一直不敢放松，现在想起来确实过了。但是，你如果不开会，干部和群众之间缺乏交流，也会出现干群两张皮的现象。我离开大寨11年，回到村里才发现村里早已很少开会了，干部与群众之间形成了隔膜。我知道要想第二次创业，必须首先发动大寨党员和群众的积极性，否则就凭我一个人什么也干不成。我就住在了村里，花了三个月的时间做大家的工作，走访村民，征求大家的意见，并且召开群众会、党员会、干部会，召集全村村民进行广泛讨论。只有在思想上形成统一的认识才会有统一的行动。

我回到大寨的第二年，也就是1992年，正赶上邓小平同志南方谈话发表了。在小平同志谈话发表后，全国改革开放的步伐也大大加快，这对于大寨来说是一个千载难逢的好机会。大寨要想再次引时代的潮流，首先必须转变思想观念。当时每天待在村里根本不知道外面的变化，我就决定带领大寨人走出娘子关去看一看我们和外面的差距。1992年的时候已经是改革开放10余年了，做什么事也得考虑成本和效益。村里没有钱，我就自己筹借了5000块钱。远的地方去不了，正月初四凌晨4点，每家出一个人，130多人乘坐着两辆租来的车向着娘子关外出发了，我们来到从前学大寨的典型——河北省获鹿县(现为获鹿市)高迁村参观学习。高迁村的条件原来与大寨条件差不多。

河北省石家庄市鹿泉区高迁乡有个东街村(原来是鹿泉市高迁乡高迁东街村),村里的书记张银周[①]祖籍是昔阳县刀把口乡(现为孔氏乡)三教河村。1966年河北邢台地震后,由于三教河村离邢台近,所以他居住的小村庄受到了影响,政府号召移民。村里一部分人安置在山西没有受灾的地方,另一部分人去了河北。张银周在河北有一个亲戚,就迁移到高迁村。在他到这个村子之前,村里虽然有好地,可是地里没有肥料,不打粮食,年年吃返还粮。张银周是干活的一把好手,迁移到那个村子后,就当了一个小队的队长。他这个小队一年比一年多打粮食,就成了学大寨的先进典型。

郭凤莲听说高迁的村书记是昔阳县的,改革开放后发展工业,成为远近闻名的富裕村。1992年正月初四,凌晨4点,两辆满载130多名大寨村民的车从大寨出发了。当时出省的高速公路还没修好,道路坎坷,上午快10点了才到了高迁村。张银周很热情地接待了他们。

到了高迁村看到一栋一栋的小楼房,大寨人很是感慨。郭凤莲回忆说:

> 你看人家,不看不知道,一看吓一跳,你看人家那会儿是学大寨农业的典型,当时是全国学大寨,大寨学全国,但是咱去哪儿了?这咱可得好好学习人家,看人家怎样搞。去了高迁村,张银周很热情地招待,他亲自给大寨人讲村庄的发展。

张银周组织起了10多人的平车队。因为离石家庄近,就把石家庄各个厂矿的炉渣灰拉回来,然后灌上大粪,拉到他们队的地里面。第二年,粮食就增产了。两年后,粮食就够自己队吃了。后来,还依靠区位优势,发展了工业,村里就富裕了。

---

① 1989年张银周被评为全国劳模。

那个时候郭凤莲也没有多少钱，去高迁村的费用是她向丈夫贾富元借的。贾富元说她是“刘备借荆州——有借无还”。郭凤莲就做贾富元的思想工作，贾富元最终把钱给了郭凤莲。实际上，贾富元攒钱是为儿子结婚用的。1991年，重返大寨后的一段时间内，村里集体经济匮乏，郭凤莲和爱人贾富元的工资就成为她去外面跑项目的费用。

从高迁村回来后，村里经常开会，探讨为什么别的村庄富了，而大寨变穷了，出现了这么大的差距。在不断的讨论、争论中，大寨人的思想也就发生了一些变化。郭凤莲提出：“过去是全国学大寨，现在需要的是大寨学全国。”[①]

宋立英对当年郭凤莲二次创业的情况记忆犹新：

如果没有郭书记，村里不可能变化这么大。凤莲1980年调到晋中果树研究所当副所长，然后是昔阳公路段的书记。当时村里面房子破了，卫生不好，很脏，草是长下这么高，破破烂烂的没人管，大寨被冷落了10年。10年就换了四任书记。村领导按照当时的形势让一部分人先富起来，然后带动大家共同富裕，可是村里大多数人还是没有富起来。后面老干部经常来我这儿，咱省的王谦老书记说：“哎呀，立英呀，你看这，毛主席的时候大寨是社会主义新农村的典型。你看现在，灰腾腾地，水泄不通地，成下这样了。你看这怎么办？”我说：“就是这了，也不知道怎么办！”他说：“要想让大寨重新振作起来，还得让郭凤莲回来。”我说：“那怎么办，人家服从党的调动，被调走了，咱就把人家叫回来？”哎，向上级要求嘛！我们1990年就开始上地区、上省里，要求郭凤莲回大寨来，重返大寨。1990年邀请了一年，1991年又差不多一年，郭凤莲是1991年11月25号(应该

①《从全国学大寨到大寨学全国：十一届全国人大常委会委员、大寨村党总支书记郭凤莲访谈》，《农民日报》2008年12月25日。

为15号)回到大寨的。她回来的时候大寨是空了,什么也没有了,村集体空了,只是个别人富了。为什么个人富了?山上的苹果树、铝矾石,以前都是集体的,都被个人承包了,就富了。省里王茂林书记来,把她(郭凤莲)调回来。凤莲回来后,集体又没钱,她也是愁得不行。郭凤莲说变不了样子咱们也对不起上级领导把咱调回大寨,变不了样子也对不起大寨的老少爷们。我和凤莲相跟着到了上海,到了山东,还有很多地方,学习人家的先进经验,这20多年就这样过来了。

郭凤莲回到大寨后,采取了走出去与引进来的策略,她说:"人不能和历史赌气,大寨要发展必须放下包袱,就必须转变旧有的集体化时期的观念。"她多次北上和南下,招商引资,同时学习外面的先进经验。这从郭凤莲1992年的行程表中可以看出来。①

1992年3月,郭凤莲赴江苏江阴蝶美集团毛纺织厂考察。

1992年3月,郭凤莲和宋立英考察了当时浙江省的亿元村——鄞县邱二村,并且签订了建立经济合作友好村的协议。

1992年3月6日,郭凤莲、宋立英到达上海,随后参观了嘉定、松江、川沙等县。

1992年10月23日,参加完党的十四大的郭凤莲到达了天津市静海县大邱庄,大邱庄借给大寨50万元发展资金。

社会转型过程中大寨人在产业结构调整上进行的种种尝试,并没有马上阻止大寨被边缘化的趋势,其主要原因在于集体化时期所形成的依附性关系在后集体化时期并未去除,同时也没有找准发展的基点,这说明了转型过程的复杂性。

在郭凤莲的身上,不仅有传统型权威的魅力,同时也具有现代民族—

① 《大寨村志》(王俊山:《大寨村志》,山西人民出版社2003年版)中的《大事记》有对郭凤莲行程比较详细的记载。

国家中科层式权威的合法性，而双重权威已经成为一种惯习，深嵌于大寨人的脑海之中。正是借助这种惯习，大寨人不自觉地服从了已经是“外来人”的郭凤莲的领导。在郭凤莲的带领下，大寨人开始了第二次创业。

第三节　名村、名人：作为资本的品牌

名村、名人都是典型的表现形式。在集体化时期，大寨这个典型性权力符号是有目共睹的。20世纪90年代郭凤莲重返大寨后，积极借用集体化时期的历史遗产，大寨的名村效应在多方运作之下又开始显现。在此过程中，随着中央领导再一次关注大寨，大寨的发展进入了新的阶段。以下是1992—1993年大寨又逐步受到重视的过程：

1992年3月17日，国务院副总理田纪云到大寨视察工作并题词：“解放思想，更新观念，拓宽路子，同心协力奔小康。”[①]

1992年5月28日，国务院副总理朱镕基、副秘书长王书明及国家煤炭总公司、国家物价局等部门的领导视察大寨。[②]

1992年10月12日—10月18日，郭凤莲出席中国共产党第十四次全国代表大会。[③]

1993年2月，郭凤莲出席民政部主办的农村新闻人物座谈会，在此次座谈会上她被评为全国农村十大新闻人物之一。[④]

1993年5月18日，国务院副总理邹家华一行，在山西省委书记王茂林、省长胡富国的陪同下，到大寨视察工作。[⑤]

1993年6月30日，大寨党支部被中共山西省委授予先进党支部的

① 王俊山：《大寨村志》，山西人民出版社2003年版，第277页。
② 王俊山：《大寨村志》，山西人民出版社2003年版，第278页。
③ 王俊山：《大寨村志》，山西人民出版社2003年版，第278页。
④ 王俊山：《大寨村志》，山西人民出版社2003年版，第279页。
⑤ 王俊山：《大寨村志》，山西人民出版社2003年版，第279页。

称号。[①]

1993年9月1日—9月2日，全国17省市党报记者采访团到大寨采访。[②]

随着郭凤莲的频频出镜以及媒体的大力宣传，大寨再次受到了国人的关注。在大寨回归名村的过程中，郭凤莲也成了名人。名村与名人之间是一种相互的关系，正如郭凤莲所说："名村产生名人，但是没有名人，名村也名不起来。"[③]这也构成了后大寨时代大寨这个村庄最显著的特色。

大寨这个村名本就是一种无形资本，这与集体化时代大寨积累起来的文化资本有关。在集体化时期，郭凤莲作为大寨的第二号人物，也是当时全国的名人，而名人效应不仅意味着政治资本，背后也蕴藏着经济资本与社会资本。在改革开放时期，曾经的名村与名人资本成为大寨转型过程中最重要的依靠力量，尤其是郭凤莲这张名片的重要性不可低估，这从她的简历就可以看出来[④]：20世纪六七十年代郭凤莲就担任过山西省委常委、省革委会副主任，共青团晋中地委副书记，昔阳县委副书记，大寨公社党委副书记、革委会副主任，大寨党支部书记；1982年7月—1991年11月，担任晋中地区果树研究所副所长，晋中地区昔阳县公路段党支部副书记、书记；1991年11月—2006年11月，担任或兼任大寨党总支书记，昔阳县委常委、副县长、副书记，山西省妇联副主席；2006年1月至今，一直是大寨集团党总支书记。

1975年1月，她出席了第四届全国人民代表大会；1978年2月，被选为第五届全国人民代表大会代表、人大常委；2003年3月、2008年3月、2013年3月，分别当选为第十届、第十一届、第十二届全国人民代表大会代表和常委会委员。同时还是1977年的十一大党代表、中央候补委员，

① 王俊山：《大寨村志》，山西人民出版社2003年版，第279页。

② 王俊山：《大寨村志》，山西人民出版社2003年版，第279页。

③ 以上内容为笔者2012年6月13日上午在大寨集团总公司四楼郭凤莲办公室的访谈。

④ 根据大寨集团总公司2012年郭凤莲简介整理而成。

1992年的十四大党代表,1997年的十五大党代表,2002年的十六大党代表。到2021年,郭凤莲依然是全国人大代表。

在担任诸多职务、拥有诸多角色的同时,她也获得了极高的荣誉:1980年1月应邀出席了全国劳动模范座谈会,1994年被山西省评为优秀乡镇企业家,1995年被山西省评为特级劳模,1995年被国务院评为全国劳模,1996年被全国妇联评为全国妇女十大新闻人物,1997年被全国妇联评为全国优秀女企业家,1998年7月被山西省国税局评为模范纳税人,2007年8月被评为以企带村、建设社会主义新农村优秀企业家,2011年被评为全国三农人物。2016年,郭凤莲向中国村社发展促进会提出倡议,"中国十大名村"要带头帮扶贫困村。不论是市级的、省级的,还是国家级的荣誉,她都获得过。2021年"七一"前夕,郭凤莲受邀前往北京,参加在人民大会堂举行的全国"两优一先"表彰大会。其实,这不仅仅是人生的经历与巨大的荣誉,实际上在后大寨的转型与重构中,这本身就是一种重要资源。

郭凤莲因为大寨这个名村而拥有了这些称号,才成了名人;反过来,拥有了这些称号后又促进了大寨这个典型的转型与发展。事实上,不论在集体化时期还是改革开放时期,典型与物质或非物质的利益联系在了一起,村民们一句朴素与直白的表述揭示了背后的逻辑:"大寨再次成为典型与郭书记有关,大寨成为典型后,政治人物来的也多了,又能够引来项目,带来资金。村里离开了郭书记不沾。"

改革开放后,随着国家对基层控制的进一步放松,原有的政治仪式已经逐步淡化。现在早已是市场经济年代了,不适应市场,就面临被淘汰的危险。而在发展过程中,对于这样一个太行山下普通的村庄来说,可以借用的资源其实并不多。换言之,除了大寨这个牌子外,大寨并没有什么独特的地方。因此,只有抓住这个牌子,做好品牌战略,大寨才有可能再创辉煌。

品牌战略本质上就是效益战略，这对于大寨来说意义尤其重大。因为在品牌战中，大寨确实具有其他普通村落所不具备的优势。众所周知，集体化时期，尤其是20世纪70年代，大寨成为名地。在改革开放时期，寻找到一条适合大寨发展的道路，只有这样大寨才会再次脱颖而出。在发展过程中，必须从当地的实际情况出发，对于大寨来说，名人与名地就是最大的无形资产，也只有将二者结合起来，大寨的经济才会再次腾飞。而生于大寨、长于大寨的郭凤莲对于这个道理也有着深刻的理解。20世纪90年代后，大寨也正是利用了品牌的优势，开发了旅游业。换言之，20世纪70年代，大寨曾聚集了众多的中外名人，虎头山是当时人们向往的地方，也正是因这些场所具有特别的纪念意义，大寨人就在虎头山上建了一系列的人文景观。随着旅游景观的完善，旅游业的充分发展，大寨的餐饮业、服务业、小商业也不断壮大。①

大寨衬衫、羊毛衫等企业在曾经的一段时间里，支撑了村庄的发展，不过这些企业如今早已不适应市场，不再是村里的主要产业了。而所有的企业里，核桃露凭借大寨这个品牌，发展得最为成功，近些年已经在市场上占有了很大的份额。

随着市场经济的发展以及人们逐步产生的怀旧心理，大寨这个品牌不仅被山西省内认可，在全国也赢得了一致的好评。例如，盂县的核桃露工厂正是借助大寨的品牌，在国内的健康饮品中站稳了脚跟，还荣获中国市场饮料健康价值五颗星的顶级桂冠。不仅如此，依靠大寨品牌，还打造出一系列的产品，如黄金饼、食醋、杂粮、羊毛衫、大寨系列酒等20多种大寨牌产品。目前，这些产品早已走出了山

① 20世纪90年代后，关于大寨利用自身品牌发展的报道见诸各大新闻媒体，如《我经历了大寨从“政治品牌”到“经济品牌”的转变》（2009年9月28日《中国经济周刊》）、《大寨：从“政治品牌”到“经济品牌”》（2010年2月16日《新湘评论》）、《“大寨”：从“政治符号”到“商业品牌”》（2004年4月19日《经理日报》）等。

西，行销到了全国。正是通过这种方式，我们既利用了名牌，又创出了名牌。2010年大寨集团经济总收入达4亿元，人均纯收入12000元，上缴税金达到了2248万元。[①]

2020年，经济总收入达到了4.6亿元，人均纯收入24000元。

以上是大寨的当家人郭凤莲对于品牌的理解以及大寨品牌效应的展示。自从郭凤莲重返大寨后，她就不停地为大寨奔波着，而其他企业之所以愿意和大寨合作，也是因为大寨是个名地，还有名人，以及在此基础上形成的大寨这个品牌的独特效益。[②]

1992年3月，大寨党支部书记郭凤莲和宋立英、石富联应邀赴江苏考察期间，参观了江阴蝶美集团毛纺织厂。后来，经过协商，蝶美集团帮助大寨办起了羊毛衫厂。在借鉴办羊毛衫厂经验的基础上，郭凤莲又引进太原挺拔衬衫厂的技术和设备办起了衬衫厂。1993年，昔阳县第一个中外合资企业——大寨中策水泥有限公司投产。

1996年，大寨旅游公司成立。

1997年，大寨酒厂与内蒙古宁城老窖集团合作，陆续开发出大寨春、大寨醇、大寨迎宾酒等系列产品。

2001年5月19日—7月19日，大寨集团总公司全权赞助了绿色申奥万里行活动。

2009年，山西大寨饮品有限公司生产的大寨核桃露被国家工商总局认定为中国驰名商标。

……

2018年，大寨党支部书记兼村委会主任贾春生对笔者说："现在，以大寨这个村名为商标的已经有20多种，据估计这个无形资产就超过了百

① 郭凤莲在不同场合都说过品牌战略的重要性。以上内容转引自2012年8月25日《农民日报》。另外，2009年1月19日人民网中国妇联新闻也刊登了郭凤莲对品牌的理解。

② 王俊山：《大寨村志》，山西人民出版社2003年版，第277—279页。

亿元。”

在后大寨时代，这个曾经的政治符号已经转变为经济资本，这也证明了文化资本、政治资本可以转化为经济资本。不过，这些都离不开国家的支持与帮助，以及郭凤莲对大寨这个品牌的运作。随着大寨经济的蒸蒸日上，大寨这个典型也被进一步地树立了起来。

第四节　生计方式的改变：农业到工业与旅游业

改革开放后，大寨人将大寨这个曾经的政治符号转变为文化资本，生计方式也由农业到工业并逐步地转变为旅游业。

上文论述了20世纪80年代大寨人在思想上的不适应状况，以及20世纪90年代郭凤莲带领大寨人走出去与引进来的过程。大寨人也深知“打铁还须自身硬”，要改变村落的面貌，就要结合村落的实际情况，运用一切可资利用的资源来发展经济。确实，对于大寨这样一个小山村来说，其实并没有多少可利用的资源。而在逐步的探索中，大寨人发现大寨这个村名本身就是一个品牌，是一种文化资本。这种无形的文化资本又可以转化为社会资本与经济资本。

一、农业的转型与工业的兴起

上文论述了20世纪80年代以来，大寨经济出现了内卷化趋势，到了90年代，随着经济的发展，名村和名人效应也体现出来，大寨逐步走出了内卷化。

表 4-7　1952—2020 年大寨部分年度各行业经济收入比例[①]

年度	总收入	农业		林业		牧业		副业		工业运输		另外类	
		收入（万元）	百分比（%）	收入（万元）	百分比（%）	收入（万元）	百分比（%）	收入（万元）	百分比（%）	收入（万元）	百分比（%）	收入（万元）	百分比（%）
1952	1.13	0.94	83.2	0.04	3.5	—	—	0.09	8	—	—	0.06	5.3
1953	1.7672	1.5992	90.5	0.01	0.6	0.02	1.1	0.12	6.8	—	—	0.018	1
1968	9.92	6.582	66.4	0.226	2.3	2.15	21.7	0.692	6.9	—	—	0.27	2.7
1979	27.24	14.52	53.3	2.9	10.6	2.43	8.9	7.22	26.5	—	—	0.17	0.7
1984	28.7	9	31.4	3.5	12.2	—	—	4.3	15	2.7	9.4	9.2	32
1985	60.43	15.33	25.4	0.82	1.4	2.81	4.7	—	—	41	67.8	0.47	0.7
1990	220	18	8.2	—	—	1.5	0.7	0.5	0.2	197	89.5	3	1.4
1991	281	22.6	8	—	—	0.8	0.3	1	0.4	254.6	90.6	2	0.7
1998	5419	24	0.4	—	—	2	0	—	—	3217	59.4	2176	40.2
2000	6000	40	0.7	—	—	—	—	—	—	3000	50	2960	49
2004	12000	80	0.7	—	—	—	—	—	—	6000	50	5920	49
2010	40000	150	0.4	—	—	—	—	—	—	10000	25	29850	75
2014	42000	200	0.4	—	—	—	—	—	—	12000	29	29800	71
2020	46000	200	0.4	—	—	—	—	—	—	11000	24	34800	76

从表 4-7 的内容可以看出，在试办初级社的 1953 年，村里的农业收入占到了总收入的 90.5%，农业所占比例逐步呈现下降的趋势，到 1990 年只占到了总收入的 8.2%；而工业运输从无到有，呈现出逐步增加的趋势。1984 年大寨有了工业，当时只占到总收入的 9.4%，但是到了 1991 年，猛增到 90.6%，以后逐年呈现下降趋势，2020 年，占到了总收入的 24%。另外类（餐饮业、服务业）则呈现迅猛的发展势头，1998 年就占到了总收入的 40.2%，以后基本上逐年上升，到 2020 年，占到了总收入的 76%。可以说，传统的以农为业的生计方式在大寨已经消失了，标志着大寨经历了几百年的以农为业的生计方式终结了。

① 1952 年到 1998 年的数字来源于王俊山：《大寨村志》，山西人民出版社 2003 年版，第 113 页。表格中另外类包括餐饮业、服务业等。个别年份的果品收入计入农业收入中。1998 年后的数字来源于大寨集团总公司。

二、旅游业:无心插柳柳成荫

旅游是国家与国家、地区与地区的交流逐渐趋于频繁的结果,其本质上是现代场域中的一种怀旧形式,也是对文化结构变迁的一种回应。随着全球化时代的到来、现代化程度的加深,地方乡土传统文化业被卷入其中,成为被消费的对象,旅游业也就随之产生。改革开放后,原有的革命遗迹、历史建筑、名人故地等均成为怀旧的对象,红色旅游的兴起就是其表现形式。在农业学大寨的1964—1979年中,大寨汇集了天南海北与五湖四海的参观人员。这个革命化的村庄曾经接待过134个国家和地区的2344批25633名外宾,国内到大寨参观访问的也超过了1000万人次。[①]大寨成为名副其实的“中国闻名,世界知道”的村庄。虽然有这么多的参观人员,但是当时的参观只是计划经济下的“学习”,而非现代意义上的旅游。

20世纪90年代,大寨旅游业开始兴起,但是景点只有虎头山风光和六七十年代建成的梯田,以及一排排火车皮式的房子。

1992年5月28日,时任国务院副总理的朱镕基到山西对煤矿进行调查,顺便到大寨参观。当郭凤莲谈到想建一个铁合金厂和糠醛厂的时候,朱镕基说:“关于建厂的事情回了省里可以研究,但是这只是行政上的帮助,铁合金和糠醛都已经过剩,即便是建立起来了也会因为不符合市场规律而难以生存。因此,大寨要想生存与发展必须在解放思想、搞改革开放、发扬艰苦奋斗精神的同时,立足当地的客观条件发展经济。”并且还对郭凤莲说:“大寨是个名村,可以从这个名村的品牌上动脑筋,可以发展旅游,要有一个计划……认真研究一下,旅游办好了,比建几个工厂都

① 王俊山:《大寨村志》,山西人民出版社2003年版,第185页。

强。”[1]正是在朱镕基的点拨下,大寨的旅游才开始发展。山上陆续建起了一些人文景观。

1978年6月12日,郭沫若在京逝世,遵照其遗嘱,6月20日,他的骨灰被撒到了大寨的层层梯田之中。1992年11月16日,虎头山上建起了汉白玉的郭沫若纪念碑[2],采用了园林式建筑,碑座象征砚台,古柏象征毛笔,碑后的墙壁象征白纸。[3]

1986年4月4日,也就是清明节前一天,陈永贵的骨灰被运回大寨。灵车进入大寨,陈明珠抱着骨灰盒先是去了陈永贵故居,然后绕着大寨走一圈。遵其遗嘱,一部分骨灰撒在大寨田,另一部分暂且安放在故居。

当年的8月26日,大寨党支部、村委会为陈永贵建造了墓地,举行了立碑和骨灰安放仪式。1993年3月,也就是郭凤莲重返大寨后的第三年,大寨党支部和村委会对其墓地进行了修缮,将原来的青石换成汉白玉石碑。1994年2月,虎头山上开始兴建大寨展览馆。

1995年,在周恩来首次访问大寨时休息的地方建成一座仿古式六角琉璃瓦纪念亭,命名为周恩来纪念亭。[4]

---

①《大寨风物志》中记载了朱镕基等党和国家领导人来大寨考察的情况。如今大寨的支柱产业——旅游业,就是在朱镕基的点拨下步入正轨的。参见王俊山:《大寨风物志》,山西古籍出版社2007年版,第47—48页。

② 1965年12月17日,郭沫若率领中国科学院的研究人员访问大寨,为大寨展览馆题词。1996年1月1日,《光明日报》第4版刊登了郭沫若《大寨行》组诗,共16首。郭沫若为何要魂归大寨,颇多争议,如税海模:《郭沫若的“行为艺术”:骨灰撒到大寨肥田》,《粤海风》2008年第5期;曹建勋:《郭沫若的大寨情结》,《世纪行》2000年第12期;逯艳:《关于晚年郭沫若佚作中“大寨”的几点看法》,《淄博师专学报》2010年第1期。

③ 王俊山:《大寨村志》,山西人民出版社2003年版,第310页。亦可参见大寨郭沫若墓碑文。

④ 周恩来曾经三次访问大寨:第一次是1965年5月21日,周总理陪同阿尔巴尼亚劳动党中央政治局常委、部长会议第一副主席科列加为团长的政府经济代表团首次访问大寨;第二次是1967年4月23日,周总理与陈毅副总理陪同越南民主共和国总理范文同及副总理武元甲来大寨访问;第三次是1973年4月23日,周总理陪同墨西哥总统埃切维里亚和夫人来大寨参观访问。参见王俊山:《大寨村志》,山西人民出版社2003年版,第263、265、268页。

图4-1　周恩来纪念亭

山西山药蛋派作家孙谦和大寨的关系源自他1965年的作品《大寨英雄谱》。“20世纪70年代，孙谦还在与大寨一步之遥的武家坪村蹲点。1996年病逝后，遵其遗嘱，骨灰就被运到了大寨。当年的4月4日，孙谦的骨灰安葬在了虎头山上。大寨村委会还为他树立了一座汉白玉石碑。”①

1996年5月，大寨创办了集旅游、观光和进行爱国主义、革命传统教育为一体的大寨森林公园。

1997年6月，大寨邀请山西省和晋中地区的园林专家来大寨考察，并为村里制定了《大寨园林绿化规划》，依据规划，村委会组织村民对虎头山原有的1320亩绿化林进行了补植补栽。后来，经过专家论证，并由山西省人民政府批准，大寨被确定为重点旅游景区，虎头山也成为省级森林公园。

1998年，大寨村委会又在村中建成名人陈列室，将火车厢式的新农

① 王俊山：《大寨村志》，山西人民出版社2003年版，第311页。

村建筑辟为旅游景点。[①]

2013年,将郭沫若题写的“大寨田”勒石。

图4-2　大寨田

2016年,大寨景区被评为国家4A级旅游景区。

2018年,大寨在国家4A级景区建设的基础上,打造文化旅游产业+山水旅游+户外休闲的全域旅游新格局。

实际上,大寨的旅游业是一个无心插柳柳成荫的结果。

改革开放后也有一些人来大寨参观,不过大寨的旅游是朱镕基来了后开始发展起来的。郭凤莲说:

> 当时我也没有想到大寨会变成一个旅游村,我们当时的思路就是让大寨人尽快富起来,没想到会有那么多的人来追随大寨的历史足迹,我根本没有想到。现在随着大寨的发展,随着时代的变化,你看走进大寨的人每年几十万,我根本没想到。说实在,我就根本没想到要搞大寨的旅游,我当时就没有建立这么一种观念。我只是想带着大寨人好好地干,干总是比不干好,懒得什么也不干肯定是什么也来不了。他们将来会感到郭凤莲回来这30年真不容易。

上述口述访谈中,郭凤莲连用了四个“没想到”陈述了大寨旅游发展

---

① 王俊山:《大寨村志》,山西人民出版社2003年版,第196—198页。

过程中呈现出来的偶然性。2009 年在整合原有资源的基础上，成立了大寨旅游有限责任公司。旅游公司的总经理由大寨村委会主任兼任，下设四个部门，分别是导游信息部、安全部、景区部、展览馆部。虎头山景区的工作人员共有 50 人，全部为拥有大寨户籍的村民。[①]对于门票收入，采取的是“三三四”的原则，也就是 30% 收入归村委会，30% 为村民的入股分红，40% 上交总公司。2020 年，大寨每股分红 3000 元，220 户共分红 66 万元。

正是依靠名人与名地，如陈永贵故居、陈永贵墓地、陈永贵塑像、大寨展览馆、大寨文化展示馆、名人陈列馆、周恩来纪念亭、郭沫若纪念碑、孙谦墓碑、团结沟渡槽等旅游景点，大寨人的生计方式实现了彻底的转变。2020 年以来，以昔阳县建设“全域旅游示范区”为契机，大寨重新进行了旅游布局。

图 4-3　大寨展览馆

回到村里，23 家集住宿、购物与休息的窑洞饭店，都是围绕大寨的旅

① 2009 年以前，周边村庄的一些村民也在虎头山景区工作。2009 年景区改制后，没有大寨户籍的全部被清理了出去，这也是资源争夺的一种结果。

游业而发展起来的，每家饭店的年收入至少达到了3万元。

从1996年建成森林公园开始，大寨每年的门票收入基本上达到了300万元。门票价格也从原来的10元上升到了48元（2012年5月开始）。仅以2019年为例，大寨全年接待游客就超过了22.62万人，仅旅游门票收入超过了500万元，旅游总收入达到3400多万元。这对于一个只有520人的村庄来说，是一笔不小的收入。经济收入的增长与大寨这个名村所拥有的声誉不无关系。

第五节 “没有假日的村庄”

20世纪六七十年代，大寨人为了建设新农村，不得不“一天两担饭，晚上加班干”，很少有休息的时间，还取消了一切自留地，完全按照工分分配粮食。在政治运动的推动下，村民们不敢有稍微的松懈，即便在生育、结婚等主要的人生礼仪期间，休息的也很少。村民说：

> 在人民公社，春夏秋冬劳动没有区别，春天播种，夏天锄苗、间苗，秋冬还得搞农田水利基本建设。那时候也没有表，天不亮就起床了，铁姑娘队四五点就去地里劳动了。7点半到8点妇女们送小孩上学，然后担着饭出来送饭。中午12点，妇女们回家做饭，男人们继续劳动。下午一直干到天黑了，晚上还得建房子和开会。尤其是开会，几乎每天都有会，什么党员会、团员会、社员会、妇女会……

赵素荣的丈夫是蒙山的。当时每天劳动，她也没什么嫁妆，结婚休息了10天，间苗的时候队里把她叫回大寨。当时结婚都选在农闲季节，为的是不耽误劳动。在此情况下，赵素荣的婚礼就不得不推迟了。因为口粮是根据工分分配的，因此只要还能劳动，都会尽量去地里面劳动。

在当时，根据大寨工的计算方法进行劳动成果的分配，而大寨的“评工、记分就是不要搞烦琐哲学。又有差别,又不悬殊,才能调动广大群众的社会主义积极性"[①]。在那个时代,村民之间经济差距很小,没有出现分化。20世纪80年代后,大寨响应国家一部分人先富起来的号召,村里鼓励个体户的发展。结果是年轻一代首先抛弃了旧的观念,开始跑起了运输,他们也成为大寨最先的万元户。尤其是当时的党支部书记赵素恒,带头搞起了运输,也敢于首先承认自己是万元户了。

20世纪90年代以后,村办企业持续了10余年,企业中劳动分工的不同导致了收入的差距,村民之间的分化进一步加剧。但是进入21世纪后,村办企业面临着转型,而旅游这个曾经无心插柳柳成荫的行业却一枝独秀,成为村民致富的灵丹妙药。

2019年,在景区工作的大寨村民一共是50人,而与旅游业相关的产业,如开饭店的、卖纪念品的、夏季景区拔草的,一共有100多人,可以说旅游业成为村里主要劳动力的聚集地。2020年,村民人均纯收入达到了24000元。

集体化时期,大家上工很自觉,如果有事就先和队长请假。最近10多年,旅游业成为村里的主要产业,为了挣工资,人们每天上班。旅游景区正规化了,增设了签到系统。2007年村里买了一台指纹机。每年4—10月,早上8点上班,晚上7点下班。11—3月游客少,早晨8点上班,下午5点下班。上班的时候去景区售票处的房子里进行指纹签到,如果去晚了系统自动关闭,这一天就没有工资了。下午下班的时候,人们再去指纹签到,如果没去签到也属于旷工。村里是按天计算工资的,到了月底,系统自动将上班人员的出勤数进行统计,然后乘以每天的工资,就是月工资。这个系统的出现杜绝了徇私现象。

在大寨,除了上学的孩子们外,人们没有节假日的概念。作为旅游区,在节假日以及双休日人们反而更忙了。从时间上来说,大寨和华西都

---

① 陶鲁笳:《一个省委书记回忆毛主席》,山西人民出版社1993年版,第113页。

是“没有假日的村庄”，都是为了赢得效益而牺牲了节假日。①

实际上，大寨和华西这两个“没有假日的村庄”还是有很多的不同之处。在华西，公共生活并没有衰落，每逢周六，忙碌了一周的人们在晚上7点半准时去参加例行的村民大会。每年春节，华西人还集体过年，集体吃年夜饭，集体看灯、看晚会。初一到初七，虽然不上班，但每个村民都被要求参与集体活动，直到初八上班。村里还组织村民包机旅游。可以说，在华西，集体把休闲这一最具个体倾向的行为，也同消费、流动一样被包揽了。假日劳动作为村庄惯习能够延续的根本原因在于它对村庄集体整合所起的正功能作用。②在大寨村，虽然集体意识以及集体的作用仍然扮演着重要的角色，但村民的生活已经更为个体化了。在衣食住行方面，除了住房都由集体建造外，其他方面均是个人的事情了。村民说：

> 20世纪90年代还经常开村民会议，这些年已经开得少了，有的时候只有每年腊月的时候，郭书记会邀请大家在大寨旅行社聚一次餐。在聚餐会上，郭书记会和村民汇报企业的收入和支出情况，以及下一年的工作计划。

马克思曾经将人的劳动时间区分为必要劳动时间和剩余劳动时间两部分。工人在必要劳动时间所得到的工资对于社会的再生产来说是必需的，而剩余劳动时间是隐藏起来的，是被资本家剥削了的部分，是资本主义社会剥削关系的重要体现。然而这一经典理论对于大寨这个“没有假日的村庄”来说并不完全适用。因为从2009年开始，大寨在门票收入上采取的是很透明的“三三四”原则，即便是交给总公司的部分，也是作为村里的积累而存在的，不可能出现被剥削感。况且除了指纹签到外，景区

---

① 周怡：《中国第一村》，香港牛津大学出版社2006年版，第203页。

② 周怡：《中国第一村》，香港牛津大学出版社2006年版，第204—207页。

的上班并不像工厂那样忙碌。如果有事，签到后就可以下山去办自己的事情，并非像在工厂上班一样上班时间必须在岗。此外，除了售票人员、检票人员、展示馆的讲解员外，其他工作人员大多超过了50岁，这些老人每天在山上工作，除了赚钱外还可以锻炼身体，也可以去自己的地里干活。所以说在虎头山景区工作，某种意义上讲就是一件较为惬意的事情。因此，可以说这个“没有假日的村庄”每天都是假日。从1996年到2019年，大寨每年的门票收入就达到了300万元以上。最近几年，大寨村成了全国乡村旅游重点村，全年旅游人数突破30万人次，旅游综合收入达3000余万元，大寨走上了“文旅融合，全域发展”的新路子。

第五章　社会生境变迁中村庄的探索

上一章阐述了20世纪90年代初，在农业内卷化与村庄边缘化的局面下，大寨依靠“名村＋名人”的运作模式实现了生计方式的转型与重构。那么，生计方式的重构除了会带来普通人日常生活的改变外，还会带来一些什么后果？按照马克思主义所说的经济基础决定上层建筑的观点，随着村民生计方式的重构，作为上层建筑的政治生态也会发生一些变化。大寨也不例外，在生计方式重构的过程中，村庄的社会生态也在发生变化。进入21世纪以来，村庄也在进行着不断的探索，在此过程中，权威与权力也在发生着变化。

村庄，不论是自然形成的，还是被建构起来的，都是社会的重要组成部分。这一共同体只要形成后都需要组织或人员来进行统治或管理，而人们对统治的服从就产生了权威。[①]德国社会学家马克斯·韦伯对权威进行了历史的考察，他认为，权威的本质问题在于其合法性。在此基础上，建立了他的经典权力理论——三种权威类型，即克里斯玛型权威、传统型

① 滕尼斯采用二分法，将人类群体生活分为两种形式：共同体和社会。“共同体是建立在有关人员本能的中意或者习惯制约的适应或者与思想有关的共同记忆的基础上的”，而社会虽然也是一种“人的群体，他们像在共同体里一样，以和平的方式相互共处地生活和居住在一起，但是基本上不是结合在一起，而是基本上分离的”。社会是一种目的的联合体，在人类发展史上，社会的类型晚于共同体的类型。整个社会是由共产主义发展到理想社会主义的。参见[德]斐迪南·滕尼斯：《共同体与社会：纯粹社会学的基本概念》，林荣远译，商务印书馆1999年版，第ii—iii页。

权威、法理型权威。韦伯认为，传统社会在向现代社会的转型过程中也伴随着三种权威类型的转换。换言之，人类社会是由神异型权威逐步向法理型和科层式权威转变。[①]韦伯的这一观点有些简单化的趋向，实际上在社会变迁中，三种权威形式呈现出很复杂的关系，常常出现并置的形态。[②]按照赵文词的观点，中国社会存在两种政治人格：一种是道德型的，另一种是暴君型的。[③]实际上，这两种政治人格类型很难截然分开，在民间大多表现为并置的存在，只是在不同的场合扮演着不同的类型。相比较而言，“道德型符合中国文化中的实用主义传统，因此改革开放后成为民间信任的主流”[④]。

毫无疑问，郭凤莲这样的权威不仅得到了国家正式权力机构的承认，而且也兼有个人魅力和非凡品质，是集传统型权威与法理型权威于一身的双重权威。在社会生境的变迁过程中，大寨这个小的场域在经历着冲突与整合的同时，权威也在发生着变化。

在调查中发现，大寨人对于什么是权威，并不能充分理解。按照地方性知识的脉络体系，他们把权威理解为威信，主要体现在传统型领导所具有的强大感召力以及民众对其的狂热效忠精神。具备这样的威信特征，主要源于长期的人格积累，而非国家法律的赋予。丝毫不用怀疑，郭凤莲

---

① [德]马克斯·韦伯：《经济与社会（下卷）》，林荣远译，商务印书馆1997年版。

② 王铭铭1995年在台北县进行田野调查的基础上同韦伯三种权威形式进行了理论上的对话：第一，韦伯忽略了三种权威之间互相糅合性和不可分割性；第二，韦伯过于注重社会中正式制度的演变，从而忽视了在非正式制度场合中民间权威的存在及其重要角色。参见王铭铭、王斯福主编：《乡土社会的秩序、公正与权威》，中国政法大学出版社1997年版，第260—261页。另外，马太·杜甘也认为，19世纪以来，韦伯的三种权威形式的划分已经逐渐失去了意义，因为传统型权威和神异型权威已经衰落，即便是法理型权威也呈现出多种统治形式的混合。参见[法]马太·杜甘：《国家的比较：为什么比较，如何比较，拿什么比较》，文强译，社会科学文献出版社2010年版，第127—169页。

③ Richard Madsen, Morality and Power in a Chinese Village, University and California Press, 1984.

④ 郑欣：《运动中的乡村道德与权力：毛泽东时代的陈村领导及其道德困境》，《中国研究》2005年第1期。

在大寨是最有威信的，她的威信也是一个长期积累的过程。

第一节　党总支部下的村党支部

在后传统社会，权威无法再通过传统的象征性符号而获得合法性，同样权威也不能再像传统社会那样声称“向来如此”而被承认，我们必须在一种积极的基础上对权威加以重构。[①]改革开放的后大寨也是如此。20世纪80年代以来，“当党政力量的不容置疑的权威地位被削弱，各种潜在的和新旧因素渗透进来，共同对社区产生了影响。这里面有经济的、血缘关系的、宗教信仰的、党群组织的、外来工商势力的，社会也由一元化走向了多元化”[②]。这种多元化局面的出现标志着经济力量逐渐在各个领域中取代行政力量，成为村落中群体博弈时最为重要的因素。在后大寨的村落社会中，村里权力格局的建构、权威的重构也是与经济联系在一起的。[③]

20世纪90年代以来，随着自然生境与社会生境发生变化，大寨人的生计方式实现了从农业到工业与旅游业的转型。大寨转型是由大寨集团具体实施的。

---

① 后传统社会是吉登斯提出的，但是他并没有对其下一个严格意义上的定义。吉登斯认为：“现代性在其发展的大部分时期里一方面它在消解传统，另一方面它又在不断重建传统。后传统社会是一个传统与现代性并存的社会。”参见[德]乌尔里希·贝克、[英]安东尼·吉登斯、[英]斯科特·拉什：《自反性现代化：现代社会秩序中的政治、传统与美学》，赵文书译，商务印书馆2001年版，第73—80页。如果按照吉登斯这个定义，自晚清起，中国就开始了后传统社会的步伐，现在这个过程仍然在进行中。

② 陆学艺：《改革中的农村与农民：对大寨、刘庄、华西等13个村庄的实证研究》，中共中央党校出版社1992年版，第165页。

③ 这样的状况从20世纪初期就开始了。正如费孝通所说：“有人觉得权力本身是具有诱惑力的，人有‘权力的饥饿’。这种看法忽略了权力的工具性。……权力之所以诱人，最主要应当是经济利益。”（费孝通：《乡土中国》，上海人民出版社2007年版，第58页）换言之，权力的占有与经济利益的获取是密切地联系在一起的。

一、总公司是大寨的经济命脉

大寨工业发展步入正轨是从郭凤莲重返大寨后开始的。1992年4月，大寨成立了经济开发总公司，总公司下设工业、农业、财贸三个分公司，郭凤莲亲自担任了公司的总经理。①

1992年和1993年，大寨建了两个企业：一个是建材厂，另一个是草编厂。建材厂主要是生产仿古琉璃瓦和彩色瓷砖，这些产品的原料是大寨本地所具有的黏土。草编厂主要编织沙发垫和草篮子一类的工艺品。

曾任大寨琉璃瓦厂厂长的贾来锁说：

> 1992年，也就是郭凤莲重返大寨的第二年，她听说闻喜县的草编厂搞得有声有色，就准备派人去考察。最后就派了当时大寨乡的乡长刘金虎和宋立英去考察。我当时担任厂长，但是并没有去，因为觉得自己对草编懂得很少。宋立英回来后我就去找宋立英，问她考察结果，宋立英说："俺看见人家可好了，卖的东西也值钱。"又过了一段时间，宋立英见到了乡长刘金虎，了解到原来闻喜的草编厂是各家各户编，那里还成立了培训班，如果想学习了，交学费在培训班里学习，最终的销售是由集体来完成的。1992年已经是包产到户10余年了，原料是玉茭壳，这倒不发愁，大寨种了很多玉米。当时大寨采取了和闻喜不一样的运作方式。集体派人去地里摘玉茭壳，然后大家在一起编汽车坐垫，最后集体卖。后来这个企业转让给了当时的大寨乡企业办。

① 张静认为："在党支部、村委会、经济合作社这三套班子中，人员大多是兼职，功能并不分化。党支部书记一般都兼任经济合作社的社长。这样一来，身份混乱、角色冲突便成为乡村干部的普遍现象。"（张静：《基层政权：乡村制度诸问题》，浙江人民出版社2000年版，第50—55页）这种情况在大寨、华西、南街等超级村庄里十分普遍。

继草编厂后，1993年村里又建了建材厂，主要生产琉璃瓦。

1993年，贾来锁担任了琉璃瓦厂厂长。同年，村里和县里的领导把赵宝红、赵林虎、梁新文、贾来锁共四个人叫到大寨旅行社，主要是商谈建琉璃瓦厂的事情。商讨后，决定派他们四个人去河北省玉田县这个以琉璃瓦生意而闻名全国的县域进行考察。他们去的时候正是夏天，前后考察了半个月。玉田县公路、水路都很方便，生产的琉璃瓦运输便利。他们一开始也不敢问太多，时间长了，贾来锁就问："王经理，我们学习得也差不多了，基本框框、操作程序都记下了，可是以后的销路是个问题，你能不能负责销路。"王经理说："那不行，一片瓦利润只有一块两块钱，从大寨运到我玉田县得多少钱？"当时玉田县有很多人在深圳搞建筑，玉田县的产品直接通过火车运到了深圳。后来昔阳县委、县政府的领导也去考察，他们坐的是苏联伏尔加汽车，玉田县琉璃瓦厂的经理早已坐的是上海本田牌小汽车了。考察回来后，大寨创办了琉璃瓦厂。

20世纪90年代，大寨采取的是全面开花的做法，和建材厂同时建成的还有羊毛衫厂，而这个企业在当时的名气是最大的。

大寨第一个较为成熟的企业是1992年的羊毛衫厂，这个企业是与江苏江阴蝶美集团毛纺织厂合资创办的。相对于草编厂、建材厂来说，这个企业较为成熟，有三方面的原因：一是宣传的力度大，曾经于当年的11月28日在首都宾馆召开了新闻发布会，使大寨牌的商标在市场上占到了一定的份额；二是大寨闲散劳动力多，劳动力成本低；三是转换了经营机制，采取了合资的形式。在此基础上，大寨后来建起了一系列的企业，如合资的衬衫厂、水泥厂等，都是以大寨商标命名的，且产生了经济效益。

2009年12月4日，大寨经济开发总公司又正式改制为山西大寨经济发展集团，这也成为昔阳县第一家登记注册的企业集团。2013年，集团拥有17个子公司，其中独资公司4个、控股公司2个、参股公司5个、契约合同公司6个。集团成员企业主要分布于山西、河北、辽宁三省区，集团产业涵盖工业制造（饮品、酿酒、食品、羊毛衫、水泥等）、煤炭发运销售、旅游业、乡村文化开发、房地产开发、新农业科技开发、养殖业、无形资产投资等8个产业，产品达到了30多个种类。大寨集团的注册资本金为2.619亿元，总资产4.3443亿元(其中母公司和控股公司总资产为1.9856亿)，固定资产2.7114亿元，拥有职工总数为1243人，年销售收入可达5.8342亿元(不包括农业收入、林业增值收入、餐饮住宿、零售商店、家庭作坊、个体运输、个体养殖、劳务输出、服务及其他等收入)。

近年来，大寨经济发展集团的经营范围不断扩大，到2020年，集团关联着25家企业，其经营范围包含：蔬菜、瓜果、花卉的种植；针纺织品、化肥、农产品的销售；仓储服务；工艺美术制品的制造销售；制造业(水泥及水泥制品、耐火材料、饮料、酒、乳制品、肉制品、动物饲料)；牲畜的饲养；家禽的饲养；理发及美容服务；房地产开发；房屋租赁；煤炭开采；道路普通货物运输；旅游开发。现已初步形成建材制造、煤炭发运、旅游开发、饮品加工、新农业科技开发、服装制作、养殖等七个产业。

> 大寨集团自创建以来，始终把“诚信”二字作为做人做事的最高准则。注重培育和引进市场，建立可靠的质量管理体系、健全的销售网络和完善的服务体系，树立负责任的企业形象。这些年，大寨品牌的无形资产价值也与日俱增，集团依靠这一信用品牌，为企业发展创造了良好的合作条件。[①]

在大寨企业的建立过程中，不论是煤矿、草编厂、建材厂，还是水泥厂，这些企业都不是从农业内部成长起来的，而是借助了本地的资源以及外部的资金、技术。在发展的过程中主要借助的是品牌效应，同时也与某些领导的把脉指路分不开。“这种工业发展模式既不同于中国东部和南部地区以大城市工业为靠山的乡镇企业的道路(如浙江、福建等地)，也不同

① 此材料来自2020年8月大寨集团总公司《大寨经济发展集团简介》。

于能够依靠大量引进外资起步的沿海地区的乡村工业的道路（如珠三角），还不同于中国中部平原农业地区发展农村工业的农业产业化道路（如南街村、刘庄村）。”[①]大寨乡村工业化道路主要借助了历史遗产所形成的品牌效应以及领导的关心与帮助，因此这是一个特殊村落独特的乡村发展道路。

就大寨的企业，郭凤莲说：

> 大寨企业的发展主要靠品牌。大寨集团总公司建立了董事会和监事会，我已经退出企业的管理了，主要让各个企业自己干。我说，不管哪个企业，至少也一年几十万元。咱们是讲良心的呀，你们要良心上对得起郭凤莲。……但是当他们有了困难的时候我要去救他一把。救一把我是靠的大寨，靠的上面的领导、部门的关系救他们一把，贷点款。企业发展起来，你得还人家贷款。

通过《大寨经济发展集团简介》和郭凤莲对于企业的相关论述，我们都可以看出大寨企业的成功主要是依靠大寨这个品牌，正是凭借品牌效应，大寨实现了经济增长。在经济卓有成就的情况下，这个20世纪80年代初曾经一度散失发展方向的村庄也再次成为中国村落的典型与榜样。[②]

---

① 关于中国中部平原地区乡村工业化的道路可参见刘倩对河南南街的研究。刘倩：《南街社会》，学林出版社2004年版。

② 2005年9月3日到9月5日，大寨还成功举办了第五届全国村长论坛。此次论坛评选山西大寨、江苏华西、河南南街、安徽小岗、云南福保、浙江藤头、江西进顺、浙江花园、上海九星、北京韩河村为中国十大名村。同时，申纪兰、郭凤莲、吴仁宝还被授予了中国功勋村官的荣誉称号。

表5　1990—2020年大寨村部分年度经济收入统计表[①]

项目 年份	农村经济总收入（万元）	其中		农村经济纯收入（万元）	人均收入（元）
		个体（万元）	村办企业（万元）		
1990	220	25	195	63	710
1992	337	32	305	125.3	1017
1994	2029	55	1974	796.5	1500
1996	3026	—	—	2100	2100
1998	5419	—	—	—	3000
2002	9000	—	—	—	4000
2004	11000	—	—	—	—
2007	12700	—	—	—	—
2008	30000	—	—	—	10000
2010	40000	—	—	—	12000
2012	41000	—	—	—	17000
2015	43000	—	—	—	19000
2017	45000	—	—	—	21000
2020	46000	—	—	—	24000

郭凤莲的二次创业首先改变了大寨人的生计方式与生活方式。1998年以来，农业在村里的收入所占比例已经很小，因此传统意义上的以农为主的大寨已经终结。2002年，大寨的人均纯收入是4000元；2008年、2010年、2012年分别为1万元、1.2万元、1.7万元，2020年更是达到了2.4万元。村民收入的持续增长主要与旅游业的贡献有关。

从1993年开始，村里还实施了老年养老金制度，现在60岁以上的大寨老人每月可领取200元，70岁以上的老人每月可领取300元。大学生每年享受奖学金1000元。2008年全民解决了医疗保险，这也就是我们经

① 表格根据大寨村委会的相关资料和《大寨村志》（王俊山：《大寨村志》，山西人民出版社2003年版）第116页内容整理而成。

常在媒体上看到的大寨的“五个有”和“三个不”。[①]进入21世纪以来，在村办企业改制的情况下，依靠集体化时期所形成的历史文化遗产，成立了旅游公司，而旅游经济逐渐成为大寨人重要的收入来源。

二、两个班子，一套人马

20世纪80年代，大寨村干部更换频繁，村中权力结构处于不稳定期。20世纪90年代以来的这30年，村两委（党支部和村委会）班子保持了延续性与稳定性，这对于村庄的发展较为有利。在大寨，国家政策贯彻、村庄规划的开展主要是通过村两委来实施的。此外，在这些超级村庄里，在党支部、村委会之上，均建立了党总支部。[②]

2020年大寨镇共有61个支部，全镇一共是2089名党员，其中机关支部党员为96人。一般农村是一个村一个支部，但是大寨比较特别，郭凤莲重返大寨后成立了经济开发总公司，设立了党总支部，党总支书记一直由郭凤莲担任。2020年这个党总支部下设三个支部：大寨党支部、水泥厂支部、企业联合支部，共计党员53人。2016年7月，大寨村党总支被中共中央表彰为全国先进基层党组织。大寨集团党总支部下设了三个支部，与村民日常生活密切相关的是大寨党支部。[③]

一般来说，在乡村除了村两委外，也有一些民间组织的存在，这些组织在国家的正式权力之外扮演着重要角色，如华南和东南乡村的老人会。但是在大寨，主要是国家在基层建立的正式组织，基本上没有民间组织。

下面是大寨政治结构及村两委示意图：

---

① “五个有”指：小有教——从幼儿到小学免费上学，老有靠——实行养老金制度，烧有气——用上了煤层气，病有报——实行医疗保险金制度，考有奖——凡考入大中专院校的学生集体发给奖学金。“三个不”指：吃水不用吊——自来水，运输不用挑——集体提供农业中的车辆，看病不用跑——村有医疗保健站。

② 如华西、南街、刘庄都建立了党总支部。

③ 关于镇党员的情况来自2020年《大寨镇党员统计表》。

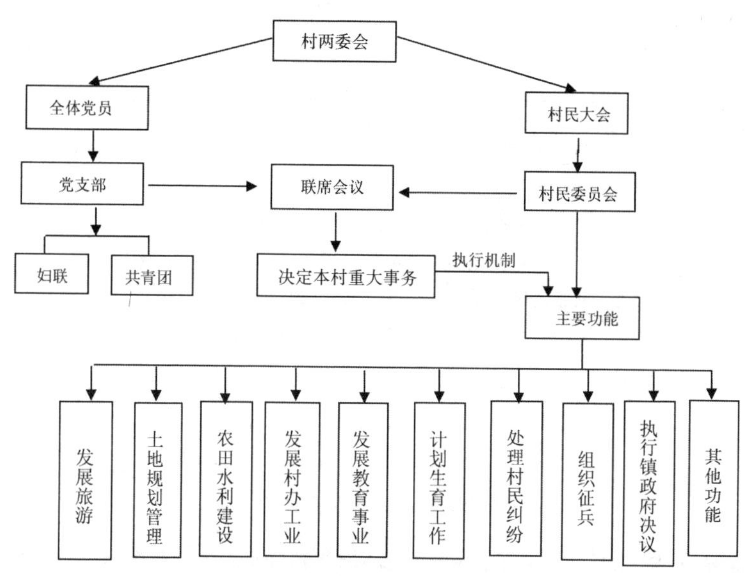

图5-1　大寨村两委会主要功能

(一)党支部

从上图可以看出,党支部主要负责的是妇联和共青团组织。即便如此,对于许多村庄来说,党员也成了一种稀缺资源,因为是否拥有党员身份是村庄中的一个门槛。换言之,在村庄的政治格局中,拥有党员身份是介入村庄政治的基础。在大寨,很多年轻村民积极要求入党。大寨党员的现状如下[①]:共有党员39名,其中,男性党员28人、女性党员11人,性别比为2.55:1,男性的比例明显大于女性。在年龄构成上,60岁以上15人,平均年龄为49.89岁,有老龄化的趋势。文化程度上,最低为小学,最高为大专,高中及高中以上的有17人,占到了全部党员的44%,说明了村庄中文化人的匮乏。

(二)村委会

在乡村,与村民最密切的权力机构是村委会。大寨村委会由村委会

① 关于党员情况的相关资料来自2021年《大寨村党支部党员情况汇总表》。

主任(1人)、副主任(1人)、村委员(2人)组成。一般来说,村委会成员产生过程如下:

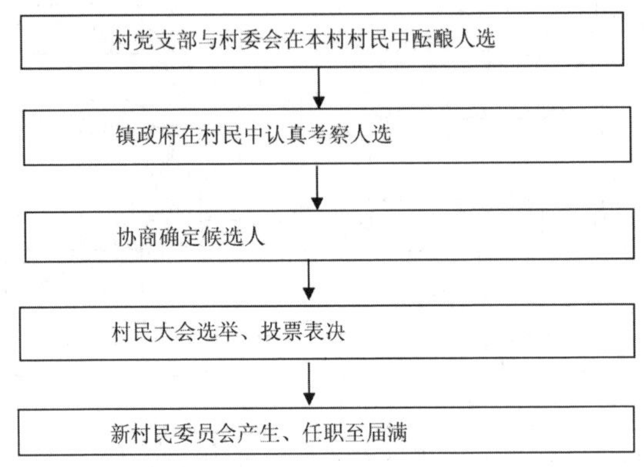

图5-2 村委会成员产生过程图

1987年11月24日,全国人大常委会审查通过了《中华人民共和国村民委员会组织法(试行)》(以下简称《村组法》),于1988年6月1日起正式试行,这对农村开展村民自治起到了重要的规范作用。1998年11月4日,中华人民共和国主席令第9号公布,自公布之日起《村组法》正式施行。

村干部主要包括村两委成员以及村民小组的负责人,是农村政治、经济、社会、文化的主要组织者,在乡村权力格局中居于最重要的地位。在1990年中国社会结构课题组对大寨、华西、留庄、小岗等13个村庄农村干部占本村劳动力比重的调查统计中,发现比重最大的是竹林村,占到了4.2%,最小的是大寨,只有1.37%。[①]如今,20多年过去了,大寨村干部也只有4个,占村里总人口的0.8%。这与三个"一肩挑"有关系:即党支部书记和村委会主任"一肩挑"、副主任和会计"一肩挑"、副主任和出纳"一肩挑"。村干部的减少并不完全意味着办事效率的下降,因为这些村干部没有假期,每天的工作时间是早晨8点到中午12点,下午3点到晚上7点,他

① 陆学艺:《改革中的农村与农民:对大寨、刘庄、华西等13个村庄的实证研究》,中共中央党校出版社1992年版,第20页。

们都准时在村委会上班，在很大程度上便利了村民办事。

位于大寨中心广场大柳树旁边的是1993年建成的村委会，由三层楼组成。原来村两委班子成员在二楼办公，2012年9月为了办公的方便，搬到了一楼。2017年11月，进行了第十一届村民委员会换届选举，目前党支部书记兼村委会主任贾春生全面负责村里的日常事务，统筹协调村里的各项工作；党支部副书记李怀莲负责党建、接待；村委会副主任贾海文负责民兵、治安、卫生并且兼任会计；村委委员杨巧莲负责妇联。村委委员贾文华负责农业。

此外，在大寨党支部和村委会之外还有大寨集团总公司，总公司的党总支书记是郭凤莲，她是村中的权威，而郭凤莲和华西的吴仁宝、南街的王宏斌等人都是兼具传统型权威与法理型权威于一身的双重权威，他们才是村里权力格局的最终决定力量。

第二节　村办企业的发展

为了适应建立现代企业制度的需要，2009年大寨经济开发总公司改制为大寨经济发展集团，同时成立了董事会与监事会，由郭凤莲任集团董事长兼党总支书记。大寨企业的发展过程也借助了很多外部的力量。

一、第一桶金

大寨在转型过程中收获的第一桶金是“大寨羊毛衫厂”。走进大寨村口，在很远处就可以看到全国人大常委会副委员长、党组成员，全国妇联主席陈至立2010年题写的“大寨羊绒衫厂”厂名的牌匾。据《大寨村志》记载：“看到郭凤莲重返大寨，江阴毛纺织厂的老板就写信给郭凤莲，阐述了合作的意愿。1992年3月，郭凤莲南下江苏江阴考察，与江阴毛纺织厂签订了合作协议。随后，按照协议，同年4月份大寨就派出了11名男女青年组成的队伍赴江阴学习。1993年11月，大寨工贸大楼竣工，羊毛衫厂的厂房就迁移到了工贸大楼的二层。”[①]

1992年3月17日，主管农村工作的副总理田纪云在山西省委书记王茂林陪同下到大寨视察工作，并题词：“解放思想，更新观念，拓宽路子，同心协力奔小康。”[②]

对大寨第二次创业做出过重大贡献的国务院原副总理田纪云这样叙述当时的情况：

> 1992年春，山西大旱。我于3月中旬去考察旱情，在山西省委书记王茂林陪同下顺便去昔日赫赫有名的昔阳县大寨村看了看。……我看了、听了大寨的情况后，心里很不是滋味。改革开放10多年了，他们还在当年的老路上挣扎。我在那里待了个把小时就驱车回阳泉，只喝了大寨一杯茶。行前，我悄悄地向郭凤莲说：“老同志劳苦功高，要好好照顾，待遇可以优厚一点。但你们支部的成员要年轻化，要吸收年轻人进入领导班子，工作要有新的思路。”同时，我提笔为他们写了以下几句话：“解放思想，更新观念，拓宽路子，同心协力奔小康。”
>
> 在离开大寨回阳泉的路上，我与王茂林商量要帮助大寨脱贫致富。我说，大寨如果继续走老路，老思想、老办法是富不了的。我动员王茂林把阳泉至大寨的那段路修一修，能让卡车通行。
>
> 回到北京后，我一直惦记着大寨的事。大寨在20世纪50年代曾是自力更生、艰苦奋斗、改变山区贫困面貌的一个典型，后来被“四人帮”利用，成为推行他们政治阴谋的工具，危害全国。但责任不在大寨，更不在大寨的群众，他们也是受害者。我决心让他们改弦易辙，摆脱贫困。[③]

---

① 王俊山：《大寨村志》，山西人民出版社2003年版，第277页。

② 王俊山：《大寨村志》，山西人民出版社2003年版，第277页。

③ 田纪云：《我的两次大寨之行》，《老年教育（长者家园）》2008年第7期。

大寨的转型得到了许多中央高层的把脉指路。同时,大寨的名声不断壮大还与媒体的作用有关。对于这个曾经的典型来说,许多单位和领导也格外关照。1992年11月28日,大寨羊毛衫厂在北京首都宾馆举行新闻发布会,山西省的一些老领导王森浩、王谦、陶鲁笳等人也来捧场,更重要的是郭凤莲还将当时任国务院副总理的田纪云和纺织工业部部长吴文英请到了主席台上。这也是郭凤莲重返大寨一年后的第一次高调亮相。[①]1993年2月郭凤莲被民政部评为全国农村十大新闻人物。

不过,品牌也需要经营。例如,在进入21世纪后,大寨羊毛衫厂生产的产品不论是产品款式,还是生产技术都跟不上时代了。村里就转变经营理念,2012年9月25日,改制为昔阳大寨羊毛衫有限责任公司的原大寨羊毛衫厂举行了开业典礼。其经营范围主要包括羊毛衫、毛针织品及编织品、服装制造等。

二、第二桶金

大寨在转型过程中收获的第二桶金是创办“大寨中策水泥有限公司”。走到207国道旁大寨水泥厂门口,一眼就可以看到曾任国务院副总理田纪云题写的“大寨中策水泥有限公司”为厂名的牌子。

田纪云说:“鉴于大寨有石灰石想建个水泥厂,为了解决资金问题,我让老伴陪同郭凤莲去拉赞助,山东沂蒙地区无息借给大寨400万元周转资金,所有设备、技术人员都由山东省提供。我又动员香港中策集团董事长黄鸿年先生投资,在大寨建起了水泥厂。鉴于大寨盛产玉米,我动员四川省希望集团董事长刘永好在大寨建起了饲料厂。我老伴还趁去广东的机会,动员广州市、佛山市、中山市等给大寨提供100多万元的无偿赞助。”[②]

1992年田纪云考察大寨后,在多方支援与帮助下,大寨的发展也有

① 参见2008年12月17日人民网文化频道。

② 田纪云:《我的两次大寨之行》,《老年教育(长者家园)》2008年第7期。

了起色。水泥厂、衬衣厂、羊毛衫厂都已经建成并且投产,同时村里还成立了自己的运输队,大寨至昔阳的公路也已经修建完成。大寨人基本上退出了“以粮为纲”的生计方式,逐步呈现出工农结合、全面发展的态势。

1993年,通过时任山西省副省长张维庆的帮助,郭凤莲认识了香港中策有限公司董事长黄鸿年。在到大寨考察后,黄鸿年说:“我与大寨合作,并不是因为大寨的投资环境优越,而是因为这里有光荣的大寨精神,有郭凤莲女士朴实无华的工作作风。”①

1993年8月29日,大寨经济开发总公司和香港中策投资有限公司在大寨举行签约仪式。按照双方的协议,中策投资有限公司出资51%,大寨出资49%,由山东临沂芝麻洞水泥厂提供技术设备。

1994年4月,投资2100万元的大寨中策水泥有限公司正式投产。5月28日,位于大寨南面约2公里、207国道旁边的水泥厂举行剪彩仪式。已经担任全国人大常委会副委员长的田纪云同山西省委书记胡富国、省人大常委会主任卢功勋,以及大寨中策水泥有限公司经理郭凤莲、香港中策投资有限公司经理代表白子萧,一起参加了剪彩仪式。剪彩仪式结束后,田纪云再次视察了大寨,这也是田纪云第二次视察大寨。②

大寨人这样表述这次合作:

> 大寨水泥厂在筹建的时候得到了时任国务院副总理田纪云的帮助。在田纪云的牵线搭桥之下,黄鸿年的香港中策集团和大寨合资建立了大寨水泥厂。黄鸿年之所以愿意投资,这也与他在中国插队有关。黄鸿年的祖籍是福建泉州,1948年出生于印尼,后在新加坡定居,在世界各地发展事业。1960年,12岁的他被其父送往中国,就读于北京二十六中。上山下乡期间,黄鸿年主动选择同北京的知

① 孔令贤:《大寨沧桑》,山西经济出版社2005年版,第337页。
② 田纪云:《我的两次大寨之行》,《老年教育(长者家园)》2008年第7期。

> 青到山西的村里接受改造。他对山西人民艰苦奋斗、自力更生有着深刻的记忆。1990年，黄鸿年转向香港发展，收购了一家亏损的日资上市公司，并将其改名为香港中国策略投资公司，简称中策。中策收购的第一家中国公司是山西太原橡胶厂。在和大寨合资的时候，从双方占有的股份来说，黄鸿年的股份是51%，大寨村是49%。
>
> 黄鸿年也很有远见，营业执照上写着除了生产水泥外还可以发展运输、预制件以及其他方面，且营业执照上写的是50年不变。换言之，只要这个企业发展得好，还可以拓宽发展路径，涉足多个领域。实际上，是农业学大寨中大寨人自力更生、艰苦奋斗的精神感动了黄鸿年。改革开放后，他看到大寨落后了，愿意出巨资帮助大寨，拉大寨一把，而不是想通过这个项目赚多少钱。

1994年5月的这次大寨之行，田纪云还写了这样的话："凤莲同志：我希望您率领大寨人，用新的思想、新的观念，在新的道路、新的基础上，建设社会主义的新大寨，重振当年雄风。"[①]1994年，设计年产10万吨的大寨水泥厂投产。水泥厂建好后正赶上山西修太旧高速公路，利用这个机会，以大寨村名作为商标的水泥不仅在昔阳县赢得了市场份额，而且销售遍及昔阳、阳泉、平定、和顺。

进入21世纪后，国家出台相关文件，年产30万吨以下的水泥厂必须关停。毫无疑问，大寨的水泥厂属于被关停之列。为了能够生存下去，不得不进行改制，这种改制是以"借鸡下蛋"的方式进行的。

大寨水泥厂想要生存下来有两种途径： 是建设新烧制熟料的窑，二是进行技术改造。第一种方式投资太大，至少需要上亿元，难以筹措资金，只能采取第二种方式，也就是进行技术改造，买回熟料进行加工，这样就符合环保标准。

---

① 田纪云：《我的两次大寨之行》，《老年教育（长者家园）》2008年第7期。

旧生产线由于技术落后，产能少，生产出来一吨水泥成本就需要310元，加上其他费用就330元了，而河北的水泥拉到大寨卸了车才260元，因此在价格上就没有竞争力。另外，相比起周边省市的水泥厂，大寨水泥厂规模不大，导致各方面成本高。另外，相比于新建的水泥厂，大寨水泥厂在建厂20多年后需要进行技术革新。大寨积极响应国家的环保要求，于2012年9月将旧的生产线拆除。

2013年，总投资约6000万元的年产100万吨的水泥粉磨生产线、年产30万立方米的混凝土搅拌生产线、年产15万立方米的建筑砌块生产线建成投产。[①]2015年开始，又进行了扩产，设计的是年产63万吨水泥粉磨站技改项目。

20世纪90年代以来，大寨采取了多元发展路径，兼顾了个体经济和集体经济。在当下的大寨，个体经济主要是做小买卖、开饭店、卖纪念品等，集体经济则主要是大寨集团总公司旗下的20多个企业。在打造集“绿色农业+红色文化+生态宜居”于一体的农文旅融合发展示范区和乡村振兴先行区的同时，也在深度挖掘大寨红色文化，大力进行旅游基础设施建设。

不过，大寨人也深知，企业不同于农业和个体经济，企业的发展要紧盯市场，且需要比较大的规模。如今的大寨人已经对后大寨时代的村落发展模式开始了反思。

第三节 “一定要保留学校”

在《乡土中国》中，费孝通在解释了横暴权力、同意权力之外，又谈到

① 材料来自《山西省大寨中策水泥有限公司技改项目进展情况汇报》。

了教化权力[①]和时势权力。在快速的社会变迁中,教化权力的形成与年龄关系不大,重要的是智力和专业。而在现代社会,智力和专业的培养主要是在学校里完成的。换言之,文化传承中教化权力主要是通过学校来进行的。[②]现在大寨有一所中学、一所小学。

大寨在集体化时期不仅设立了小学、中学,而且还有大学[③]。大寨中学曾经有过辉煌的历史,1979年,当时的国家教委在全国规划了12所重点高中,大寨与北京景山中学均被列入其中。那时规划的大寨中学是三栋教学楼,可以说规格很高,定位很高,但是随着集体化时期的结束,1984年大寨高中撤并到了县里的职业中学[④],大寨中学实际上就是大寨初中了。由高中变为初中后,这些规划与定位并没有落实。多年来,无论是师资力量、设施配备,还是生源数量、规模都和县直中学有一定的差距。

虽然大寨有两所学校,但是发展状况并不相同。2017年前,小学的很多开支都是由村委会负责,比如水电暖,因此境遇比中学好很多。但是村民也明白,大寨村小,人口少,加之计划生育的控制,人口的自然增长率低,每年村里上学的也不会很多,大寨之所以能够成立学校,与外来户[⑤]的

① 教化权力不同于横暴权力和同意权力。"教化权力虽然在亲子关系中表现得最为明显,但是也不限于亲子关系,凡是文化性的,不是政治性的强制都包含了这种权力。……在社会变迁过程中,人不能依靠经验做指导。能依赖的是超出个别情境的原则,而能形成原则、应用原则的却不一定是长者。这种能力和年龄关系不大,重要的是智力和专业,还可加一点机会。讲机会,年幼的反而比年长的多。"费孝通:《乡土中国》,上海人民出版社2007年版,第71页。

② 李书磊通过对河北省丰宁县满族自治乡希望小学的建立过程以及教学过程中国家无处不在的描述,展示了"学校中的国家"。(李书磊:《村落中的"国家":文化变迁中的乡村学校》,浙江人民出版社1999年版)王铭铭论述了在学校这个社会化空间里,现代性理念与传统的地方性知识互动的过程。(王铭铭:《教育空间的现代性与民间观念:闽台三村初等教育的历史轨迹》,《社会学研究》1999年第6期)

③ 位于昔阳县大寨镇洪水片区高家岭村对面的昔阳职中的校区就是原来的大寨农学院。1975年山西农学院分出来大寨农学院。1979年7月27日,大寨农学院并入山西农学院,两校合并后更名为山西农业大学(校址在今晋中市太谷县)。

④ 位于207国道旁边大寨镇高家岭村,是农业学大寨时期试验种植水稻的地方,同时还修有简易飞机场,农业学大寨时期直升机就在这个机场降落。

⑤ 据估计,大寨的外来户有700多人,这已经超过了大寨本村村民的数量,这些外来户大多是来大寨陪读的。

“支援”有很大的关系。如果中学被撤了,那么这些外来户嫌搬家麻烦,将会从小学开始就去县城陪读,结果是大寨的小学最终也难以生存。村民说:“一定要保留学校,如果大寨没有了学校,大寨的孩子们怎么办?大寨还叫大寨吗?”可见中学和小学是唇亡齿寒的关系。

面对这种情况,2017年,在教育部门支持下,大寨小学与中学合为一校,现在是一所寄宿九年一贯制学校。学校占地面积8473.8平方米,学校教学区内设有标准教室(理、化、生、科、音、美教室等)和实验室、图书室、微机室。学校生活区建有标准的师生食堂、师生浴室、无公害化水冲厕所、高标准塑胶操场。2020年,学校有专任教师32人,拥有硕士研究生学历1人,本科学历19人,县级及以上骨干教师8人,现在校学生165人。学校规模为单轨制,现有9个教学班,住宿生16人,最大班额35人,幼儿29人。学校拥有了更多的现代化教学设施。经上级部门的大力投资,办学条件有了很大的改善,新配备了覆盖全校的视频监控系统,专职保安两名,安保工作保障工作更加有力,实现了全封闭管理。①

学校以大寨精神为主题,经常开展丰富的主题活动。例如,在2020年,邀请劳模宋立英老人做了题为《艰苦奋斗·立志成才》的讲座。师生经常前往虎头山景区参观学习,尤其是在每年清明节,为加强青少年学生的爱国主义教育,师生奔赴虎头山开展“缅怀革命先人,弘扬革命精神”的社会综合实践活动。

第四节 煤矿与旅游业的整合

前文我们谈到了随着改革开放、社会生境的改变,大寨所经历的曲折的发展过程。20世纪90年代,郭凤莲重返大寨后,大寨人的生计方式实现了从农业到工业与旅游业的转型。在经济转型的过程中,大寨最赚钱

① 《大寨学校情况简介》,内部资料,2020年。

的是两个产业：一是煤矿，二是旅游业。

在访谈中，明显地感觉到大寨人也担忧村落的现状、未来。在这种思考中，他们也在慢慢地发出了属于自己的声音。这种来自民间的声音可以促进经济和文化上的整合。

一、煤矿的发展

最早记载昔阳县开采煤炭的是明嘉靖二十七年（1548）的《乐平县志·物产》。民国四年（1915）《昔阳县志》也记载："有铁之处即有煤窑，产亦颇佳。"[①]俗话说"一方水土养一方人"，因此"靠山吃山""靠庙吃庙"也成为地方民众的一种本能选择。大寨人也不例外，煤矿就是大寨村拥有的最为便捷的资源。1949年，大寨党支部书记贾进财就按照县里鼓励开办煤矿的精神，对村民们进行了社会动员。大寨一共26户22股村民集资230石小米，用这些小米作为资本，从外面聘请了技术人员，主要采用手工操作的办法开窑挖煤。[②]开挖煤矿中发生一些小的安全事故是常有的事情。这样断断续续地开挖了两年，也快有煤层出现了，此时集资的粮食将要耗尽，然而又出现了大面积的渗水。在当时的技术条件下，渗水问题无法解决。就这样，第一次开煤矿以失败而告终。[③]

改革开放后，昔阳县将煤矿作为振兴经济的关键。1984年2月18日—2月24日，县委、县政府召开了农村工作会议，在会上提出了"深挖煤、多栽树、勤育人、广开路"的经济发展十二字方针。[④]根据这个精神，大寨党支部书记贾长锁组织社员讨论，决定在麻黄沟开窑采煤。但是因为设备不全，加之没有经验，挖掘了32米后被迫停工。1982年3月，借用"西水东调"工程的部分机械设备，抽调了30个劳动力继续开工兴建。

① 昔阳县志编纂委员会编：《昔阳县志》，中华书局1999年版，第253页。
② 王俊山：《大寨村志》，山西人民出版社2003年版，第95页。
③ 孔令贤：《大寨沧桑》，山西经济出版社2005年版，第20页。
④ 昔阳县志编纂委员会编：《昔阳县志》，中华书局1999年版，第63页。

1982年5月1日,设计能力为年产3万吨的煤矿投产。与此同时,还以月薪150元聘请了山西省西山矿务局已经退休的技术员张更生为技术顾问。当时的党支部书记贾长锁也通过种种关系在省煤炭厅拿到了开采证,据说这是山西省首家民办小煤矿。看到煤矿效益还不错,1984年,大寨又投资30万元在毗邻的老坟沟建设第二个坑口,设计年产能力为2万吨。[①]这次"庄稼搅买卖"成功了,这也成为20世纪80年代大寨村集体的主要收入来源。梁便良是大寨煤矿的第一任矿长,第二任矿长是贾武环。2009年,山西省进行煤炭资源整合,大寨煤矿因为产量低、危险性高,就被列入关停的范围。

二、旅游业的整合

人民公社时期的老保管贾承让育有四个儿子和两个女儿。这四个儿子按年龄分别是贾新文、贾贵文、贾来文、贾艺文。贾新文弟兄四个比较齐心,加之贾新文有能力,因此他的家族在村里影响比较大。大寨实行家庭联产承包责任制后,贾新文就承包了村里的果园,思路开阔,所以经济上比较富裕。后来又进入村委会干部的序列,政治上也比较有发言权。1996—2009年,贾新文担任大寨森林公园有限责任公司总经理。2011年至今,贾新文是大寨生态园的主要负责人。

前文论述了2009年,在整合原有资源的基础上,成立了大寨旅游有限责任公司。旅游公司的总经理由大寨村委会主任兼任,下设四个部门,分别是导游信息部、景区部、安全部、展览馆部。然而2009年这次旅游业的整合并不是一帆风顺的。

(一)旅游业的改制

2005年,中国共产党在全党全面开展了保持共产党员先进性的教育活动,大寨作为历史景点,前来参观的人自然会很多。虽然当年的门票一

① 王俊山:《大寨村志》,山西人民出版社2003年版,第95—96页。

张只有25元，但是门票总收入达到了300多万元。15年来，大寨每年的旅游门票总收入基本上维持在300万元。2020年和2021年受疫情影响，门票收入有所减少。

1996—2009年，虎头山上一直是20多名工作人员。2009年改制后，景区工作人员增多。2012年，达到了50名。就以检票和卖票为例，原来只有4名，2012年增加到9名，到2021年3月，共有13人。村民说：

> 2009年的时候，村里一些年轻人开始争取利益，觉得景区的门票收入不透明，但是村里没有及时出台应对措施。结果这些年轻人就骑着摩托在村口接上旅游的客车，直接送到山上。这样一来，门票收入锐减。一开始景区领导还能管得住，后来年轻人都这样做，也就没办法了。旅游就乱了。最后没办法了，郭书记出面劝说这些年轻人，这些年轻人说："俺也是大寨的，俺也想在山上找工作，有工作就不捣乱了。"最后就把这些人都给安排到山上了。
>
> 这些年轻人主要是怕郭书记，人家能压得住他们，凤莲妮妮能压住他们。

村里一位参与争取利益的年轻人说：

> 从2008年开始，运输业不好搞，原来跑大车的几个年轻的也不得不回到了村里。人闲了，没有收入，总得活呀！不能被饿死吧！我们这几个年轻的就开始招揽生意，在村口等旅游车，然后直接将车带上了虎头山，这些游客的门票钱我们就直接收了。我们这些年轻人心齐，每天出去接生意，森林公园的领导们就没法干了。2009年6月，村里的领导和我们谈话。我们说我们并不想这样，而是没办法，这是生活所迫，我们有了工作，这事也就结束了。最后，在我们的争取之下，成立了旅游股份制公司，按户入股，每股2000元。从此，我

们这些年轻的也在山上有了工作。现在,旅游公司运转良好,每天的收入都是透明的,每年腊月还要向村民公布一年的门票收入情况,按股给村民们分红,村民们都佩服我们的勇气,都说这件事多亏了我们这些年轻人。

这次抗争的结果是,大寨旅游公司以村民自愿入股的形式改制了。入股采取自愿的方式,每户一股,每股交2000元,就这样成立了股份制公司。门票收入采取了"三三四"的原则。2009年每户分红600元[①],2011年分红2400元,2012年分红3000元,2013年分红3100元,2014—2020年,每年分红维持在3000元左右,2020年村里旅游分红一共是89.8万元。上面的访谈从一个侧面说明了郭凤莲依然是村庄的权威,村庄的发展仍然需要她把脉。

(二)两个导游部的事实

导游以及导游部本不是一件复杂的事,但是在大寨却有点复杂。大寨有两个导游部:一个是隶属于村里的导游部,共20人,均为女性;另一个是位于镇政府斜对面,隶属于县旅游局下属的大寨国际旅行社的导游部。这两个导游部存在竞争关系。

1.大寨导游部

大寨导游部的20名导游,基本上就是大寨的媳妇。2011年5月以前,昔阳县旅行社的导游可以直接带游客上虎头山,这样的结果是村里的导游收入被分割走了一块。后来,村委会出台了一条规定,凡是外来的游客必须用大寨导游部的导游进行讲解。按路线来说,外来的车辆先要经过县旅游局的导游部,然后由县旅游局导游部将这些游客带上交给村里的导游部,由村里的导游带着上山。

① 旅游公司在2009年7月份改制,所以600元是半年的分红。

2.旅行社导游部

隶属于县旅游局下属大寨国际旅行社的导游部内部较为复杂。该导游部采取的是私人承包的形式，导游部的经理向县旅游局上交承包费。另外，这个导游部还要给7名正式员工发工资。

县旅游局驻大寨的这个导游部有3名导游，他们主要是负责名人陈列馆的讲解。陈列馆曾经是20世纪六七十年代许多国家领导人来大寨后居住的地方，如周恩来、叶剑英等人就在里面住过。2011年重新进行了装潢，2012年5月重新开放，门票是15元。2018年，由于新建大寨干部学院，名人陈列馆暂时关闭。

在20世纪的乡土中国，权威生成主要有两种解说模式[①]：第一种是本质主义视角。认为在阶级体系之下，形成了富农、地主支配村庄的权威模式，不过这种理论早已遭到批判。另一种较有影响的权威解说模式就是从建构主义视角进行的阐释，认为士绅权威模式支配乡村社会，阶层是在一系列权力机制的运作之下被建构出来的。20世纪以来，中国社会权力与权威格局发生过三次大的变化[②]：第一次是清末民初国家政权的下沉过程中，“权力的文化网络”遭到破坏；20世纪50年代后，乡村的权力和权威格局发生了第二次大的变革，在人民公社“三级所有、队为基础”的政治生态下，国家赋予积极分子权力以后，形成了一种建构主义权威；第三次是随着人民公社的解体，家庭联产承包责任制和市场经济逐步深入乡村的状况下，以宗族和家族为代表的地方传统文化也随之复兴[③]，也就是我们

① 阶级理论模式早已遭到了批判。如黄宗智（黄宗智主编：《中国乡村研究（第二辑）》，北京：商务印书馆，2003年版，第75页）认为，华北平原超过一半是不在村地主，而在长江流域，如果确实存在地主、佃户之间的冲突，那么这一冲突也不是在村庄社区内部发生的，而是存在于村庄的佃户和外界的地主之间。另外，郭于华、孙立平也提到了阶级的建构论与实体论。（郭于华、孙立平：《诉苦：一种农民国家观念形成的中介机制》，《中国学术》2002年第4期）

② 这三次变化基本上可以按照历史发展阶段来划分。参见赵旭东、辛允星：《权力离散与权威虚拟：中国乡村“整合政治”的困境》，《社会科学》2010年第6期。

③ 周大鸣、杨小柳：《社会转型与中国乡村权力结构研究：传统文化、乡镇企业和乡村政治》，《思想战线》2004年第1期。

今天看到的村落社区多元化的权力格局。

在传统的村落社会，并非有钱有权就可以成为地方权威。“地方权威的权力地位获得与三个因素直接有关：财富、学位及其在地方体中的公共身份。”[①]20世纪以来，在国家权力下沉的过程中，传统社会形成权威的机制崩溃。土改后到1987年《村组法》实施之前，“中国农村基层权力的获得具有突出的国家外赋特征”[②]，也就是说，权威的形成大多是在国家赋予其权力的基础上而逐步建立起来的。尤其是在集体化时期，成分的高与低成为离权力远与近的主要衡量指标。

“各个有权威的人都有一个明确的权力范围，超出这个范围，他就是一个平常的人，别人不再会去服从他。”[③]因此，权威的存在依赖于一定的场域，构成一个权威场域。20世纪六七十年代的社会生态就是其权威建立的场域。郭凤莲虽然在集体化时期就已经成名，但她的成名以及在大寨村权威的奠定更多的是在改革开放时期市场经济的大潮下，尽管也兼具传统型权威与法理型权威的双重特征。

21世纪以来，大寨再次面临转型与发展，不论是煤矿的改制还是年轻人在旅游资源中利益的争取，都直接或间接地证明了村民对于权威的重新认识。在改革开放后市场经济社会里，经常出现《村组法》所选出的村干部有权无威，经济分化中出现的很多有钱人也只是有钱无威。因此，在后大寨时代，文化重构基本的途径，不能像20世纪六七十年代那样依靠运动的推行，也不能完全依靠国家的赋予，而是要依靠经济和自然的力量以及在此基础上社会生境的发展。

① 张静：《基层政权：乡村制度诸问题》，浙江人民出版社2000年版，第19页。

② 张厚安、徐勇、项继权：《中国农村村级治理：22个村的调查和比较》，华中师范大学出版社2000年版，第39页。

③ [法]莫里斯·迪韦尔热：《政治社会学：政治学要素》，杨祖功、王大东译，华夏出版社1987年版，第123页。

第六章　现代化冲击下大寨人的意义世界

尽管对文化的构成众说纷纭，但不论是“两分说”“三层次说”“四层次说”还是“六大系统说”，①都将人类意义的探讨放在最后一个层次。而在大寨社会转型的文化重构过程中，信仰体系这个关乎民众人生意义与人类心灵深处行为规则的“最后堡垒”也在悄然发生着变化。②

① “两分说”是将文化分为物质与精神两部分，“三层次说”是将文化分为物质、制度、精神三部分，“四层次说”是将文化分为物质、制度、风俗习惯、思想与价值四个部分，“六大系统说”是指文化是由物质、社会关系、精神、艺术、语言符号、风俗习惯六个部分构成。参见张岱年、方克立主编：《中国文化概论》，北京师范大学出版社1994年版，第4—6页。

② 关于信仰的研究可谓汗牛充栋，宗教学、社会学、人类学、民俗学都将其作为重要的研究领域。早期单线进化论的代表人物，如泰勒和弗雷泽都把中国民间信仰、仪式等于原始文化而列为同类。对于中国是否存在一个宗教的问题也引起了许多学者的关注。马克思·韦伯在《儒教与道教》(王容芬译，商务印书馆1995年版)中认为，中国本土的宗教是儒教和道教，民间信仰是道教的延伸，构不成独立的宗教体系。后来的功能主义人类学家，如布朗在《宗教与社会》[Rad-cliffe-Brown, A.R, “*Religion and Society*”, *The Journalof the Royal AnthropologicalI nstitute of Great Britain and Ireland*, Vol.75 ,No.1(1945): 2]中则这把民间信仰放到了与宗教并列的层次，可以将其作为宗教体系加以研究。汉学人类学家武雅士(ArthurP.Wolf, *Religionand Ritualin Chinese Society*, Stanford: Stanford University Press,1996)、芮马丁(Martin, *EmilyAhern*, *Chinese Ritual and Politics*, Cambridge: Cambridge University Press, 1981)、桑高仁(Steven Sangern, *History and Magical Powerina Chinese Community*, Stanford: Stanford University Press, 1987)、王斯福(Stephan-Feuchtwang, *Theimperialmetaphor:popularreligionin China*, London; NewYork: Routledge, 1992)等学者都论述过民间信仰与中国社会、政治结构的关系。日本学者渡边欣雄(《汉族的民俗宗教：社会人类学的研究》，周星译，天津人民出版社1998年版)，中国的学者如景军(Jing Jun, *The Temple of Memories: History, Power, and Morality in a Chinese Village*, Stanford: Stanford University Press, 1996)、赵世瑜(《狂欢与日常：明清以来的庙会与民间社会》，生活·读书·新知三联书店2002年版)、梁永佳(《地域的等级：一个大理村镇的仪式与文化》，社会科学文献出版社2005年版)、周大鸣(《凤凰村的变迁》，社会科学文献出版社2006年版)等也对民间信仰与国家政治的互动关系进

在人类学研究中，对于民众信仰的研究属于宗教人类学的范畴。然而信仰与仪式和象征是紧密地联系在一起的，正是通过这些信仰的载体或表征形式，人们建构了复杂的知识体系，形成了一个特别庞杂的知识领域。[①]另外，在长期的历史发展过程中，传统的信仰、仪式和象征在中国社会中不仅影响着普通民众的日常思维方式、生产实践活动、社会关系行为，而且还与上层建筑及其象征体系的构造形成微妙的冲突与互补关系。[②]正因为以上原因，在从集体化时期向改革开放时期、大寨向后大寨的转型过程中就不仅仅要考虑村民的民间信仰，而且也要关注在仪式的展演中民间信仰与国家的互动。本章将主要从以下三个方面来考察村民信仰体系的变化[③]，它们分别是：第一，宗教信仰。主要是改革开放后佛教的兴起和在村民中的传播。虽然宗教信仰有一套程式化的体系，但是与大多数村民日常生活经验较远。第二，自然信仰。主要是指在民众中存

行过深入的论述。另外，乌丙安（《中国民俗学》，辽宁大学出版社1985年版）、杨庆堃（《中国社会中的宗教》，范丽珠译，上海人民出版社2007年版）等学者将民间信仰和宗教进行了区分。如此广阔的研究领域早已超出了本书的研究范围。本书主要是从社会转型过程中权力政治与村落秩序方面来考察大寨人信仰体系的变化与文化重构的关系。

① 学者郭于华认为："仪式与象征是最能体现人类本质特征的行为表述与符号表述，一直处于人类学研究的中心位置。……我们从仪式与象征入手探讨社会与文化及其变迁，是由于它们原本是人类思维与行动的本质体现，然而却经常被视作理所当然，甚至被视而不见地存在于现代社会生活与政治生活之中。"（郭于华主编：《仪式与社会变迁》，社会科学文献出版社2000年版，第1页。）人类学要超越乡土社会中传统研究范式的局限，就需要关注民间社会与国家的互动关系，而变迁中的仪式是一个很重要的视角。

② 王铭铭和王斯福均对民间信仰与帝国上层建筑之间的关系进行过较为深入的论述。参见王铭铭：《村落视野中的文化与权力：闽台三村五论》，生活·读书·新知三联书店1997年版；*Stephan Feuchtwang*, *The imperial metaphor: popular religion in China*, London; New York: Routledge, 1992。

③ 美国学者哈维兰（瞿铁鹏：《文化人类学》，张钰译，上海社会科学院出版社2006年版，第393—407页）将人类的宗教实践活动分为以下几个方面：超自然存在和力量（主要指男女诸神、祖先之灵、泛灵信仰、泛生信仰）、宗教专业人士（男女神职人员、萨满）、仪式和庆典（生命礼仪、强化仪式）。在这里，笔者参照了哈维兰对宗教的划分方法。谭同学（《桥村有道：转型乡村的道德权力与社会结构》，生活·读书·新知三联书店2011年版，第318—378页）在对桥村民众的道德、权力与信仰变迁的研究成果也对笔者有很大的启发。

在的风水观念，这种信仰贯穿于民众的日常生活中。第三，祖先信仰。通过祭祖，增强家族成员之间的凝聚力，这是中国人最为古老的信仰形式，也成为汉人社区特有的观念系统，这套文化规则与村民日常生活经验最近。此外，本章还专门就国家仪式展演进行了论述。虽然集体化时期仪式社会中运动式展演活动早已成为历史，但是今日的大寨也并不缺乏国家仪式，因此政治仪式延续性的问题也很值得关注。

在漫长的传统农耕社会里，作为文化持有者的地方民众根据地方生境的特征，逐步摸索出了一套地方性知识，信仰就是其中的重要组成部分。从民国年间开始，民众原有的文化体系被认为是“封建的”“迷信的”“落后的”，因此是需要加以去除的，这一去除的方式是以运动的形式推进的。然而20世纪80年代末90年代以来，一些原有的“落后”的文化体系又复苏了，许多学者还把这些现象概括为“传统的发明”“传统的再造”。[①]不过，这并不意味着国家完全退出了民众的生活，只是说国家以缺席在场的形态存在。而对于大寨这个典型村来说，文化重构过程中呈现出传统信仰与国家理想并置的状态。

第一节　以祖先崇拜为核心的信仰

祖先崇拜就是指相信祖先灵魂不死，将其当作超自然神灵加以崇拜的形式。在大寨，20世纪90年代以来，祖先崇拜已经成为当地民众最重要的信仰。

① 在对20世纪80代以来村落的研究中，“传统的发明”“传统的再造”几乎成为不能不论述的研究领域。参见王铭铭(《村落视野中的文化与权力：闽台三村五论》，生活·读书·新知三联书店1997年版)、郭于华(《仪式与社会变迁》，社会科学文献出版社2000年版)、刘晓春(《仪式与象征的秩序：一个客家村落的历史、权力与记忆》，商务印书馆2003年版)、周大鸣(《凤凰村的变迁》，社会科学文献出版社2006年版)等学者的研究。

一、宗教信仰

清嘉庆年间，贾姓已经定居大寨。相比起大寨200余年的历史，当地民众信仰的载体——石马寺，历史更悠久，拥有1400多年的历史。从清代到新中国成立前的漫长岁月里，大寨人除了祖先崇拜外，还有一些人同时也信仰佛教。在距离大寨15公里的地方，就有一座非常出名的古刹石马寺，这也是昔阳县最为久远的历史遗迹。进入庙门，最显眼的莫过于左右两边各自矗立着的石马、古朴的摩崖石刻、一通通过人身高的石碑，以及苍穹的古树，虽然都不会发出声音，但正是通过这种沉默与宁静的方式，它们向游客讲述着自己久远的历史与辉煌的过去。

图6-1 石马寺

寺庙共有从元代到民国的碑刻22通，最早为元至正七年(1347)勒石，最晚为民国十四年(1925)，按年代排列，分别为：

元至正七年(1347)的《圆寂英公监寺长生之碑》。

明成化十四年(1478)的《重修石马古刹寿圣寺记》。

明嘉靖三十六年(1557)的《龙洞匾额》。

明嘉靖四十二年(1563)的《韩上人生行记》。

明天启四年(1624)的《重修石马观音阁记》。上面记载:“粤稽义士岳海捐创,有宋熙宁奉勑,迨金大定重修,于元至正两缮,国朝天朝嘉靖间复补葺焉。”

清康熙十四年(1675)的《石马寺钟自鸣记》。

清康熙年间的《游石马寺》。

清康熙年间的《摩诃般若波》。

清乾隆二十六年(1761)的《补修石桥碑记》。

清乾隆三十年(1765)的《重修碑记》。

清乾隆四十一年(1776)的《重修石马寺记》。

清乾隆四十三年(1778)的《□□大堎碑□》。

清嘉庆十五年(1810)的《石马寺牌坊匾额》。

清嘉庆十五年(1810)的《重修东南殿并新建门牌楼栏杆碑记》。

清道光八年(1828)的《重修大殿关帝观音殿并铁佛楼山门并大堎碑记》。

清道光十年(1830)的《游乐平石马寺》。

清咸丰六年(1856)的《后修石马寺碑序》。

清同治十三年(1874)的《重修观音殿并葺补正殿子孙殿序》。

清同治十三年(1874)的《续修正殿下檐碑记》。

清光绪十年(1884)的《移修关帝庙新建北殿山门暨补修各处碑记》。

清光绪十九年(1893)的《补修石马寺各处庙宇暨乐楼下厨马棚碑记》。

民国十四年(1925)的《石马寺造像碑记》。上面记载:“共和开国之十二年,余且来东窟左,获一记,摩崖平如碑而涩圆,其首高六七尺,行略辨,可文字千五六百。洗苔垢而读之,第一行‘大魏永熙三年岁次甲寅’十字尚可识。像主十三村,比邱八九人。喜曰:是无疑北魏造像,必也。一千四百年矣。”

在上述碑记中，明天启四年(1624)的《重修石马观音阁记》和民国十四年(1925)的《石马寺造像碑记》较为详细地记载了石马寺的历史。

民国三年(1914)的《续修昔阳县志》记载:“县西南三十里石马山，又名石佛寺。冬月云生则雪降。元王构有石马诗，明乔宇有石马寒云诗。清乾隆十年(1745)，邑绅赵庚修石洞一座、石桥一座。邑宰王祚有游山诗石刻。亦八景之一。”①

1999年的《昔阳县志》记载:“石马寺原名石佛寺，由寺内的一对石刻白马而改名。建于北魏永熙三年(534)，寺内现有北魏至隋唐摩崖石刻造像1400余尊，距今已有1460多年的历史。宋代以后历代围绕石窟四周随地形广狭而陆续建殿筑阁，形成了上下左右结构完整，殿内殿外石木结合的庙堂建筑。坐东朝西，由西至东依次有石牌坊、石桥、钟楼、鼓楼、六角亭，北侧有老爷殿、药王殿、抱厦等，南侧有子孙殿、窟廊、窟檐等。大佛殿建于元至正年间，面阔3间，进深2间。……大佛殿月台下有石马一对。1986年被定为省级重点文物保护单位。”②

如果按照民国十四年(1925)的《石马寺造像碑记》和1999年的《昔阳县志》的相关记载，石马寺已经有1400余年的历史了，历代不断重修，形成了今天的格局。

虽然屡经磨难，但是这一通通的石碑都在用无声的语言向我们诉说着石马寺久远的历史。石马寺为昔阳八景之一。在历史变迁过程中，“石马含云”改成了“石马寒云”。昔阳民间每逢久旱不雨，就去石马寺祈雨，据说只要寺前石马口吐云雾，很快就会降雨。因此，传统社会石马寺成为了当地祈求风调雨顺的地方。在地方民众的认知体系中，石马寺庙宇的神灵很灵验，也正是因为灵验，所以围绕石马寺形成了一个信仰圈。每年农历四月初八佛诞日还有庙会，不用说佛教徒，就是普通村民在这天

① (民国)皇甫振清等修、李光宇等纂:《续修昔阳县志》，台北成文出版社1968年版，第91页。

② 昔阳县志编纂委员会编:《昔阳县志》，中华书局1999年版，第742页。

也要去逛逛。这也成为当地村民信仰活动的主要场所。

新中国成立前，在大寨周围也有道教的寺庙，如供奉着东岳大帝泰山神的武家坪天启庙，每年的阴历三月二十八要举行庙会。可以说大寨人原先不仅信仰佛教，也信仰道教。这也符合中国人“见庙就烧香，遇神就磕头”的心理特征。村民说：

> 我记得小的时候，父亲带着我去石马寺里，主要是逛庙会，村里有些人家遇了事情，还去庙里请愿和还愿。村里人遇到最多的事情就是去求子，很灵验的。谁家要是有人得病了，也要去寺里，让神仙帮助去掉病。此外，咱这儿十年九旱，有的时候还去祈雨。……武家坪的天启庙离得很近，我们小的时候还经常去玩。很多村里人初一、十五都去上香。

大寨有村民曾经信仰佛教与道教。对于佛教与道教的祭拜主要有两方面的原因。第一，用村民的话来说就是遇上事的时候去祭拜，也就是“平时不烧香，临时抱佛脚”。例如，生病或求子这些在传统社会中超出村民认知领域的事件，个体以及家庭在面对这些困难的时候显得无能为力，不得不求助于一个未知的虚幻世界。第二，在一些宗教节日里，既然有请愿，就要有还愿。这些依照宗教时间节律性形成的宗教节日便成了人神沟通的重要时段，祭拜活动也就是必不可少的仪式了。

二、自然信仰

自然信仰就是把自然现象视为神灵加以崇拜，这是人类历史上最为普遍的共同信仰形式，但是人类并不是对所有的自然现象加以崇拜，而是对对于人们生产生活有巨大价值的自然力和自然物才加以崇拜。[①]

---

① 乌丙安：《中国民俗学》，辽宁大学出版社1985年版，第279页。

在传统农耕社会里，民众的农业生产与土地、气候、水利等资源紧密相关，当人们面对自然，遭遇困难与灾害，且不能做出合理解释的时候，对自然崇拜的各种神祇便应运而生。在生产力低下、科学技术落后的时代，人们经常对现实生活中的困惑和对未来人生中的希望无从探知，便将这种希冀寄托在神灵身上，以此来祈吉求祥，趋避灾害，从而产生了一系列民间信仰，民间信仰也就成为村民在观念层面的重要展现形式。

在大寨这个七沟八梁一面坡的贫穷山村里，只有一座庙，即山神庙，供奉的是山神爷。村民说：

> 以前咱这个村穷得很，也建不起什么大庙，只有一个山神庙，就在虎头山上。说是庙，其实也没有什么，只是挖了一个土窑窑，山上受地的时候如果下雨了可以避雨。山神庙里面有一个泥塑的山神爷。后来，这个小的泥塑像也被打碎了。好像是改革开放后吧，山上又用砖和瓦盖了一个山神庙，这个就大一些了，也耐(坚固)了。现在咱知道了，天旱是自然现象，哪有什么神，都是迷信，村里面也很少有人去。

确实如此，位于虎头山上大寨森林公园附近的山神庙前满是荒草，香炉里面的灰也很少，现在年轻一代的大寨人根本不知道这儿还有座山神庙，这说明山神信仰经历了由盛而衰的过程。

在大寨村民的信仰体系中，他们不仅看阳宅，而且也注重阴宅。这与民间流传的风水术有关。风水术是以中国传统文化中“天人合一”之自然、人类一体的原则以及宇宙调和的原则为根本思想而形成的一套文化

图6-2　大寨森林公园

图6-3　虎头山上的山神庙

体系，主要为建宅、造墓服务，体现了中国人的功利主义倾向，[①]而这样的职责主要是由阴阳先生行使的。

这些属于小传统[②]的民间文化，不仅关注今生，也关注来世，如闰年碹葬的习俗。虽然不少地方有闰月年不宜迁坟一说，但是在大寨以及昔阳县并没有这一习俗，而且认为闰月年还是给老人们碹葬、准备寿衣的最好年景。大寨人认为，闰年应该为老人们准备后事，为老人缝制寿衣和碹葬就成为普通民众的主要工作了。在当地，如果老人经济宽裕，就会提前为自己建造好阴宅。

在大寨，活人的房子和死人的房子都叫房子，只是一个叫阳宅，一个叫阴宅，两者本来有着本质的区别。不过，人们在谈论这些的时候，也不存在什么禁忌，而是很轻松自如，丝毫没有惶恐的感觉，好像生与死其实没有多大的区别。

---

① 由参见王铭铭、潘忠党主编：《象征与社会：中国民间文化的探讨》，天津人民出版社 1997 年版，第 212 页。关于风水与中国传统文化的关系，许多学者都进行过系统的论述。如李亦园（《人类的视野》，上海文艺出版社 1996 年版）、陈进国（《信仰、仪式与乡土社会》，中国社会科学出版社 2005 年版）、[英] 弗里德曼（Maurice Freedman, *Chinese Lineage and Society: Fukien and Kwangtung*, Lodon: The Athlone Press University and London, 1966）、[日]渡边欣雄（《风水的社会人类学：中国及其周边的比较》，东京风响社 2001 年版）等。

② 美国社会文化人类学家罗伯特·雷德菲尔德在对墨西哥乡村社区研究时，开创性地使用了大传统与小传统这个二元分析的框架，并在 1956 年出版的《农民社会与文化》中首次提出大传统与小传统这一对概念，目的在于说明复杂社会中存在的两个不同层次的文化传统。如果按照雷德菲尔德对小传统与大传统的划分方法，在中国，所谓小传统是指村落社会中下层普通民众在长期与环境的调适中形成的文化，大传统是指官方所占据的上层文化，其内容主要是以儒家经典为核心。实际上，大传统和小传统经常处于并置的状态，大传统中有小传统，所谓“礼失求诸野”就是这个意思。小传统中也借用大传统中的文化因子，正如费孝通所说：“农民的人文世界一般属于民间的范围，这个范围里有多种层次的文化。他有已经接受了的大传统文化，而同时并存着原有小传统本身。”（费孝通：《重读〈江村经济〉序言》，《北京大学学报（哲学社会科学版）》1996 年第 4 期）西方学者认为大传统与小传统处于对立的状态，在现代化发展过程中，小传统不可避免地被大传统吞食或同化，而实际上，两者经常处于并置的状态。

三、祖先信仰

祖先崇拜与中国人认为灵魂不死的观念有很大的关系，祖先的灵魂也就成为家庭、家族、氏族的保护神。祖先按其远近可以分为不同的层次，比如氏族祖先、部落祖先、家族祖先等。信仰与仪式永远是连在一起的。一般来说，祖先信仰仪式可以有两种方式：一种是集体举行仪式，另一种是单家独户的祭祀。集体举行的仪式可以是在祠堂或户外的坟墓，单家独户举行的仪式一般是在自己家里或者逝者的墓前。

民国年间，每年的正月初一早晨，村中贾氏家族还集体在祠堂举行祭祖仪式。20世纪50年代中期祠堂先是被改成了学校，后来又被拆除了，祖先的牌位被烧毁了，族谱也毁坏了，从此就再也没有进行过这样的集体仪式了。

族谱不仅是村落社会关系与社会结构的体现，而且可以从一个侧面反映社会的发展和演变，因此族谱本身就是地方历史文化的重要组成部分。2015年，大寨的李会明加入留庄李氏族谱编撰委员会，开始续修李氏家谱。2017年6月，《李氏族谱》印刷出版。村庄中最大的贾氏家族还没有续修族谱。

崇祖敬宗的重要体现就是改革开放后家布[①]的悬挂。例如，贾氏家族在大寨有三大股、五小股，五小股只是各自有自己祖先的家布，而三大股并没有合起来建立一个家布。村民们认为早已传了十几代了，辈与辈之间离得太远了，没有必要再将其合到一块。

春节前一天下午，大寨人的祭祖仪式就开始了。一般来说，不出五服

① 这种排列了历代祖先，作为北方宗族重要表征形式的世系图有不同的名称，如家布、容(yún)、树、家谱，普遍流行于中国北方的甘肃、山西、河北、河南、辽宁、山东等地。相关的研究可参见马婕：《青州井塘村现存宗谱调查》，《民俗研究》2004年第1期；叶涛：《信仰、仪式与乡民的日常生活：井塘村的香社组织与民间信仰活动述论》，《民间文化论坛》2006年第6期；刘荣：《“影”、家谱及其关系探析：以陇东地区为中心》，《民俗研究》2010年第3期；韩朝建：《华北的容与宗族：以山西代县为中心》，《民俗研究》2012年第5期。

的都有一个共同的家布，这个家布摆在“过事”的那家，其他户要到这家去祭拜。

“过事”是当地人的说法，是指举行红白喜事。在举行这些重大仪式活动的时候，这家的人需要提前去“请家布”。家布请回来后，上香、摆贡品，告知祖先家里要有重大仪式活动了，也希望祖先能够保平安。正是由于这些原因，家布才会在每一家轮流着转。如果谁家的孩子多，意味着子孙满堂，那么族谱在他家摆放的机会就更多些。在年三十的下午，各家要带着香和做好的祭品，到摆放家布的那家祭奠祖先。从初一开始，每天在吃饭前都要延续这一活动，直到正月十五结束。

许多村民家里也摆放着近亲的遗像，如父母的遗像。最为引人注目的是一些大寨人将毛主席的照片置于中间，左边是伟人的照片，右边是自己祖先或者逝去的家人。例如，在宋立英家里，衣柜上正中间是毛主席照片，两边一左一右分别是周恩来和贾进财。在遗像前烧炷香、磕个头也成为村民重要的仪式活动。

另外，清明、七月十五、十月初一，这些节日都是祭祖的日子。在这三个日子里，清明节最为隆重。

关于清明节的起源历来众说纷纭，在山西很多地方清明节是与介子推[①]联系在一起的。寒食节是在清明节的前一天，古人常把寒食节的活动延续到清明节，久而久之，人们便将寒食节与清明节合二为一。现在，清明节取代了寒食节，拜介子推的习俗，也变成清明节扫墓的习俗了。在大寨，人们没有听说过清明节是与介子推有关的，甚至连介子推这个历史人物也少有人知。他们只是认为清明节是鬼节，可以上坟或者迁坟。

在物质资源匮乏的传统社会里，人们只能是拿自家蒸的馍馍上坟祭奠祖先。

---

① 介子推是春秋时期晋国人，他死后葬于山西省介休市绵山。介休市与昔阳县同属于晋中地区，两地之间距离大约200公里。

在昔阳，如果逝者的父母都健在，或者一方还活着，死者是不能迁入主坟的。等到长辈过世后，在冬至日、清明节的前一天，或者清明节当天，按照本地的习俗就可以上坟与迁坟了，这在民间也是一项重大工程。

在清明节来临之际，许多大寨人也不忘上坟去祭奠陈永贵。村里人的祭奠比较简单，也就是在坟前摆点祭品。纸钱一般是子女或者家人给死者烧的，因此外人不会去烧纸钱。

民众用烧纸钱、摆祭品、放鞭炮这样的传统来祭奠逝者，千百年来很少发生变化。随着现代性的传入，祭祀方式也在发生变化。传统的祭扫方式经历了被改造的过程，变成了传统的现代节日。民族国家与地方民众的理念并非一拍即合，而是经历了一个反复博弈的过程。西方的祭奠，一般只是拿一束白花三鞠躬。在传统中国人的仪式中，献祭品、烧纸钱是为了祖先在阴间衣食无忧，反过来，也是为了让祖先保佑活着的人们平安且幸福，也就是说，二者之间是互惠的，这是中国人文化观的体现。放炮是为了让祖先知道他的后人来祭奠了，赶快过来分享。这里面一个仪式接着一个仪式，环环相扣，并且有文化上的依托，因此能够传承千年而不衰。西方的献花与鞠躬在祭奠中虽然说也是一种哀思逝者的方式，但是这种方式终究难以解决中国人心理与文化上的需求。虽然这种方式被国家认为是先进的、文明的，但是在具体实施中往往水土不服，民间甚少采取西方这种祭祀的方式。①

作为中国文化传统的祖先崇拜延续了几千年，然而在现代化的冲击之下，有些已经支离破碎了。尤其对于这些远离家乡的人们来说，祭祖对于很多人来说已经是历史的回忆了。笔者在大寨就遇到了这么一个特殊的群体——陪读户。有些家庭当初为了孩子读书不得不在大寨租房子

① 笔者2012年所调查的大寨，镇政府每年最艰巨的任务就是防火。尤其在每年的清明节前后，镇政府不得不雇用大批的临时人员加入防火队伍中来。他们说："咱镇面积大，山多，还有虎头山这个最麻烦的地方。其他地方着火了，只要不出大事，灭了也就没事了。但是如果让虎头山着火了，那就麻烦了。"

住，结果是孩子们早已初中毕业离开大寨了，他们还没有回老家，这些人中有的在大寨已经20多年了，成为大寨长期的外来户。他们大多已经不准备再回去了，祖先观念也早已淡漠了。

2018年，笔者在大寨就访谈过一个外来户，他说："我生活在大寨五六年了，家里的祖先也被冷落了。今天本应该早早就祭祖的，但是由于离家远，只能是改在上午了。上午我准备骑摩托回家给祖先上炷香，放个炮。"当问起儿子是否和他一块回去时，他说："他不回去了，天太冷。我这算是好的了，很多人离开家外出早已把祖先忘了，过节也不祭祖了。"

信仰、仪式与象征和文化传统联系在一起。随着这些文化传承者远离生于斯、长于斯的村落，仪式与象征消失了，文化传承的载体也消失了。在这种情况下，文化传统也就会出现断裂的危险。

近代以来，"中国节日呈现出二元结构。法定节假日没有配套的文化生活，而民间传统节日没有提供活动的充足时间，二者呈现出矛盾的态势"[①]。2018年4月5日至7日放假调休，清明共3天假。这充分说明了国家也在逐步地通过尊重传统节日，来进行文化的再生产。

第二节　国家仪式的展演

我们对现在的体验很大程度上取决于有关过去的知识。[②]过去的知识通过历史的积淀就是一种传统，因此"没有绝对的现在，也没有绝对的传统，传统永远是一个流动的系统，它存活于现在，连接着过去，同时也蕴含着未来"。同时，"传统还与记忆，尤其是集体记忆联系在一起；传统也通常与仪式相关联，仪式也是传统的重要组成部分，是一种保证传统延续性的行为方

① 高丙中：《民族国家的时间管理：中国节假日制度的问题及其解决之道》，《开放时代》2005年第1期。

② [美]保罗·康纳顿：《社会如何记忆》，纳日碧力戈译，上海人民出版社2000年版，第2页。

式；传统也需要守护者”[①]。在集体化时期的实践活动中，一系列仪式不断上演。在今天，作为权力实践过程的国家仪式仍然在不断地上演着。

一、领导人的视察

“仪式是通过身体来完成的，所以社会记忆是可以通过体化实践来传达和维持的。”[②]“仪式是在特定的时间和场合中举行的‘受规则支配的象征性活动’，它使参加者注意他们认为有特殊意义的思想和感情对象。”[③]在大寨，元旦、三八妇女节、五四青年节、六一儿童节、七一党的生日、八一建军节、教师节、国庆节，这些国家范畴的纪念节日离不开仪式的举行。除这些属于国家节日中的仪式外，上级领导的频繁光临也将国家仪式带入村民的日常生活之中，通过这些活动，国家的意志被一次次强化。

在集体化时期，大寨被建构为一个政治化的村落，这个政治化的村落被认为是“出人才”“出经验”的典型。在20世纪六七十年代，这个典型曾经汇集了天南海北与五湖四海的参观人员，成为名副其实的“中国闻名，世界知道”的村庄。虽然这已经成为历史，但是20世纪90年代以来，大寨这个曾经的典型村落再次引起了国家的关注，先后有多位高层领导以及外国驻华使节来大寨参观访问。

大寨人“见过世面”，对这些政治人物如数家珍。每次访谈，他们都很自豪地谈起不同政治人物光临大寨时的不同场面。每一个外来上层人物的光临都会是一场国家仪式的展演。这些频繁上演的国家仪式，在传达国家声音的同时，也为大寨带来了物质或非物质的资源，这在很大程度上影响到了大寨的转型与重构过程。

---

① [德]乌尔里希·贝克、[英]安东尼·吉登斯、[英]斯科特·拉什：《自反性现代化：现代社会秩序中的政治、传统与美学》，赵文书译，商务印书馆2001年版，第80页。

② [美]保罗·康纳顿：《社会如何记忆》，纳日碧力戈译，上海人民出版社2000年版，第91—127页。

③ [美]杜赞奇：《从民族国家拯救历史》，王宪明译，社会科学文献出版社2003年版，第21页。

上级领导来大寨，仪式主要包括以下三项：第一，先上虎头山，参观展览馆；第二，走进大寨，看望大寨村民；第三，专门看望宋立英。登临虎头山意味着国家不忘当年大寨人艰苦奋斗、自力更生的大寨精神；而走进大寨看望大寨村民则显示出党来自民众，始终与民众融为一体。仪式的第三项是去看望宋立英。宋立英年龄最大，而且是劳模，是大寨自力更生、艰苦奋斗的象征符号，背后体现了国家对这个道德类型承载者的肯定。换言之，劳模是与典型联系在一起的，国家对宋立英这位劳模的尊重，其实就是对这个典型的承认。20世纪90年代后，领导人频繁光临大寨，也正是在此过程中，大寨实现了转型与重构。

二、仪式的展演

在1964年到1979年，有超过千万人次的参观者来到大寨学习，其中不乏外国领导人。当时刚进入21世纪，国家依然关注着大寨，也再次生动地展现了国家与民间的复杂关系。下面就以笔者2011年7月30日下午参加的一次仪式为个案进行分析。

（一）主题的选定

由于郭凤莲兼任山西省妇联巡视员，山西省妇联在大寨举行活动并不让人感到意外。

大寨村委会就将这次活动的主题定为："庆祝建军节：山西妇女走进大寨"。实际上，这次来大寨的主要是省市妇联退下来的领导的妻子，而且还有几位军嫂。其实，包括郭凤莲在内的省妇联的领导都是各行各业的模范。昔阳县委宣传部认为"庆祝建军节：山西妇女走进大寨"的主题太散，在多次交涉之下，改为"庆祝建军节：巾帼英模进大寨"，突出了军嫂，突出了妇女中的佼佼者——巾帼英模，郭凤莲也成好军嫂了①，这才能唱响虎头山。

① 郭凤莲的丈夫贾富元曾参军。

图6-4　2011年山西省“巾帼英模进大寨”庆“八一”主题活动

(二)仪式的举行

2011年7月30日下午3点,山西省“巾帼英模进大寨”庆“八一”主题活动在大寨申奥广场举行。

主持人语:

> 在这欢欣的日子里,“巾帼英模进大寨”庆“八一”主题活动在这里隆重举行,我们相信通过这一活动会极大地激发24万松溪儿女积极投身双荣双学共建共创的热情,这一活动的举办必将鼓舞昔阳人民在县委、县政府的坚强领导下学习弘扬践行大寨精神,努力建设民富县强、人和政通、山川秀美、人民幸福自豪新昔阳的斗志和信心。“巾帼英模进大寨”庆“八一”主题活动现在开始。

第一项:领导讲话。

①中共昔阳县委常委、宣传部部长兼大寨镇党委书记孔爱科主持活

动仪式。孔爱科追溯大寨的历史，谈到了郭凤莲是铁姑娘队的杰出代表，在郭凤莲的带领下大寨实现了快速发展。

②郭凤莲致欢迎词：山西省妇联、大寨集团党总支部、大寨村村委会举行“巾帼英模进大寨”庆“八一”主题活动，20世纪六七十年代，大寨老前辈在党的领导下坚持发扬艰苦奋斗、自力更生的精神，用勤劳的双手改变了村庄的面貌，受到了毛泽东主席、周恩来总理的高度表彰。她回顾了铁姑娘曾经的历史以及人民解放军在大寨的历史。

③中共晋中市委副书记、昔阳县委书记刘润民讲话：“大寨妇女中郭凤莲大姐是杰出代表，建设大大寨。新时期以来，大寨在她的引领下，成为一个产业的大大寨、历史的大大寨、精神的大大寨、工业的大大寨、旅游的大大寨，大寨永远是全国人民心目中的大寨。让大寨精神永放光芒。”

④山西省妇联主席李悦娥讲话：主要是追溯以郭凤莲为核心的大寨铁姑娘队的辉煌历史。

第二项：赠旗。

①为好军嫂颁奖，郭凤莲是其中之一。

②全国人大常委会委员、大寨集团党总支书记郭凤莲代表大寨党支部、大寨村村委会为各位代表赠旗。

第三项：文艺表演。

①大寨镇文化站：《唱得幸福落满坡》。

②晋中市厅局级女领导舞蹈：《相约虎头山》。

③山西日报社原社长演唱歌曲：《看见你们格外亲》，以表达对人民解放军的敬意和对大寨人的问候。

④栗桂莲演唱戏曲：《打金枝》。

⑤晋城市局级女领导演出队的舞蹈：《绿蒲扇》。

⑥大寨村民宋江梅演唱歌曲：《我骄傲，我是军人妻》。

⑦大寨村民贾彦如男声独唱：《儿行千里》。

⑧省城张巧英、邢燕子双人舞：《向英雄的母亲致敬》。

⑨山西省厅局级女领导演出队合唱:《敢教日月换新天》[1]。

⑩四通公司妇联歌舞:《大寨铁姑娘》。

⑪凤莲、马巧珍二重唱:《为了谁》。

整个仪式一共进行了两个小时,以全体演员演唱《学习大寨,赶大寨》结束。

以上的这场仪式透露出以下信息:

第一,在仪式活动中,突出了以郭凤莲为核心的大寨党支部。在此次仪式中,郭凤莲一直居于村中领导层的核心位置,也正是在她的带领下,大寨实现了转型、发展、重构,再次成为典型村与明星村,这种核心位置也体现在上述仪式中。

第二,通过这场仪式的举行,将历史记忆与社会现实联系了起来。国家话语以仪式的形式在基层社会得以传达,其背后是对改革开放以来大寨在郭凤莲带领下所取得成就的肯定。

改革开放以来,每年正月十五前后,大寨也会有很多仪式。第一是来大寨拜年[2]的,第二是村里出钱外请的文艺表演队伍。这些娱乐活动对于

① "一道清河水,一座虎头山,大寨那个就在那山下边,七沟八梁一面坡,层层梯田平展展,层层那个梯田平展展。牛羊胖乎乎,新房齐崭崭,炕上花被窝,囤里粮冒尖,银光满屋喜气多,社员梦里也笑声甜。一朵红花开,百里光闪闪,陈永贵是大寨的好领班,铁手磨光金锄把,汗水洒满块块田,汗水那个洒满块块田。年年新套套,步步夺丰产,怀揣社员心,眼向全国看,依靠贫下中农掌大印,永不褪色的好党员。一条阳光道,万马奔向前,这就是大寨的英雄汉,扁担挑走烂石坡,镢头开出米粮川,镢头那个开出米粮川。困难一层层,歌声一串串,冰天造大坝,雪地移高山,哪怕灾害有千万,敢教日月换新天!"上述歌曲是八一电影制片厂1964年摄制的纪录片《八连学大寨》的主题歌。这首歌歌名叫《敢教日月换新天》,是由吕致清作词、巩志伟作曲、郭兰英演唱。该片约30分钟,在全国放映后,这首歌曲很快就传遍了大江南北,也成为农业学大寨时期最为经典的歌曲之一。

② 大寨村干部说:"每年春节,各村组织的文艺演出队伍要来大寨拜年。以前来了给买条烟,买些糖,现在就直接给钱了,最少的300元,也有一千两千的,主要看来的队伍的大小、人员的多少。2018年正月十五前后,来大寨拜年的有十四五家。晚上还有晚会。每年正月,大寨在这方面的支出至少也得十几万元。"这有两方面的原因:第一,相比起周围的其他村,大寨的经济条件较好,能够支付起文艺活动方面的开支。第二,这也是农业学大寨时期形成的一种传统,毕竟大寨不同于普通的村庄。

大寨人来说早已习以为常了。

大寨每年都有多场仪式，离现在最近的是2020年7月16日山西省文联、山西农村文化促进会、山西省书法家协会举办的文化下乡系列活动——振兴乡村走进大寨。本次活动以"山西省诗人董耀章的诗歌《虎头山赞》入选著名作家王蒙主编的《中国精神读本》为契机，组织省内知名文化文艺工作者走进大寨，为振兴乡村，助力全面小康加油鼓劲。在活动现场，艺术家们向大寨捐赠了自己的书画作品，太行山牛、紫风青莲、自力更生、风云际会、高德泽福、长风万里、守正创新等多幅作品，表达了艺术家们对大寨人民的赞美"[①]。

第三节　民间仪式的展演

大寨不仅在集体化时期经常上演国家仪式，改革开放后也从来不缺乏国家仪式。上文谈到了地方政府的仪式，这并不代表民众生活中没有仪式，而是说村民努力按照自己的生活逻辑与生存逻辑来应对生活中出现的问题，其中也不乏国家话语的借用。这对于大寨这个曾经的典型村庄来说，更是如此。[②]

改革开放后，在属于大传统的国家仪式展演的同时，属于小传统的民间仪式也实现了复兴与再造。在大传统与小传统并置的状态下，村民并没有出现人格的分裂，而是能够较为和谐地共存。因此，小传统与大传统从来是连在一起的。就以大寨人为例，在节日中，早晨人们祭祖，进行属于小传统的活动，上午还要参加国家仪式。

① 参见"昔阳在线"，2020年7月25日。https://www.sohu.com/a/409704062_120053015.

② 即便是在20世纪80年代，大寨相对于周围的村庄也还是较多地受到国家的关注。大寨人善于"过滤"不同的政治事件，并将国家政治与大寨的命运联系起来。

一、岁时节日中的国家

岁时节日是一个民族最经典文化集中展示的机会,同时也能够看出国家的价值取向。从起源上来说,岁时节日是与天时、物候的周期性转换相适应,在人们的日常生活中约定俗成的特定节日。不过,民族国家建立以后的很长一段时间内,这些具有历史积淀的岁时节日被认为是“遗留物”。为了追求所谓的现代性,民族国家采取了许多措施,促使人们放弃早已形成的文化惯习。改革开放后,国家部分地退出了对于民间日常生活的管理,加之传统生产方式(主要是指小农经济)的恢复,民间的岁时节日也复兴了。[①] 岁时节日在民众的日常生活中也再次被赋予了重要的意义。

表6-1　传统节日中大寨村民的仪式[②]

传统节日	民众行为
春节	从腊月二十三过小年开始,蒸花馍、做年糕,置办年货;年三十贴对联、大字、祭祖;除夕守岁;初一早晨在院中点燃“轮火”以辟邪驱灾,燃放爆竹,晚辈给长辈磕头拜年,烧香叩头,迎神祭祖,保佑全家平安,早饭要吃饺子;初二到初四,家家户户出门拜年,初二到老娘(外祖母)家,初三拜丈母(岳母),初四到姑姑、姨姨等亲戚家;初五俗称破五,一般不出门
正月十五元宵节	张灯结彩,在村口和街道十字路口用松柏树枝搭牌楼,家门口和街道两旁垒棒槌火(用砖或石块立起四角,中间留下炉灰的通口,再用砖垒成有空隙的筒状火炉,底小口大,形似棒槌,故称之为棒槌火),观焰火、吃元宵、看文艺表演。人民公社时期形成到大寨进行文艺表演的习俗延续到现在
正月初十十米子日	也叫填仓节
二月初二龙抬头	吃擀面条、拉面,俗称执龙头,午饭吃煎饼和烙饼,称之为剥龙皮,期盼风调雨顺

① 岁时节日和信仰与习俗是紧密地联系在一起的,许多学者讨论了其复兴的原因。例如,周大鸣认为信仰与习俗复兴的原因有以下几点:一是宗教传统的力量,二是文字与教育的普及,三是商业活动的推销,四是大众传媒的普及,五是传统生产方式的恢复。而传统生产方式的恢复实质是传统小农经济的恢复,这是信仰与习俗恢复的根本原因。参见周大鸣:《凤凰村的变迁》,社会科学文献出版社2006年版,第219—220页。

② 此表根据《大寨村志》(王俊山:《大寨村志》,山西人民出版社2003年版,第210—212页)以及田野调查资料整理而成。

续表

传统节日	民众行为
清明节	也称之为寒食节。迁坟、上坟祭祖,各个单位组织人员到虎头山扫墓
五月初五端午节	采艾蒿插于门上避瘟疫,儿童背后佩戴用各色布条做的彩带,村民包粽子相互赠送
七月十五中元节	村民携带五色纸、面羊(用面捏制的食物)以及贡品,上坟祭祖。外祖母还依照外孙的属相捏制面羊,蒸熟后送给外孙,俗称送面羊
中秋节	亲戚之间,尤其是与没过门儿媳的亲家之间相互赠送月饼。中秋晚上,吃团圆饭
十月初一	也称寒衣节。携带五色纸上坟祭祖,给墓穴添土,让祖先平安过冬天
冬至	数九第一天,有吃糕的习俗
腊八节	清晨,在太阳出山之前吃腊八粥。用黄米或小米,配以黄豆、小豆、绿豆、红枣、红薯、倭瓜等八种食材熬制而成
腊月二十三	俗称祭灶日,也叫扫尘日。传说灶王爷要上天向玉皇大帝汇报人间的情况。人们期望灶王爷“上天言好事,回宫降吉祥”,所以要点香火,在灶王爷像前供奉糖果

在表6-1所列的岁时节日中,春节是最为重要的节日,这也是汉民族的普遍特征。回归日常生活后的大寨人每年进入腊月就开始置办年货了。如今,公共生活已经逐渐趋于衰落,春节主要体现为小传统内部的私人生活了,上表春节中一系列的仪式也是可简可繁的。

一般来说,春节从腊月二十三开始,一直延续到农历二月初二才结束。腊月二十三到正月初三基本上是属于小传统的文化空间。从正月初三后,大传统开始进入人们的节日生活中。不过大传统与小传统始终是交融在一起的,很难做简单的区分。就以2012年的正月十五为例,宋立英早晨7点就起床了,首先在祖先的家布前点上香和蜡烛,然后才开始做饭。上午,她还要参加中国文联、中国摄影家协会2012“送欢乐、下基层”情系大赛——首届全国农民摄影大展巡展暨展出作品捐赠仪式这样的国家仪式活动。

2012年正月十五上午9点半，在瑟瑟的寒风中，村委会前、乐人树（大柳树）下，捐赠仪式活动正式开始了。首先是领导讲话，郭凤莲、孔爱科、中国摄影家协会的领导次第登场。在讲话中，作为国家代言人的各个领导都在宣传“三农”与新农村建设。这些官方的话语对于民众来说也已经耳熟能详了，虽然作为一个村庄来说，国家离他们很远，但是国家仪式的频繁上演又在预示着国家就在他们的生活中。就拿正月十五元宵节来说吧，国家与民众面对这场仪式有不同的需求，但借助这场仪式，各取所需，也就是在国家与民间的合力之下，仪式活动得以展演。

这些仪式完成后还有一项就是免费为大寨人拍全家福。拍全家福的背景是专门制作的，一个是虎头山，一个是北京天安门。虎头山代表的是一个被树立为典型的村落，天安门是国家的象征，在这里国家与民间、大传统与小传统再次融为一体。

正月十五到正月十八，白天有各个村里组织的文艺表演队来大寨拜年，晚上大寨还有迎春文艺活动。大寨人见得这些仪式多了，并没有好奇感，仪式却吸引了周围村落的村民纷纷前来观看。

正月十五晚上7点半，大寨的游行队伍从村委会出来到了村口，红彤彤的棒槌火早已烧了起来。7点50分，郭凤莲、孔爱科、陈明珠等人陆续到来，由这些名人亲自点燃了社火。伴随着渐渐燃起的社火，郭凤莲、孔爱科、陈明珠等人和扭秧歌的队伍围着社火一块扭了起来。大约8点，烟火开始了，持续了大约半个小时，共花费了4万元，据说是有单位赞助大寨的。这样的仪式内涵其实很丰富：首先，民间仪式中所固有的喜庆、祥和的气氛被凸显了出来，这是对当今时代政治稳定局面的印证。其次，这样一种与民同乐、普天同庆的活动气氛实际上表达了对改革开放后大寨所取得成就的充分肯定。

晚上8点半，2012大寨迎春文艺晚会正式开始，一直持续到了10点半。晚会上演员们精神抖擞，但是缺少了掌声，由于天气寒冷，随着时间的推移，观看的人越来越少。正月十七晚上还有昔阳县委、县政府举办的提灯会，正月十八上午县里还举行庆祝元宵节文艺表演活动。昔阳县委、县政府提出的“唱响弘扬大寨精神主旋律，谱写文化强县建设新篇章”的口号也成为这次活动的主题。大寨这个历史符号在此次活动中也再次被借用了。

杜甫的《九月九日忆山东兄弟》中表明，每年农历九月初九为重阳节，有登高、插茱萸、吃菊花糕等习俗。20世纪90年代后，每年农历九月初九，大寨村委会要请老年人（60岁以上）在大寨旅行社或者虎头山上的铁姑娘饭店吃团圆饭，并且赠送老年人礼品，祝他们健康长寿，这个好传统延续到了现在。2019年，村里建起了老年人日间照料中心，配套建设了图书馆、康复室、医疗室、餐厅，向60岁以上老年人免费开放。

二、人生仪礼

最早对人生仪礼从理论上进行阐释的是法国民俗学家热内普[①]，他认为人生仪礼的共同意义就是可以使人实现从一种社会状况向另一种社会状况的转换，也就是要经历脱离仪式、转变仪式、合入仪式三个阶段。[②]后来，英国人类学维克多·特纳提出了阈限理论，认为热内普通过仪礼身份转换的第二阶段尤为重要。因为受礼者进入了一个神圣的时空状态。[③]人生礼仪主要包括四大礼仪：诞生礼、成年礼、婚礼和葬礼。在这四大礼仪中，婚礼和葬礼无疑是最为重要的。

近代以来，在现代化运动中，为了重新塑造国民，许多话语被从国外引进，或者被重新发明出来。在集体化时期向改革开放时期的转型过程中，也建构了一套话语体系。而在昔阳县，人生仪礼中的所谓大包干就是地方民众的独特性想象与借用。

---

① 也被译作盖内普或盖纳普。

② [法]范·热内普：《过渡礼仪》，张举文译，商务印书馆2010年版。

③ [英]维克多·特纳：《仪式过程：结构与反结构》，黄剑波、柳博赟译，中国人民大学出版社2006年版。

大包干作为家庭联产承包责任制的主要形式，是以户为单位进行的，也叫包干到户，这种源于安徽省小岗村的做法是对农业学大寨中评工、记分方式的否定与颠覆，可以被形象地概括为："交够国家的，留足集体的，剩下都是自己的。"这本是农民对于农村农业改革的一种创造性做法，然而这种包含时代特征的话语形式却被赋予了新的含义。在昔阳当地，婚礼和葬礼是其最为重要的人生仪礼。最近10多年，涌现出了许多专门为婚礼和葬礼服务的专业队伍，村民们把这种仪式活动交由专业队伍完成的方式叫作大包干。

2011—2012年，大寨一共举行过13次重要的人生仪礼。在当地村民话语里，把这些人生仪礼，也就是红白喜事叫作"过事"。如果说谁家"过事"，就是有红白喜事要举行。

表6-2　大寨村2011—2012年"过事"情况调查表

序号	时间	姓名	文化程度	人生仪礼	办事的形式
1	2011年8月23日	梁计文女儿梁燕	大专	嫁女儿	集体场地自办
2	2011年8月31日	小名叫贾丑小	初中	葬礼	自家院子自办
3	2011年9月10日	贾贵文儿子贾军利	研究生	娶媳妇	自家院子自办
4	2011年12月27日	贾海文儿子贾杰	高中	娶媳妇	自家院子自办
5	2012年1月25日	贾永堂儿子贾旭广	研究生	娶媳妇	自家院子自办
6	2012年3月8日	贾秋生儿子贾晓波	本科	娶媳妇	自家院子大包干
7	2012年3月11日	李会明大儿子李晶	大专	娶媳妇	自家院子大包干
8	2012年3月26日	贾存周	初中	葬礼	自家院子大包干
9	2012年4月23日	贾乃堂儿子贾旭猛	本科	娶媳妇	自家院子自办
10	2012年5月3日	李小红儿子李鹏	初中	娶媳妇	自家院子大包干
11	2012年5月16日	李会明二儿子李鑫	大专	娶媳妇	自己院子大包干
12	2012年9月7日	李根怀女儿李晶	本科	嫁女儿	自家院子大包干
13	2012年9月26日	耿银柱	初中	葬礼	自家院子大包干

从表6-2可以明显看出，13次"过事"仪式中，婚礼为10次，葬礼为3次。在这10次婚礼中有2次是外嫁，剩下的8次均是婚娶。20世纪80

年代以前,村民的婚姻圈很小,尤其是20世纪六七十年代大寨的铁姑娘不出村,大寨的男青年所娶的媳妇一般不出昔阳县范围。改革开放后,大学生外出求学而自由恋爱,婚姻圈范围扩大了,北京的、广东的、四川的都有。在婚礼和葬礼中,大包干仪式就占到了一半以上。因此,大包干的方式在民众的人生仪礼中已经占有了极其重要的地位。

大寨人对人生仪礼进行大包干最早是在2001年,也就是说到2012年也只有10多年,其历史并不长。村民"过事"有两个地方可以选择:第一个是村集体的公共场所。郭凤莲重返大寨后,大寨宾馆被改造成集餐饮、住宿于一体的重要公共娱乐场所。2007年,大寨宾馆被改造为大寨集团总公司,最后就成了许多村民"过事"的场所。该场所位于总公司后院,如果村民"过事"想借用这个场所,只要和村委会打声招呼就行了。第二个地方是村民自己家里。一般来说,这两个地方都可以采用自办的方式,也可以采用大包干的形式。不过,就具体情况来说,在总公司大院的集体活动空间办事的时候一般都是采用自办的形式,而采用大包干形式的一般都在自己家的院子举行。

村民的"过事"到底是在自己家院子举行还是在总公司的集体活动场所,也要视具体情况而定。如果自己家院子大,并且是娶媳妇,就会在自己家院子;如果院子太小,且是嫁女儿,那么就会去总公司院子。

(一)婚礼仪式

1.仪式举行前的准备

不同于铁姑娘所具有的鲜明时代特征的婚姻,改革开放后,村民的择偶方式也发生了变化,呈现由父母包办向自由恋爱转变。表6-2中,除了李会明的大儿子和贾怀堂的儿子是经人介绍外,其他的婚姻均是自由恋爱。集体化时期,世俗性的活动受到压抑。改革开放时期,曾经被压抑的情感一旦释放出来,就呈现为明显的世俗化倾向。从集体化时期结婚的嫁妆是扁担、箢篓、镢头、锹,到今天的彩礼钱从5.8万、6.8万、7.8万甚至到8.8万的演进过程,都说明了在改革开放时期,女方在婚姻中逐渐占据了主动权。而每个家庭在这样的群体压力面前都陷入了难以自拔的境地,这也是文化的力量。

娶媳妇的投入对于男方来说是一笔不小的开支,除了彩礼钱外,还有“三金”“四金”[①]以及买衣服、小车的费用,许多家庭没有这么多钱,不得不采取借贷的形式,而这笔款项大多最终还是由男方父母偿还。彩礼钱一般是给女方父母的,不过女方父母又会以嫁妆的形式将至少一半的钱赠送给女儿、女婿。有的时候,就以“干折”的形式,男方家一次性地付给了女方。这和阎云翔在下岬村中所遇到的结婚后经济从年老一代转移到年轻一代的现象是一致的。

按昔阳县的习俗,结婚要吃四顿饭,婚礼仪式举行前一天中午是拉面,晚上也是拉面。结婚当天早上吃的是黄米枣糕和熬菜,中午才是正餐。帮忙的邻居、亲戚、朋友都可以来吃饭。开饭的时候会放鞭炮,提醒左邻右舍。这四顿饭不论对男方家还是女方家来说,都是必不可少的。除此之外,再加上其他费用,正常情况下一个新媳妇娶进门至少需要10万元。

2.大包干的仪式

当地婚姻也要遵循“六礼”,相对于集体化时期,程序也更加复杂。一般来说,遵循以下步骤:恋爱、求婚、看家、定亲、领证、旅游、请客、迎新娘。婚车也至少四辆,坐轿下轿新娘不踩地,要由公公背着或踩着红地毯。此外,婚典、婚宴、回门也是主要的程序,只不过有些仪式会弱化,而有些仪式会强化。

提亲:一般由男方家长托媒人向女方提亲,俗称保媒。虽然现在择偶的标准和途径都发生了变化,自由恋爱已经成为婚姻缔结的主要方式,但是媒人仍然是少不了的,不过其功能已经弱化。

换帖:也就是通过生辰八字看是否合婚。如果是自由恋爱,且双方坚

① “三金”指:金项链、金耳环、金戒指。“四金”指:金项链、金耳环、金戒指、金手镯。

持要结婚，即便不合婚，最终也还是能够结婚，也就是说，年轻一代在婚姻中充当了主角。

纳吉：也就是订婚，常常和“下彩”一块进行。男方家请媒人、亲戚和村里面关系好的人，以及未来的媳妇和媳妇的嫂嫂在家里或饭店吃饭。订婚要有见面礼，一般男方父母给未来的媳妇1680元（数字民俗，意指一路发），给媳妇的嫂嫂200元红包。同时订婚也是看家的过程。午饭后未来的女婿、媒人等拿着彩礼钱到女方家里，将其交给女方。近些年，彩礼钱、“三金”的钱、旅游的钱、衣服钱都是以“干折”的方式一次性交清的，村里人把这也叫作大包干。

请期：俗称看天气，也就是选结婚的日子，主要取决于女方的生辰八字，俗称看例月，是由阴阳先生来完成的。

迎亲：也就是结婚当天，这是仪式的高潮。

仪式一：梁燕出嫁。

田野调查是一个逐步地被当地人接纳的过程，在此过程中要遵循当地的礼仪，采取入乡随俗的形式。在参加仪式活动的时候随礼也是不可缺少的部分，按照当地的习俗，笔者上了50元的礼钱。为了观察这场婚礼仪式，早晨8点笔者便从住地出发，8点5分笔者到了婚礼现场。梁燕被娶走的地方位于大寨村小学旁边的老房子里。结婚前一天，红色的拱门早已搭好。9点40分，迎亲的车队进村，车开到了离门口大约50米的地方，迎亲人员下车，放了三个二踢脚，然后又点燃了一串鞭炮。大寨村民基本上都在虎头山森林公园上班，所以看热闹的并不多。迎亲队伍主要由与女方属相不冲突的新郎的姐姐、姐夫或者哥哥、嫂嫂以及十字披红的压轿男童组成，并且要携带喜糕、对联。迎亲队伍到达女方家门口的时候，开始放炮和贴对联。院门关着，只有给了红包才能敲开院门。进入家门口也要贴对联，进家门也要给红包。然后迎亲队伍将所带礼品献上，由女方家设宴招待，等候新娘梳洗打扮。

令笔者印象深刻的是刚装修了屋子的墙上贴着一张旧的印着毛泽东

的年画，好像这场婚礼要在毛主席的监督下举行。

嫁妆是由男方出钱女方准备的。嫁妆要用红布包起来，红布上绣着龙凤和"喜"字，里面除了馒头，还有新人用的洗漱用品、镜子之类。同时，红布里还要包绿豆芽和几个双生的大葱，豆芽象征着女方在男方家生根发芽，双生的大葱寓意着两个人永远在一起。另外，还要切喜糕。喜糕是由黄米面和红枣做成的，上面要用红枣摆成"喜"字的样式。自从贾春生担任大寨村委会主任以来，他就成了仪式专家，整个仪式就由他来负责。

图6-5　嫁女

从新娘家出发的时候，新郎的哥哥或姐夫将盖着红盖头的新娘背出房子，放到迎亲的车里。迎亲的车队要尽量不走重复的路，同时也不能走回头路，认为否则新娘会沾上晦气。①新娘也需要陪送的人，这些人被称为戚人，一般来说主要由新娘的叔叔或大伯一人、伴娘二人、提皮箱的一人和随后带陪嫁品的人员组成。男方要给女方的这些陪送人红包，也要坐正席。梁燕的出嫁仪式也遵循了以上程序。

大约11点，新郎的姐夫背着盖着红盖头的梁燕从家里出来后放到了

① 当地民众的民俗文化体系中，"回头""重复"意味着新娘将来可能会改嫁。

车里,带来的锣鼓队也敲打起来了。在鞭炮声中,载着梁燕的婚车缓缓地驶出了大寨,女方家的主要仪式也就结束了,剩下的就是集体聚餐了。

大寨总公司的后院是专门办事的地方,这有些类似于涂尔干所说的"集体欢腾",但是早已褪掉了神圣的内容而世俗化了。

作为人类步行方式的延伸,如今汽车在婚礼中已经成为必不可少的交通工具了。一般的婚礼中为了图吉利,都有六辆或者八辆汽车,而汽车的规格自然也是取决于双方的经济条件。汽车从新娘家载着娶亲的队伍出发,等到了新郎家的村口时,早已在村门口等待的迎亲队伍迎了上来。

新娘快到村口的时候,迎接新娘的轿子早已在村门口等待了。在从家到村口的过程中轿子不能空着,一般来说,轿子里坐的是未来的婆婆(俗称压轿)。娶亲的队伍到了村口,新娘被男方的姐夫或者哥哥抱到轿子里,这时候鞭炮齐鸣。抬轿的人穿着仿古的衣服,由于旁边很多人要逗媳妇,所以轿子走得很慢。此外,抬起的轿子不到院门前不能落地。轿子到了院门口,新郎将新媳妇背出来。在仪式中笔者发现,每次婚礼大寨的妇女们都要扭着秧歌迎接新娘,村里人组成的40人的秧歌队是大寨的一大特色。

仪式二:李晶娶妻。

李晶娶妻的仪式在自己家的院子举行。

仪式的过程用繁体字写在红纸上,张贴在院墙上。

婚礼的仪式如下:

李　晶
刘金娟　新婚典礼仪程

第一项:鸣炮奏乐,典礼开始。请高堂入座。

第二项:请新人闪亮登场。

第三项:请证婚人致辞。

第四项:新人行三拜大礼。

第五项:新人互换信物。

第六项:新人向长辈敬喜酒,改口,揣红包(长辈给新娘红包)。

第七项:主婚人致祝贺词。

第八项:嘉宾致贺词。

第九项:家长致答谢词。

第十项:新人喜入洞房。

按大寨习俗,载着新娘的婚车在中午12点前要返回到新郎所在的村口,然后坐着轿子到达大门口,最后新郎背着新娘回到院子,这样的仪式大约需要半个小时。当新娘回到新郎家后,最为隆重的典礼仪式也就要开始了,典礼仪式大约需要一小时。此时,边观看仪式,边开始坐席吃饭。

另外,结婚当天还有很多讲究。村民范素兰说:

> 上车、下车、梳头,各20元的红包。拿皮箱钥匙是60元的红包,皮箱里面女方的父母放多少钱,男方的父母也要添多少,这叫压箱钱。我儿子结婚,女方家箱子里面放了168元,不太多,我也放进去168元。轿子出村口迎接新娘的时候,不能是空的。男方父母要坐着轿子出去,俗称压轿。20世纪六七十年代结婚的时候不看日子,只是每个月的三六九就行。80年代开始看日子。新媳妇也要给大人们买衣服,我儿媳妇给我买了两件,给我家那口子买了一件。

结婚后三天要回门。回门的时候,女方的大爷(伯伯)上午来男方家把新郎和新娘接走,中午在女方家吃饭,下午女方父母将之送回来。媳妇不空手回门,要拿个包袱,里面装些衣服。接新娘的路线要与娶亲那天所走的路线一样。

3.民间仪式中的村干部

改革开放以来,村里的一切仪式呈现极度复杂与繁复的状态,尤其在婚礼与葬礼中。

①在大寨的“过事”中,村干部扮演了重要的角色。不论是外嫁还是

娶妻,都少不了村干部的参与。村干部组成了村里的红白理事会,“过事”的总管是党支部书记兼村委会主任贾春生;媳妇和姑娘们组成的迎亲文艺表演队伍的指挥者是村委委员兼妇联主任李怀莲;记账和收礼钱的分别是赵存棠和贾会堂。[①]村里的干部也纷纷上阵,负责仪式的各个环节。另外,即便是大包干,婚礼的司仪是婚庆公司的,但是婚礼的主婚人是贾春生,证婚人是贾维平,他们都是大寨的党员。老百姓对这种做法早已习惯了,他们认为有村干部在,“过事”放心。

②大包干:鲜明的时代印迹。以上谈到的大包干已经成为村里主要的“过事”方式。在昔阳县的很多村,有专门负责大包干的队伍,这些专业队伍会针对村民“过事”的不同需求提供各个档次的服务,整个仪式主要由这些专业队伍进行操办。端菜、炒菜、抬轿子、主持婚礼、摄像、拱门都是由这个专业队伍负责,一共花费3000元。就娶妻的大包干来说吧,大包干队伍在婚礼的前一天就来到了男方家,开始为第二天的仪式进行准备。

这些年来,村民们觉得村里的“过事”礼节越来越多,礼钱也越来越高,很多人都疲于应付,但是礼钱是民众之间的“润滑剂”,是维持人际关系的重要手段,现阶段很难终止这种关系。

(二)葬礼仪式

千百年来人们一直在追问一个问题,人从哪里来,将会去往哪里。这是对人生终极意义的拷问,而葬礼恰恰是在某种程度上回答这个问题。如果一个社会连死人都不尊重,那么很难谈得上会尊重活人。通过葬礼仪式,我们可以思考活人是怎么去面对死人的,尤其是对于大寨这样的一个示范村,人们怎样去认识、怎样去操演这场仪式也就具有了重要的意义。

---

① 赵存棠曾经担任过村里的党支部书记,现在是旅游公司副经理。贾会堂曾经担任过大寨发运站的会计,现在是大寨生态园的会计。

在集体化时期,如果逝去之人成分好,就会开追悼会,逢三六九这样的好日子下葬,破旧立新、移风易俗,丧葬从简成为社会现象。

1.仪式过程

随着政治运动的结束,人们又能够比较自由地支配自己的日常生活。相应的革命化的仪式也逐步地转变为日常生活中的仪式,并且增加了许多复杂的程序。

主要包括选墓地、装殓、守灵、报丧、呈孝[①]、开吊[②]、祭祖、墓祭[③]、迎帐[④]、家祭[⑤]、央人主[⑥]、辞灵、挂孝、出殡、安葬。此外,还有虞祭、烧夜纸、服三、过七、服孝等仪式。

2.仪式的阐释

2012 年 3 月 21 日,74 岁的村民贾存周因病去世。下面就以 3 月 26 日贾存周的葬礼为例对大寨葬礼的特点进行论述:

①大包干的形式。贾存周的两个儿子身体有残疾,所以大包干是最省事的方式。办席、抬棺材、乐队这些都是由专业队伍来完成的,一共花

---

① 出殡前一天在死者大门口和房门上贴白纸,挂引魂幡,准备哭丧棒,分等级着孝服。呈孝后,孝子立于灵前,在司仪的主持下,行四大拜礼,鸣炮、焚香、烧纸、上供,入丧房守灵。

② 丧礼仪式开始,鸣炮奏乐。最近几年又增加了洋鼓、洋号奏哀乐等。

③ 死者丈夫先去世的,孝子在祭祖之后,要上坟地祭先亡之人。进入新开的坟墓,祭拜、行礼之后,女儿们还要用笤帚在逝者的坟里打扫。

④ 迎帐是 20 世纪 80 年代后期兴起的一种吊唁方式,也就是说,在出殡的当天,亲戚朋友携带花圈、挽幛、供品等前来吊唁,先在村口停留,一主事人通过执事人(主丧)与乐队取得联系,由乐队迎接,叫迎帐。迎帐也有讲究,先人主,而后依照血缘关系的近与远,按次序而入。迎接人主的时候,孝子需要全部出来,跪于路的两旁,等待人主的进入。人主进来后,乐队陪伴着,孝子们跟着走到院子里。这一仪式完成后,女儿、侄儿、侄女分别开始进门。不过除人主外,其余各家均不用孝子们去村口迎接,只要是乐队出去就可以了。主家买了很多鞭炮,进门的各家除带着花圈外,也要带很多鞭炮。这些人放着鞭炮,吹吹打打地进了门。各亲戚,是谁家的亲戚,则由谁家出去迎接。迎帐钱除人主的由丧主家支付外,其他的亲友则需要自己向乐队支付。亲戚进来后,门口有一个长约 3 米的柳树枝,旁边放着一个有面糊的小铁锅,并且里面还有白纸条,亲戚们将白纸条蘸上面糊,然后粘到了柳树枝上。

⑤ 俗称上饭。

⑥ 孝子到人主休息的房子,跪于人主面前,听人主对孝子尽孝道、丧事安排等进行评说。只有人主同意出殡,孝子才能叩谢后离开,准备出殡。

了4000元。贾存周的妻子李爱荣说:

> 孩啊,我没办法了,只能是大包干了,基本上我就没用村里的人,俺这孩子不能给人家打扮(帮忙),亏欠旁人,大包干省心。其实大包干也不费钱,如果自己做,找人抬棺材、打墓,一共得20个人,一个人一条烟,这也是1000来块钱。还得给人家们酒和馒头,算下来也不省钱。

从李爱荣的叙述可以看出两点:首先,乡村中人际关系是互惠的,葬礼中大包干某些时候也是一种无奈之举。其次,大包干也是出于一种理性的考虑。

②哭丧的专业化与娱乐化。近年来,不仅办事是由专业化的队伍来完成的,而且哭丧这本属于孝子们为了表达哀思的方式也专业化了。哭丧的专业队伍中不仅有男的,而且有女的,也就是扮演着孝子和孝女的角色。专业化的哭丧者在现代乐器的伴奏下,拿着麦克风声泪俱下颇具表演艺术。哭丧主要是集中在发引前一天的下午和发引当天。发引的前一天下午,专业人员从两点就开始哭丧,直至晚上8点。中间除了休息之外,就是拿着麦克风在表演。发引当天,更是哭丧者表现的最佳机会,站在院子中间拿着麦克风哭得好像要天旋地转似的,从声音中可以听到是极度悲伤的,但是如果看他们的表情,就明白这纯粹是表演,因为哭丧人员的表情中面带笑容。如果哭得特别好,主人家还会奖励红包。整个仪式缺少了庄严与肃穆,而是始终伴随着世俗化的表达。贾存周的葬礼中就雇用了一男一女两个哭丧的。

③葬礼仪式中的村干部。在葬礼的仪式过程中,大寨的党支部书记兼村委会主任贾春生担任总管,这也是大寨多年以来的习俗。大寨的其他重要人物,如高玉良、赵存棠也会在这些仪式上现身。这些曾经和现任的村干部在仪式上出现,并且也扮演了重要的角色。此外,军乐中的音乐

有集体化时期的歌曲，也有学习雷锋的。整个过程失去了庄严与凝重，而是极其欢快，充满了娱乐性，这与传统的丧葬习俗形成了明显的对比。

④人情、面子的体现。如果完全从经济理性的角度来思考，很难解释大寨人的心理状况。就以这次丧葬的仪式为例，按照当地习俗，“过事”的时候，亲戚、朋友、同村、近邻要上礼，贾存周葬礼礼钱收下20000元。支出如下：棺材（2000元）、寿衣（1000元）、宴席（3000元）、炮（1000元）、糕（600元）、烟（1250元）、其他（4000元），一共是12850元。收下的礼钱减去仪式的支出，剩余7000多元。从经济理性的角度来讲，举办这样耗资巨大的仪式是一种非理性的行为，但是这已不同于莫斯所研究过的美国西北海岸的“夸富宴”。在“夸富宴”中，那些分发礼物越多的酋长，其地位与声望也就越高，通过这种手段从而形成了特定的阶层秩序和权力关系。[①]现在中国许多地方的婚礼与葬礼与莫斯所研究过的“夸富宴”从本质上完全不同，如今是“赶着鸭子上架，打肿脸充胖子”。因为从民众的角度来说，“过事”的仪式是否讲究、花费钱财的多少关系到人的脸面问题，这已经形成一个格尔兹所说过的意义之网，而人们就活在自己所编织的这张网中。离开这张网，将会成为文化上的出局者。付出代价太大，一般人不会冒这个风险。

2019年，中共中央办公厅、国务院办公厅印发《关于加强和改进乡村治理的指导意见》，明确提出“全面推行移风易俗，整治农村婚丧大操大办、高额彩礼、铺张浪费、厚葬薄养等不良习俗”。随着国家指导意见的颁发，大寨在红白事宴中互相攀比之风得到了有效控制，同时由于2020年以来的疫情减少聚集的要求，这两年村民也就习惯了红白事宴减办。

三、新发明的传统

如果说岁时节日与人生仪礼都是传统的复兴，那么暖房仪式则是一

① [法]马塞尔·莫斯：《礼物》，汲喆译，上海人民出版社2002年版，第44—136页。

种新发明的传统,是传统的再造或者再生,而非传统的苏醒或复活。

1963年之前,大寨的房子有三种类型,分别为瓦房、平房、窑洞。1963年大水后,这些房子大多被冲毁。1964年开始,大寨人“一天两担饭,晚上加班干”,建设新农村。“晚上加班干”就是指盖房子。当时盖的是火车皮式的房子。这种房子体现了集体化公有的时代特征,不仅没有独立的卫生间,而且用水也是在公共的地方。集体化后期,每年维修房屋对于村里来说也是一笔很大的开支。赵素恒任党支部书记的时候就考虑把房子分给个人,直至1987年高玉良担任党支部书记的时候,村里才按照当年7月15日的户籍人口制定了出售房子的方案,但是由于重重阻力,没有实施。1991年年底,郭凤莲重返大寨任党支部书记,在对原有的方案进行修改后,以两间房折一眼窑洞计算,还是按1987年7月15日的在册人口为基数,采取了四舍五入的办法,以每人0.8间,每间200—500元的价格,将集体化时期的房子卖给了个人。①

不同于集体化时期火车皮式的房子,当时为了显示“公”的特征,房子一排排的,连院墙也没有。80年代之后,村里的九户村民审批了地基,自己建起了房子,有了独立的院落,房子内将客厅、卧室、厨房分开,有的还用大理石或瓷砖铺地,配以铝合金门窗、茶色玻璃,卫生间在院子里或者街门口,也就是说住房中呈现出私人化的倾向。然而在当时能盖起房子的毕竟是少数。

1998年,大寨村统一规划,集资修建了24套别墅,户均使用面积为160平方米。楼房坐北朝南,钢瓦盖顶,呈三角形,有隔层。房子内有客厅、卧室、洗澡间、卫生间、厨房,有的还有地下室,配以铝合金门窗,有自己的独立院子。2003年建成26套别墅,2009年建成了一栋可容纳40户的单元楼,2015年又建成两栋可容纳80户的单元楼。自从这些房子建成后,大寨人除了做生意的和老年人外,年轻人就搬到了新居。

---

① 王俊山:《大寨村志》,山西人民出版社2003年版,第126页。

也正是从1998年建起新房子开始，村里兴起了暖房的习俗。

一般来说，村里的暖房都在总公司后院的集体活动场地进行，暖房也要请亲戚、朋友吃两天的饭。

按当地的习俗，只要是“过事”，前一天晚上就要吃拉面。煮面的大锅和用于拉面的案板在院子里支着。专人负责拉面，面煮熟后从大锅里捞出来浇上卤就可以食用了。暖房当天早晨要吃枣糕，中午是正席，晚上还要吃饺子。这几年暖房的规模越来越大，几乎和做红白酒席没有什么区别。

在开饭的时候要放鞭炮，提醒村民吃饭的时间到了。暖房当天的早饭，一般在村里的公共场所吃。晚饭活动场所回到了主人的家里。都住楼房了，空间狭小了，也私人化了，所以晚饭只有亲戚和村里十分要好的会去，而非全村人都参加。

迁入新居前，要请长辈在新房里先住三日。早饭后，还要请财神、接祖神，全家还要跪在家布前祭拜，也要为神和祖先供奉馒头、枣糕、花糕、各种点心等。此外，还要在新屋内贴对联，这些都需要看日子。另外，在早晨太阳出山前、晚上入睡前都要放鞭炮，以示驱邪。

1998—2018年，村里一共暖房170次。就以每次30元来计算，每户也支出了5100元。改革开放以来，自建房子的9户都没有买新房，所以这一仪式对于他们来说只是单向的，而不可能以循环的方式返还回来。他们说：“我们没有新房子，暖房又不能不参加，我们吃亏了。”这是理性的计算与思考，但是在强大的文化网络面前，没有人敢单独退出。

不论是韦伯把中国民间信仰概括为“功能性神灵的大杂烩”，还是杨庆堃认为的“中国宗教缺乏显著的、正式的、组织化结构”[①]的特征，都是源自宗教在中国社会中功能性作用的深刻认识。杨庆堃还依照西方的学术

① 杨庆堃：《中国社会中的宗教》，范丽珠译，上海人民出版社2007年版，第5页。

范式把中国的宗教分为制度性的宗教和分散性的宗教。[①]他说："中国社会中分散性宗教占据主导地位，而制度性宗教相对薄弱……中国传统文化就是一种分散性宗教，其特征就是宗教的教义、组织、仪式都与世俗生活和社会制度紧密地联系在一起。"[②]虽然在20世纪60年代，杨氏就指出了中国社会中宗教的上述特征，然而在改革开放40年后的今天，杨氏的结论仍然具有重要的借鉴意义。

在新农村建设的今天，庙会的恢复、家谱的重续、祠堂的重修以及非物质文化遗产的繁荣与兴盛都可以说是国家与民间"合谋"的结果。20世纪90年代以来，大寨人开始第二次创业，怎样使大寨人富起来是最为重要的任务。经过30年的发展，经济观念早已深入人心，最明显的表征就是财神信仰在大寨的发达。当今在大寨村里的旅游商店中，毛泽东、周恩来、朱德这些伟人的字画有的可以卖到几十元、几百元一张。红色歌曲也在耳朵旁不断地重复着。

如今的大寨，传统与现代实现了较为和谐的并置，村落中不同群体、不同文化之间能够比较和谐地相处。阎云翔在夏岬村[③]、董磊明在尚武村[④]、贺雪峰在荆门农村[⑤]、谭同学在桥村[⑥]所见到的年轻一代中狭隘的个人主义，无公德的个人、孝道的衰落、信仰世界的坍塌、灰色势力的介入等"村将不村""人将不人"的情况也并未在大寨村上演。

---

① 李亦园先生分别将"institutional religion"和"diffused religion"译为"制度化宗教"和"普化的宗教"。参见李亦园：《文化图像(下)：宗教与族群的文化观察》，台湾允晨文化实业股份有限公司1992年版，第96页。

② 杨庆堃：《中国社会中的宗教》，范丽珠译，上海人民出版社2007年版，第9—10页。

③ 阎云翔：《私人生活的变革：一个中国村庄里的爱情、家庭与亲密关系(1949—1999)》，龚小夏译，上海书店出版社2006年版。

④ 董磊明：《村将不村：湖北尚武村调查》，黄宗智主编《中国乡村研究》(第五辑)，福建教育出版社2007年版，第174—202页。

⑤ 贺雪峰：《村治的逻辑：农民行动单位的视角》，中国社会科学出版社2009年版，第99—102页。

⑥ 谭同学：《桥村有道：转型乡村的道德权力与社会结构》，生活·读书·新知三联书店2011年版。

第七章　后大寨时代的文化重构

从第一章至第六章，笔者对大寨重构过程进行了多层次的论述。在这一章，将透过具体经验本身，对绪论中提出来的问题进行理论上的答复。换言之，最后一章将从理论上总结从集体化时期向后改革开放时期、从传统向现代的转型过程中，大寨的转型与重构问题。在第一章，主要关注了大寨精神产生的独特生境，同时也用"局内的局外人"视角对步入田野点后的自我感知进行了客位的经验性描述。第二章从大寨的建村历史谈起，论述了随着运动的发展，政治嵌入了大寨人的日常生活，传统社会所形成的一套文化网络也被解构，同时在革命与建设的大旗之下建立了以集体主义为价值导向。从第三章到第六章，主要论述了改革开放后以经济利益为导向的社会里，曾经作为中国革命中心的大寨不断地被边缘化，以及在此过程中大寨人所背负的历史包袱。面对农业的内卷化与村落不断被边缘化，上级部门将郭凤莲调回大寨。在这位权威人物的带领下，依靠大寨具有的纪念碑意义以及在此基础上历史遗产所形成的多元资本，大寨人实现了从生计类型到信仰方式的变迁。

在本章中，首先，将对前面的经验描述进行分析，然后阐释文化惯习在后大寨重构过程中的阻力；其次，通过对文化的延续性进行分析，将论述当下村落的认同与结构分化。在此基础上，将对大寨转型与重构的特征进行探讨。

第一节　后大寨的逻辑起点及特征

20世纪80年代，随着全球化的加速发展，传统意义上的以自给自足为主要方式的农民已经不存在了，广大的乡村都被卷入了市场经济的大潮之中，大寨也不例外。在向市场经济的转轨过程中，对于长期以来习惯了集体主义的大寨人来说，有诸多的不利条件：第一，地理位置偏僻。第二，农业内卷化。随着人口的增多，农业边际报酬不断递减，且农业已经不再是为国家经济做贡献的最主要产业。第三，工业缺乏特色。从东南沿海开始发展的村办企业、乡（镇）办企业遍及神州大地，出现了村村冒烟的景象。大寨的工业发展较晚，并且没有形成特色。第四，市场观念不强。大寨人对集体主义辉煌岁月充满怀旧之情，市场经济的话语体系在人们的生活中没有占据主导位置。正是在这样的背景下，20世纪90年代开始，大寨开始了转型、发展、重构。

一、纪念碑效应

20世纪80年代工业化以前，华西有0.96平方公里，人均1.2亩地。随着工业的发展，1994年后华西正式成为没有耕地但行政上依然为村的乡镇企业集团。就是在这寸土寸金的地域内，依靠企业的建立与发展，实现了“离土不离村”。“正是依靠土地租金与土地资本的收入，华西人被牢牢地套在了土地上，这也成为他们坚守集体经济的最初动因。因此，可以说土地是华西集体经济的逻辑起点。”[①]南街也一样，这个面积为1.78平方公里，承载着3000多口人，紧挨京珠高速与107国道的豫中平原上的小村落，经过30多年的发展，年产值已经达到了16亿元人民币。工业的发展也是从农业内部成长起来的，而且村办企业发展起来后，很多外面工作的

① 周怡：《中国第一村》，香港牛津大学出版社2006年版，第284页。

人“最终都要回来企业工作,为南街这个‘共产主义小社区’做出自己的贡献”[①]。不同于华西和南街,虽然从村落面积来说,大寨有1.88平方公里,超过了南街与华西,不过大寨没有华西与南街便利的地理条件,它只是太行山下一个人口仅有520多人的小山村。且大多为山地,难于耕作,七沟八梁一面坡常常被用来形容大寨的生态区位。即便相对于华西和南街,大寨的土地面积较大,但是这并不能成为它发展道路上最重要的条件。换言之,后大寨的逻辑起点并不是土地。

是否具有便捷的运输条件以及距离市场的远近是工业发展的重要条件,然而在这两点上,大寨均不具备。在第五章里我们多次谈到,20世纪80年代大寨曾经开办过化工厂、草编厂、琉璃瓦厂、矾石厂,但是最终支撑了大寨发展的是羊毛衫厂、水泥厂、发运站和煤矿等企业。

上述企业之所以能够较长时间立足,除了充分利用了当地的资源外,还与领导们在利用和推广典型过程中“政治上的指导”“经济上的帮助”“文化上的帮扶”“生活上关怀”密切相关:

1992年大寨经济开发总公司与江苏江阴蝶美集团毛纺织厂合作建立羊毛衫厂,还在首都宾馆召开了记者招待会。

在全国人大常委会副委员长田纪云的牵线搭桥之下,1994年5月大寨中策水泥有限公司投产剪彩。[②]

在铁道部领导的关怀之下,1994年大寨在阳泉白羊墅火车站租用八个货站,建成大寨煤炭发运站。

……

2016年,大寨入选第一批全国特色小镇。

2019年10月,中国·大寨红色国际山地马拉松赛在昔阳举行。

2019年10月,山西大寨中国汽车场地越野锦标赛在昔阳县举行。

① 刘倩:《南街社会》,学林出版社2004年版,第228页。

② 田纪云:《我的两次大寨之行》,《老年教育(长者家园)》2008年第7期。

2020年1月，全国新年登高健身大会举行，华北区域主会场设在了山西大寨。

2020年7月，山西省文联等单位举办的"振兴乡村，走进大寨"在山西昔阳县大寨村虎头山举行。

2020年8月，"重临爱国主义教育基地，感受大寨爱国主义文化传承"主题实践团前往山西省晋中市昔阳县红色景区大寨，开展以"追寻初心路，逐梦新时代"为主题的暑期社会实践活动。

对于大寨来说，上述一系列活动，都是进一步发展的契机。后大寨时代，大寨人的生计方式实现了从农业向工业和旅游业的转型，依靠的就是其特殊的机遇。而大寨之所以备受关爱，无疑与其历史遗产有关。

通过"名人+名村"的运作模式，2021年大寨经济发展集团旗下共有25个企业，已形成建材制造、煤炭发运、旅游开发、饮品加工、新农业科技开发、服装制作、养殖等七个产业。不过，除了山西大寨森林公园有限公司、大寨旅游开发有限公司、山西大寨制衣有限责任公司、大寨羊绒衫厂外[①]，其他企业均不在大寨村。

很多企业是冠名的，也就是说只是利用大寨这个品牌，如大寨丰达房地产开发公司、山西大寨饮品公司、大寨酿酒公司、大寨新农业科技公司、大寨农牧公司（赵壁乡赵壁村）、大寨绿草湾公司、辽宁天豪饮品公司（丹东）、河北华鹏食品公司、大寨金鹿产品公司、北京华泰日升饮品有限公司、山西大寨天鸿商务有限公司（太原）、山西大寨豪酒酒业有限公司。

在诸多冠名的企业中，大寨人最为熟悉的是核桃露厂，该厂位于阳泉市盂县南娄村[②]。大寨人对这个企业熟悉并不是因为这个企业里有大寨

---

① 在众多地方领导的捧场之下，2012年9月25日，由原大寨羊毛衫厂改制的昔阳羊毛衫制衣有限责任公司——山西大寨制衣有限责任公司技术升级项目开幕典礼仪式在大寨隆重举行。改制后的原大寨羊毛衫厂仍然采取私人承包的形式，承包方为昔阳县元青服饰实业有限公司。

② 南娄集团下辖煤炭、煤电、饮品、实业、耐火、商贸、运输7个行业集团，拥有总资产30亿元，年规模产值50亿元。在7个行业集团中，乌金煤炭资源型产业群产值最高。

人在工作，而是因为每年的中秋节与春节，核桃露厂总要给每户村民发一箱核桃露，同时村里的每个商店都销售大寨核桃露，且核桃露厂每年上交大寨集团总公司80万元冠名权使用费。换言之，这个冠名企业能够给大寨人带来经济效益。

如今的大寨村，最显眼的工业就是2012年注册成立的“山西大寨制衣有限责任公司”。相比起20世纪90年代的企业，现在企业的工作环境好了很多，且工作效率也提高了很多。笔者在2020年8月进行了调查，新建的工厂采用了吊挂系统，逐渐智能化，效率比几十年前提高了两三倍。总经理段爱元说：“1991年，郭书记重返大寨后，开始发展工业。这几年，我们很重视品牌，如今大寨集团旗下的产品门类多达三十余个。要发展企业，就得转变观念，面向市场。有了工业，大寨这个牌子也就火了！”大寨制衣厂年产值接近7000万元，规模并不大，但可以解决村里部分劳动力的就业，且还可以吸纳昔阳县周边的部分劳动力。

后大寨时代，发展的起点是企业，而企业的成功除了依靠当地自然资源（如煤矿）的优势外，还依赖于大寨品牌（如核桃露厂）。

后大寨时代，发展最有特色的是旅游业，大寨虎头山是国家4A级景区,已经成为村民收入的主要来源。

在集体化时期，大寨是中国农业战线上的一面旗帜，大寨也被树立为全国的典型。在改革开放后的市场经济社会里，品牌就意味着效益，正是依靠象征符号背后所蕴含着的遗产效益，通过“名人+名村”的运作模式，大寨实现了经济上的重构。

二、如何再次转型

“完美的微型化有自己的完整逻辑。模范村庄、模范城市、军事殖民地、示范项目以及示范农场都给政治家、管理者和专家以进行精确试验的空间，在这里，许多杂乱和未知的因素被最小化。”[①]正是在这个精确的试验空间里，集体化时期的大寨成为典型中的典型。实际上，“适合地方实践所发明的方法很难被扩展到地方，因为每一个村庄都有其独特的历史、生态、耕作方式、亲属联盟以及经济活动，都需要一套新的制度”[②]。树立典型只是工具，典型的被推广才是最为重要的目的。虽然“历史早已曲终人散，大寨也成为古董，只具有研究价值而不具有实用价值”[③]，但是进入21世纪以来，树典型、学典型并未随着历史的结束而烟消云散，大寨这个曾经的典型化村落再次被典型化，也引起了各方的高度关注。

集体化时期，大寨被树立为典型；改革开放后，大寨再次成为典型。不同时期的典型之间存在怎样的关系？实际上，改革开放后大寨之所以能够成为典型，很重要的就是对集体化时期历史遗产的借用。20世纪90年代以来，大寨逐步探索出一条独特的发展道路。进入21世纪，尤其是在乡村振兴的时代背景下，大寨也需要不断学习，不断改革，才能跟上时代的发展节奏。正如某退休的县人大常委会干部所述：

> 大寨又到了一个冲破模式需要发展的时候了。大寨在1992年到2001年、2002年这几年间发展得很快，这几年面临着再次转型。大寨要突破这个模式必须和建设大大寨这个战略联系起来。小大寨不行了，要做大大寨。要以2020年以来昔阳县建设“全域旅游示范区”为契机，充分挖掘文旅资源优势，大力实施文化强村、文化强镇、文化强县战略，打好名村、名片、名誉、名气“四张牌”，做好转型发展之路。

---

① [美]詹姆斯·斯科特：《国家的视角：那些试图改善人类状况的项目是如何失败的》，王晓毅译，社会科学文献出版社2004年版，第330页。

② [美]詹姆斯·斯科特：《国家的视角：那些试图改善人类状况的项目是如何失败的》，王晓毅译，社会科学文献出版社2004年版，第140页。

③ 笔者与昔阳县领导交谈的时候，他们多次这样表述。

在转型发展中,大寨必须对接国家战略和全省、全县文化旅游发展规划,充分挖掘自身的文旅资源优势。同时发挥出自己的比较优势,在走出去与引进来的结合,历史与现实的结合,传统与现代结合的基础上,走出一条属于自己的发展之路。

三、村民的理性化

不论是伦理本位的社会,还是差序格局的社会,都充分说明了中国传统血缘社会中人与人之间的关系不同于西方个人化的社会。

改革开放后,许多学者看到了中国社会中差序格局的理性化以及社会交往领域中“利、权、情”的新格局。[①]这种理性化的社会关系格局在改革开放后也逐步进入了大寨人的视野。

在新农村建设的语境下,乡村公共产品的供给有两个方面:一是国家的供给,二是集体的供给。关于乡村中到底是理性小农还是道义经济的争论[②]从来就没有停止过,然而面对公共产品,许多村民都显现出了理性小农的特征。

① 折晓叶:《村庄的再造:一个“超级村庄”的社会变迁》,中国社会科学出版社1997年版。

② 从20世纪20年代开始,农村社会学、经济人类学中就开始出现了两种相互对立的理论脉络。美国耶鲁大学政治学和人类学教授斯科特从实体经济学的路径出发,认为农民首先想到的是安全第一,在此情况下,形成一种强调生存伦理的道义经济学。而美国经济人类学家波普金从形式主义的视角出发,认为传统社会的小农仍然是一种理性小农,也就是说小农的生活也是充满经济理性的,这就是学术界所说的斯科特—波普金命题。参见James C.Scott,The Moral Economy of the Peasant: Rebellion and Subsistence in Southeast Asia, New Haven and London: Yale University Press, 1976; Popkin, Samuel L, The Rational Peasant: The Political Economy of Rural Society in Vietnam, Berkeley:University of California Press,1979.

表7-1 大寨及其周围村落户均人口情况统计表

村名	2012年		2020年	
	人口	人口/户数	人口	人口/户数
大　寨	523	2.46	520	2.42
金石坡	650	2.61	665	2.32
长胜岭	439	2.49	484	2.51
井沟(包括自然村虎头山)	690	2.73	827	2.26
武家坪	1168	2.74	1280	2.52

从表7-1可以看出,在2012年和2020年,大寨周边的4个村庄中人口最多的是武家坪,从2012年的1168人增长到2020年的1280人,且户均人口也最多,2012年是2.74人,2020年是2.52人。大寨2012年户均人口为2.46人,是5个村中户均人口最少的,2020年户均人口最少的是井沟村,为2.26人。总的来看,各个村虽然人口有所增长,但是户均人口却在下降。

从客观上讲,20世纪80年代以来,随着国家在乡村计划生育政策执行过程中力度的加大,户均人口呈下降的趋势。从主观上来讲有两个方面:一是随着传统"不孝有三、无后为大"的观念被解构,许多人并不再把子孙的延续看作自己人生意义的追求,而是把满足今世的享乐作为重要的价值观念,这与人的本体性价值[①]的丧失有关。二是公共产品均是有限的,乡村公共产品的供给以户为主要形式,所以刚结婚就要立户也成为一种趋势。

20世纪六七十年代,大寨其实并不是一个理想的婚姻之地。虽然当时大寨已经很出名了,但是"受得很"[②],这样的劳作实践活动影响到了大寨人的婚姻,这便有了"有女不嫁大寨男"的说法。与此相关的是"大寨铁姑娘不出村",为了村庄的延续,村干部采取了一定的措施。即便如此,

① 贺雪峰:《中国农民价值观的变迁及对乡村治理的影响:以辽宁大古村调查为例》,《学习与探索》2007年第5期。

② 意思是劳动强度大。

“知识青年婚恋观的政治化、择偶标准的绝对化、婚姻家庭的革命化”还是成为当时婚姻的主要特征。[①]以上特征在铁姑娘这个时代的符号与象征群体中体现得最为明显。具体来说，大寨的铁姑娘参加劳动并不是为了个人意识，而是在积极响应国家号召的社会意识中行动了起来。新中国成立后，实行男女平等的政策，妇女也从锅台、灶台上走了出来，参与了社会主义新农村的建设。这在一定程度上提高了妇女的社会地位，推动了妇女自我的解放。然而在改革开放后，这些曾经的铁姑娘社会地位也并未得到明显的提升。由于外嫁的铁姑娘大多在山区，自然条件恶劣，大多并不富裕。虽然她们曾经在大寨的建设中出过汗、流过血，但是毕竟是外人了，如今大寨经济条件变好了，村里的铁姑娘们也享受了一系列福利，但这些似乎与外嫁的铁姑娘没有任何关系。

在传统社会，婚姻的直接目的就是传宗接代，也就是种族的繁衍。20世纪80年代之后，在民间仪式复兴的大背景下，婚姻作为人类的一种文化制度，也被赋予了许多新的内涵。在21世纪的今天，婚姻早已不仅仅是为了人类的繁衍，这从村里的单女户与双女户就可以看出来，这样的情况在几十年前的村里不可能发生，因为这意味着断子绝孙。而今，婚姻越来越成为两个人之间的事情，阎云翔在夏岬村看到，自从家庭联产承包责任制实施以来，村子里越来越早地分家，分家不是婆婆提出的，而是媳妇提出的。[②]在大寨及其周围村庄：“许多媳妇根本就不想分家，因为分家意味着责任，一块过什么也不用管，每天父母成了保姆。赚下的钱也不用上交，自已拿着花，何乐而不为！”

从户籍情况看，村庄出现了越来越多的核心家庭，但实际情况是扩大家庭成为家庭类型的主要形式。在这样的家庭中，分家的时间延长了，很

---

① 李相珍：《“文化大革命”期间婚姻生活之我见》，《辽宁大学学报（哲学社会科学版）》2002年第3期。

② 阎云翔：《私人生活的变革：一个中国村庄里的爱情、家庭与亲密关系（1949—1999）》，龚小夏译，上海书店出版社2006年版，第159—180页。

多父母成了“保姆”，在家负责做饭与看孩子，直到孩子上学以后才会分家。这种状况仅从派出所的户籍表上是无法看出来的。大寨为何户均人口这样少呢？调查发现，大寨人结婚后的第一件事情就是分户。为何急着分户呢？原因在于村里很多公共产品的分配是以户为单位进行的。如果某个人一辈子未婚，那么他只能是和父母在一个户上；如果他到了法定结婚年龄，结婚后马上分户，就可以享受到村里以户为单位的公共产品的分配。所以，村民分户的提前是一种理性的行为。村民说：

> 在昔阳县，大寨的存款户是较多的。森林公园门票收入的分配比例是“三三四”原则，也就是说门票的30%会按股分红。其实很多人原来是在一个户里，现在为了这个利益分成若干个户。村里也得尊重现实，人家愿意分户，你也没办法阻拦，分开户后每户要领村里的分红。去年是每户3000块钱。

村民不仅在争夺公共产品时理性化了，实际上在人际关系方面也出现了理性化的趋势，最明显的就是姻亲关系取代宗亲关系成为村里人与人之间最重要的关系。在改革开放后的后大寨时代，人们早已从土地的束缚中解放了出来，随着业缘、地缘关系的进一步拓展，现代市场经济对人们思想观念的影响也日益严重。市场经济的观念对大寨社会也产生了重要影响，其表现就是人际关系与经济利益的紧密结合，以及与此相关的人际关系逐渐趋于理性化。

第二节　后大寨村落的分化与整合

传统中国乡土社会的基本单位是村落，而村落是一个熟人社会。在这个熟人社会里，成文法基本上没有用武之地，村落的整合依靠的是礼治秩序。因此无为政治、无讼状态、长老统治也就成为这个熟人社会的重要特征。[①]近代化以来，传统社会的自然村转化为行政村，市场经济对村庄的渗入以及礼治秩序和长老政治的解体，尤其是外出打工带走了村里主要的青壮年劳动力，剩下来从事农业耕作的是“386199部队”[②]。随着乡村都市化的快速发展、土地的减少和耕作工具的改良，即便是在乡村的“386199部队”也是“一个月过年，三个月种田，八个月赋闲”。而青壮年劳动力一般来说在村里是属于有文化、会办事的群体，他们的流出使乡村更趋于贫困化，也影响了村落文化的传承。在村落终结[③]的背景之下，大寨早已不是传统意义上以农业为主要生计方式的村落了，而是实现了从农业到工业与旅游业的转型。如果从这个意义上讲，现在的大寨已经不是乡土社会了，而是呈现十分复杂的状态。

杜赞奇在对20世纪上半叶华北平原的农村研究后发现，当地人的生活网络一般不会超过5公里。[④]大寨作为太行山下的一个村落也是如此，在漫长的封建社会里，人们生于斯、长于斯、死于斯，很少有向外流动的机会，这是一个社会变迁很小，而且变迁速度很慢的社会。在集体化时期，人们更是很少有向外流出的机会。对于女性来说，外嫁成为重要的拓展社会网络的途径，然而为了争夺劳动力资源，也就有了“大寨的铁姑娘不出村”的现象。工农兵大学生和外出参军成了极少向外流动的机会。人民公社时期，村里一共有4个工农兵学员，毕业后均被分配工作而离开了大寨。虽然参军也是向外流动的重要机会，但是大多数人还是复员后回到了村里。改革开放后，外出求学成为村里最重要向外流动的机会，

① 费孝通在《乡土中国》中对熟人社会的礼治秩序进行过详细的论述。参见费孝通：《乡土中国》，上海人民出版社2007年版，第51—65页。

② “386199部队”中“38”是指妇女，“61”是指儿童，“99”是指老人，也就是老弱病残的代名词。

③ 李培林通过对广州市城中村的调查研究发现：“村落终结的艰难并不仅仅在于人们生活的改善，也不仅仅在于乡村都市化中的户籍制度问题，而是说在都市这个陌生领域中文化网络、社会网络的重建的艰难问题。”参见李培林：《村落的终结》，商务印书馆2004年版。

④ [美]杜赞奇：《文化、权力与国家：1900—1942年的华北农村》，王福明译，江苏人民出版社1994年版，第18页。

1980—2019年一共有70名外出就读的学生，只有10人回到了村里，其他人都在外地就业。在20世纪90年代轰轰烈烈的村办企业中，大寨人的活动范围明显增大。但是进入21世纪后，随着旅游业的发展，大多数人又回到了村里，靠旅游业解决了就业问题。

一、村庄的分化

在土改中，按照拥有生产资料的情况和是否存在雇工剥削等标准，将农村人口划分为雇农、贫农、中农、富农、地主。在整个集体化时期，每个村民被框定在了成分之下，这样的身份符号也成为集体化时期中国社会开展一系列仪式化运动的逻辑起点。

虽然在大寨这个七沟八梁一面坡的生态区位上地主也不比贫下中农好多少，但是在土改中，大寨还是划出了一户地主、三户富农。集体化时期，虽然形成了社会分层，但是不存在社会分化。因为不论是人民公社的成立，还是大寨工的推行，在很大程度上是为了抑制社会分化，人们也把实现共同富裕这个共产主义理想作为奋斗目标。当时的大寨和全国的村庄一样，依靠工分进行生活资料的分配，对于男劳力来说最多满分是10分，普通村民也能拿到八九分的工分，村庄内户与户之间的经济差距并不大。就以1979年为例，那时候大寨的工分是每天1.8元[①]，也就是说一个月如果是全勤，按30天计算，且工分如果是满分，那么就是54元；如果是9分的工分，且全勤，那么就是48.6元。二者差距为5.4元，差距并不大。

① 大寨工分从1957年的每天1元开始，到1979年农业学大寨结束时是2.1元。这是昔阳县最高的工分，有两方面的原因：第一是大寨人少地多，第二是大寨是当时中国农业的中心、村庄的样板，没有哪个村敢把工分定得超过大寨。因为进入“文化大革命”后，口号中也只能提“学大寨，赶大寨”，而不能是“超大寨”。

表7-2　1979年3户农民消费调查[①]

户主	人口（人）	劳力（人）	全家收入（元）	支出										
				小计（元）	人均（元）	粮菜房（元）	煤（元）	嫁娶（元）	穿衣铺盖（元）	家具（元）	副食（元）	医药（元）	文娱（元）	其他
赵怀金	4	2	1583.7	1105.6	276.4	359.9	26.6	641	—	—	65.3	10	2.5	—
赵素小	7	4	2007.2	2011.6	287.4	580.3	80.3	1106	—	—	95	—	50	100
李有命	5	2	1056.5	1058.2	211.6	378.2	98	—	172	219	71	—	120	—

集体化时期的中国乡村社会是一种单纯务农型的职业结构，劳动管理主要是按照大寨工的做法，这在重塑农村社会中发挥着重要作用。与此相关的是：人与人之间主要是劳动分工的不同，经济上不会产生太大的差距。从表7-2可以看出，3户农民的人均收入分别是276.4元、287.4元、211.6元，最高的和最低的人均收入之间差距仅为64.8元。因此，在单一的以农业生产为职业结构的普遍贫穷的状态下，村民之间的经济差距很小。

包产到户后，村民之间的分化开始出现。一般来说，村庄中房子的高低、面积的大小是身份高低的象征。但在大寨，仅从这些条件我们很难看出村民之间的分化，因为村里的房子是集体按统一的标准修建的，而且年轻人基本上都有一份稳定的工作。不过，如果我们走进房内，就会马上发现村民之间的分化。这从屋内家具档次的高低、房子装修，以及是否拥有汽车这样的交通工具就可以看出来。从多个面向都可以看出，在后大寨时代，村里的分化直接源于生计方式由农业向工业的转型和计划经济向市场经济的转型。在转型中，出现了明显的结构分化。主要体现在职业上，由过去单一务农型的格局逐渐趋于多元化。

① 王俊山：《大寨村志》，山西人民出版社2003年版，第27页。

表7-3 2020年大寨村民职业分化

分类	人数(人)	占总人口比例(%)	年收入(万元)
农业劳动者	52	10.00	2.2
农村管理者	5	0.96	2.4
乡村企业职工	6	1.15	2.4
个体工商业者	30	5.77	4
企业管理者	1	0.19	5
外出务工人员	10	1.92	4
旅游景区工作人员	94	18.08	4

在转型过程中,华西也出现了结构分化、身份分化和职业分化。从结构分化上来讲,2003年在华西的土地上就有60多家企业,围绕这些企业出现了生产经济结构的变化、组织结构的变化、领导体制的变化,从身份分化来说,有1万多外来人口为华西打工,即便是华西内部也出现了城镇户口、农业户口和村籍户口的区分。[①]而在大寨的1.88平方公里的面积上,除了已经退耕还林的484亩土地外,现有耕地为515亩,这些耕地大约一半由外来户耕种。即便是在村中还仍然耕种土地的村民,也大多呈老龄化趋向。[②]大寨人基本上告别了以农为业的时代,也就是说,传统意义上以农为业的村落已经基本不存在了,农业劳动者也主要是65岁以上的村民。虽然商业和企业管理者的收入最高,但是差距不大。不同于上述华西的结构分化与身份分化,大寨的分化主要出现在职业分化。

对于大寨村民来说,除了村里的按股分红外,春节前每人还可以得到村委会发给的1000元,这是每个拥有大寨户籍的人都会享受到的。不过,这个"公"领域的收入在家庭总收入中所占的比例不太大。除此之外,大寨人的收入还有以下两方面:一是虎头山森林景区上班的工资,二是开

① 周怡:《中国第一村:华西村转型经济中的后集体主义》,香港牛津大学出版社2006年版,第141页。

② 在调查中,很多村民都为中国人未来的吃饭问题担心。他们说:"年轻人不再种地,况且也不会种地了,以后吃什么,迟早有一天中国的粮食要出大问题。"

饭店或商店。在景区上班的有50人，开饭店或商店的加起来有30户。

表7-4　2020年大寨村民收入分类情况

类别	村干部（4人）	导游（20人）	景区（50人）		清扫街道（4人）	农业组（20人）	开饭店（户）	商店（户）
			管理人员（4人）	普通人员（46人）				
收入（万元）	4	3	3.4	3	0.9	0.7	5~6	2~3

在今天，是否有钱也成为衡量一个人成功与否的标准。换言之，经济上的标准成为村庄社会的重要分层标准。进入2005年以后，旅游业已经成为村里的主要收入，表7-4主要描述的是与旅游相关的各个群体的收入情况，基本上能够反映大寨人的经济收入状况。

第一，干部与群众之间的分化。大寨的工资是按天来计算的。4个部门的部长是中层领导，属于干部级别，每天的工资是70元。2个小组长每天是60元，其他的人员每天是50元，清扫街道的4个村民每年9000元。从工资来看，干部和群众之间虽然有收入差距，出现了经济分化，但是分化并不大。

第二，不同行业之间的分化。一般来说，在大寨开商店或饭店比在景区工作赚的钱多。不过开店需要好的地理位置以及人脉，所以并不是每个人都可以做到的。

在大寨的商店里，最赚钱的无疑是宋立英的商店。她说：

(20世纪)八九十年代村里就有人开小卖部了，那会咱傻哩，咱也不开放，咱还怕事哩！咱是共产党员哩，咱可不要搞，说给那孩子们也不要(开店)，那是走资本主义道路。咱要赚受苦挣下的钱，不该拿的钱，一分也不要，够生活就行。我这铺铺是2000年开的，人家前面建平的早就开了，对门的也开了，咱还是迟了，这还是县里面也支持，郭凤莲也支持，才弄开这。后面郭凤莲回来了，把这两间也借给我了。2006年我翻修了房子，才像个样子，老了，跟不上时代了，这还是大家都支持才弄得这小铺铺。2020年以来,受疫情影响,游客少了些。不过,这疫情终究会过去。

除了开店外,这个没有读过书的农村妇女还学会了写自己的名字,搞起了签名售书。宋立英是一位劳模,因其名声,她的店受到了旅客的格外青睐。除此之外,省部级领导每次来大寨参观访问,都要去慰问她。据村民估计,宋立英的收入每年在10万元以上。

在大寨,梁便良的三儿子梁计文的饭店是最赚钱的。他的饭店位于大寨村委会斜对面,地理位置优越,招牌也响亮,便成了外来游客经常光顾的地方。

虽然饭店和商店都是围绕旅游业而兴盛起来的,但是无论在行业之间还是在行业内部都存在分化,最赚钱的宋立英商店可以每年赚到10多万元,而其他村里的商店大多只能赚3~5万元。饭店也一样,梁计文的饭店每年可以赚到至少5万元,其他饭店每年只能赚3万元左右。

与全国轰轰烈烈的民工潮相比,如今的大寨显得有些冷清。改革开放40年以来,依靠集体经济的惯习并没有发生根本的变化。而且这种状况在20世纪90年代以来,又部分地被强化,不过这样的状况也在悄然发生着一些变化。

除了读书离开大寨不再回归这个村落外,在经济压力之下,年轻一代已经逐步地走出大寨,走向了城市。从2011年开始,大寨有一个40多岁的中年人在朋友的介绍下率先去了佛山从事制瓷工艺。在他的带动下,2012年村里又有两个中年人去了佛山打工。2018年以来,外出打工的更多了。笔者曾在广东省佛山市南海区狮山镇罗口工业区宿舍对这些大寨人进行了访谈:

工作倒是不累,星期天休息,不过太热。主要是一个月才3000来元,除了饭费和住宿费就剩2000多元了,有点工资低,我们今年年底就回去不来了。在山西找个工作吧，这儿太远了，生活也不习惯。2013年，我去年去总公司找书记，说是我家里经济困难，在（虎头）山上给我找个工作吧！书记说外村人都去打工了，你也可以出去打工。没办法，我就只能出来了。我们不能和年轻人比，年轻人出来看看，挺好的，但是对于我们这样的上了50岁的人来说，村里有个工作还是比在外面打工好。

2010年7月改制之前，景区还有很多外来工。改制之后，外来工基本上都被解雇了，只剩下一个外来人员。2012年7月，随着这最后一个外来人员离开大寨回到武家坪，虎头山景区已经全部是拥有大寨户籍的工作人员了。即便外出务工比在大寨工作收入高，可是对于大多数大寨人来说，还是希望留在大寨，这除了村庄的荣誉感之外，和长期以来固有的依靠集体经济的观念以及在大寨工作较为稳定有关。

二、集体记忆与村庄声誉

社会是人类生活的共同体，社会的延续很大程度上依靠集体记忆。正如《社会如何记忆》一书中这样讨论有关过去的知识与对现在的体验之间的关系：我们对现在的体验在很大程度上取决于我们有关过去的知识。[①]在后大寨时代，正是依靠曾经的声誉，这种集体记忆以及在此基础上形成的独特历史文化遗产，村庄在实现了文化的延续与村落的认同基础上，也进行了重构。

在集体化革命实践中，大寨人曾经有着光辉的历史，这自不待言。进入21世纪以来，村民记忆中所留存的大多是曾经的辉煌历史，而这些历史遗产对于大寨人今天的日常生活产生着重要影响。在访谈中，谈到社会主义建设时期的时候，大寨人都有一种自豪感。这并不仅仅是因为在

① [美]保罗·康纳顿：《社会如何记忆》，纳日碧力戈译，上海人民出版社2000年版，第2页。

集体化时期大寨人相较而言经济条件要好一些，最高的日工分可以达到2.1元（1980年），而是因为集体化时期的大寨人有着辉煌的历史，是中国农村的一面旗帜。

笔者在访谈中发现，大寨人对曾经的社会主义建设的历史很是熟悉，能够娓娓道来，这些故事仿佛是在昨天发生一样。在那个社会流动较慢的年代，上级领导人频繁光临大寨，以及诸多革命仪式的展演，大寨人绝对是“见过世面”的。如今，大寨的荣誉虽然已经属于历史，但是曾经的历史不仅仅是荣誉，更重要的是成为大寨发展过程中的资源。

人民公社解体后，有些干部对于家庭联产承包责任制有抵触情绪，大多数村民也觉得“辛辛苦苦三十年，一朝回到解放前”，种种的不适应成为大寨发展道路上的阻力。20世纪80年代，大寨人面临着沉重的转身。大寨在工业方面也进行了很多次尝试。在上级的要求之下，大寨实行了大包干，不过大寨走的还不完全是个体经济的道路，因为煤矿以及集体的果园承包给个人后，村里每年会征收承包费。正是有这些收入，集体并未完全退出人们的日常生活。每年的春耕与秋耕均是集体负责，这一做法延续到了现在。

1991年11月15日，上级部门将郭凤莲调回大寨。在她的带领下，依靠大寨这个纪念碑所蕴含的名村与名人品牌，大寨开始了第二次创业。随着村集体经济的发展，村民的生活也有了很大的改观。就以住房为例，集体为村民建了4处居民楼：第一处是位于后底沟的中段东侧，一共24套，1998年落成。每套7万元，个人出资5万元，集体补助2万元。第二处是位于村东康家岭西坡，一共26套，2003年9月交付使用。每套楼房售价8万元，个人出资5.5万元，集体补助2.5万元。第三处是位于团结沟东侧的一栋单元楼，一共40套，2008年交付使用。每套楼房售价9万元，个人出资6.5万元，集体补助2.5万元。第四处也是位于团结沟东侧，有两栋单元楼组成，一共80套，2015年交付使用，每套楼房售价9万元。这些房子都统一供水、供电、供暖、供气。[①]房子是大寨人最重要的福利。此外，每年夏季每个人还分30斤西瓜、1箱核桃露；过春节也给每户发1箱核桃露；旅游公司入股还有分红，每人还发1000元。以上的待遇只要是大寨的户口就能享受到。每位60岁以上的大寨老人还可以每月领到养老金200元，70岁以上的老人每月养老金300元。这些都是集体主义优越性在大寨的表现。邻村村民说：

我们和大寨人的差距越来越大了。人民公社的时候人家是先进，成为我们学习的榜样。现在是经济社会了，论经济现在我们和人家更有差距，大寨村里有集体经济，每年旅游还可以赚钱。住房子集体盖，村里还有一些福利，还有养老金，我们什么也没有。在农业学大寨的时候，井沟村很出名，不是有报纸上说是《虎头山下两兄弟》吗？现在我们村不行了，学校也撤了，也没有什么集体经济。尤其是村里没有了学校，更是没人了，在村里的都是“扶着棺材打瞌睡”的。别看村子叫井沟，“大南山不大，小南山不小，水泉没水，井沟没井”（大寨镇的四个村庄）。咱井沟没井，有井也打不出水来，只能吃天水。各方面和大寨都有差距。2016年，大寨被评为了特色小镇，大寨村又在搞乡村振兴，都是机遇。我们村比不上。

我们武家坪村在人民公社的时候也是先进村，当时我们村的李喜慎还当了县委副书记。郭凤莲也是我们村的姑娘，可是我们村没沾光，不像大寨，自从她回来后变化就很大了。大寨是个名村，社会影响大，有上面的支持，很多事情它就可以办成。

20世纪90年代以来，在经济发展水平上，与大寨相比，周边村庄的差

① 2012年5月，山西省委书记袁纯清来到大寨参观，提到要“气化大寨”。2012年9月8日，大寨锣鼓喧天，彩旗飘扬，总投资400多万元“气化大寨”工程正式开工。这是山西省第一个专门为乡村而铺设的输气管道，大寨又享受了这一待遇。

距越来越明显。21世纪以来,差距更加明显。大寨依靠品牌优势,实现了经济发展,也正是通过经济手段,村庄才实现了整合,重新建构了村落共同体。

一般来说,村落共同体是依靠自然边界、社会边界、文化边界这三重边界而形成的。人民公社实行的是以队为基础的核算单位,也就是当时所说的“三级所有,队为基础”。队与队之间不仅有着清晰的自然边界,而且有着确定的社会边界。整个队就是一个大家庭,在这个单位中,国家提供了从摇篮到坟墓的保障。随着家庭联产承包责任制的实行,人民公社解体了。人民公社解体并不意味着村落共同体也已经走到了尽头,《村民委员会组织法》的实施赋予了村委会进行村落共同体建构的主要职能,但是村委会只是从理论上提供了建构共同体的条件,具体能否承担这个功能,还有待于看是否具备将自然边界、社会边界、文化边界整合起来的力量。对于一个行政村来说,自然边界与社会边界是既定的、十分清晰的,但是缺少了文化边界的村落会出现凝聚力下降的现象,最终很难形成一个共同体。与全国一些地方干群关系紧张、村落凝聚力下降的状态形成鲜明对比的是,今日的大寨虽然内部也出现了一些不同的声音,但是并不足以对村落认同产生威胁。这不仅与村落有着共同辉煌的集体记忆有关,而且也与大寨有集体资源有关。正是通过这些集体资源的供给,村民和村庄之间的感情进一步增强,也就是说,村庄的荣誉感和资源的集体供给奠定了村落共同体的基础。

第三节　后大寨的发展路径

在从集体主义到后集体主义的转型过程中,大寨这个拥有共同社区记忆的村庄的结构分化并不明显，村庄社会关联[①]还比较强，这样村落的社会秩序就较为稳定。

一、集体经济的支撑

社会继替的过程就是社会延续与再生产的过程。在传统父权制社会中，社会的继替是依靠双系养育抚育和反哺机制来实现的。[②]在大寨，这种传统的养育机制发生了一些变化。20世纪90年代郭凤莲重返大寨后，在村里实现了“五个有”和“三个不”。21世纪以来，历史遗产及其旅游文化产生的效益日益成为大寨人主要的经济收入，而这些收入反过来又支持了村里公益事业的发展，下面以养老金和助学金为例进行说明：

表7-5　大寨养老金情况统计表[③]

年份	1993	1996	1998	2002	2006	2008	备注
每月金额/（元）	30	40	50	60	100	200	到2020年依然是200元

从1993年养老金制度实施以来，大寨的养老金一直呈现递增的态势。2012年，村里60~69周岁的老年人有46人，每人每月200元，一年需要11.04万元。70周岁及以上老年人有32人，每人每月300元，一年需要11.52万元。加起来，大寨2012年的养老金共支出22.56万元。

2020年，60~69周岁的老年人有78人，每人每月200元，一年需要18.72万元。70周岁及以上的老年人48人，每人每月300元，一年需要17.28万元。加起来，大寨2020年的养老金共支出36万元。

养老金解决了老年人的生活问题，也有利于婆媳之间、家庭之间的和

① 村庄社会关联是指：“在村庄内村民因为地缘关系、血缘关系、互惠关系、共同经历以及经济社会分层产生的社会契约关系和权威—服从关系等，所结成的人与人之间关系的总和以及这种关系应对事件的能力。”村民之间的社会关联即表示村庄内部融合程度的一个范畴。参见贺雪峰、仝志辉：《论村庄社会关联：兼论村庄秩序的社会基础》，《中国社会科学》2002年第3期。

② 费孝通：《乡土中国》，上海人民出版社2007年版，第437页。

③ 数字由大寨村委会提供。

谐。2020年共有126人领养老金，也就是说，大寨60岁以上的老人有126人，占到了大寨总人口520人的24.2%，已经进入了老龄化社会。大寨邻里之间较为和谐，没有听说过婆媳之间红脸的事情，倒是经常听说“啃老”的事情。村中有一位老人，养老金舍不得花，存下1万多元，等到他去世，葬礼结束后，儿女们把这笔钱分了。大寨并没有出现像阎云翔等学者所说的代际冲突以及虐待老人、无公德等道德伦理丧失的现象，这有三方面的原因：第一，在赡养老人方面，集体起到了重要的作用，因此代际不会因为经济问题而出现矛盾与冲突；第二，现在的老年一代很多是集体化时期的劳模与典型，曾经战天斗地的精神已经部分被后代所接受；第三，国家经常对劳模的颂扬与表彰在客观上也起到了道德教化的作用。正是以上三点原因，使大寨在文化重构的过程中代际能够较为和谐地相处。

在国家免除义务教育阶段学杂费以前，大寨的入学儿童一直就不收学费，而且大学生每年可以享受村里的1000元奖学金。

表7-6　大寨助学金发放情况统计表①

年份	1994	1996	1998	2000	2002	2004	2006	2008	2010	2012	2014	2016	2018	2020
金额（元）	8000	7000	6900	7100	4800	9000	10800	8200	10200	12800	10200	10600	15400	15200

20世纪90年代以来，大寨每年都会发放助学金，限于空间，表7-6只列出了1994年以来隔年的助学金发放情况。从1994年实行助学金制度以来，大寨助学金每年的支出从1994年的8000元到2020年的15200元。

除了养老金和助学金外，大寨旅游业还有分红。分红分为两部分，一是按照人口，每人每年1000元，二是按照户籍，每户每年3000元。

---

① 此表数据由大寨村委会2021年提供。

表7-7 大寨旅游分红情况统计表[①]

年份	2018年		2019年		2020年	
类别	按照人口	按照户口	按照人口	按照户口	按照人口	按照户口
金额（万元）	52	56.7	52	56.7	52	37.8

大寨旅游分红从2009年开始，大致维持在每股300元左右。从表7-7可以看出，大寨2018年共分红108.7万元。2019年分红108.7万元，2020年分红89.8万元。

以2020年为例，大寨村养老金支出36万元，助学金支出1.52万元，旅游分红支出89.8万元，单单这三项全年就支出127.32万元。

不论是“五个有”（小有教、老有靠、烧有气、病有报、考有奖）还是“三个不”（吃水不用吊、运输不用挑、看病不用跑），都是靠集体经济的支撑。换言之，集体经济成为村落整合的重要因素。

二、人才的“损蚀”

后大寨时代以来，能够将大寨人凝聚到一起的无疑是郭凤莲这个兼具传统型权威与法理型权威于一体的双重权威。郭凤莲1947年出生，到2020年已经73岁了。大寨事业的继替成为最为迫切的问题。昔阳县某退休干部说：

> 要创业没有人才是不行的。我见了郭凤莲也经常说起接班人这个问题。现在人才出现了断层，必须进行思想上的转变，大寨不能仅仅考虑大寨，也得考虑大寨之外的问题。大寨现在受政治的影响小了，主要在于自己的发展，人家江苏的华西、河南的刘庄、山西汾阳的贾家庄这些村落发展得都可以。

① 此表数据来源于大寨村委会，2021年2月。

大寨和中国许多乡村一样，面临着人才匮乏的危机。农村基层“有人办事、有钱办事、有能力办事和民主理事的局面没有形成”，实质是由于农村管理精英的衰退导致。造成乡村治理中精英匮乏的主要原因是什么呢？乡村人才的外流，这种局面开始于20世纪初。杜赞奇发现，20世纪二三十年代由于国家政权的下沉，保护型经济人不断引退，赢利型经济人纷纷涌现。[①]费孝通把这种士绅逃离乡村的现象、乡村人才外流的现象称之为人才的“损蚀”[②]。中华人民共和国成立后，由于城乡二元户籍制度的建立，致使从乡村到城市、城市到乡村的道路基本上是关闭的。偶尔有参军或者求学也是由农村到城市，而非城市到农村，这样的局面一直延续到现在。虽然现在对户籍的管制没有那么严格了，但是长期以来在城乡分割的二元体制下形成的城市生活水平、就业机会、教育水平远远优于农村，大多数人还是希望向城市转移。随着近年来打工潮的出现，村里大多数青壮年劳动力都去城市了，村里只剩下老弱病残。这种乡土社会的“损蚀”仍在加速进行。而在体制上，也不容乐观。即便是《村民委员会组织法》这一村干部选拔任用条例早已实施，但是想要选出既能让群众满意又能让上级机关满意的乡村精英并非易事。如果内源解决不了问题，那就需要靠外援了。从2006年开始，选聘高校毕业生到农村任职工作。

当下的乡村，大学生村干部制度的实行为乡村带来了新鲜的空气，可以说是一条比较好的解决乡村精英外流、人才匮乏的有效途径。大寨条件好，很多年轻人想去大寨工作。

三、大大寨的推行

2011年6月11日，中国共产党昔阳县第十四次代表大会召开。晋中市委副书记、昔阳县委书记刘润民所做的会议报告里提出，今后五年，以

① [美]杜赞奇：《文化、权力与国家：1900—1942年的华北农村》，王福明译，江苏人民出版社1994年版。

② 费孝通：《乡土中国》，上海人民出版社2007年版，第294页。

学习弘扬践行大寨精神为主线，全力实施大县城、大大寨、大项目三大战略，努力建设民富县强、人和政通、山川秀美、人民幸福自豪的新昔阳。

2012年2月15日，大大寨建设誓师动员大会在大寨镇召开。

从昔阳县委、县政府的三大战略可以看出，大大寨从本质上是想借用大寨的品牌效应，提升全县的综合实力。

大大寨项目实施过程中涉及武家坪和留庄，这两个村面积大、人口多，拆迁过程很不顺利。这是两个集体化时期的先进村，原有的作为村民认同与行动单位的宗族早已解体，改革开放以后也没有复兴。集体化时期认同与行动单位的大队，在改革开放时期，被村两委取代了。村两委在村庄发挥着最为重要的作用，但是很难成为一个认同与行动的单位。如果从村庄类型[①]来说，这两个村庄都是原子型的村庄，村民们在核心家庭之上很难再形成一个主导的认同与行动单位。不过，这两个村在国家政策的贯彻过程中的实施效果又不尽相同。武家坪属于“强人治村”型，而留庄村两委的干部缺乏权威性，如在拆迁过程中，不断有村民提出各种要求，直至2012年10月，留庄的拆迁工作才开始缓慢启动。在集体化时期，武家坪的新农村建设搞得有声有色，修建了如凤凰展翅式的火车皮式的房子，由于维修不到位以及村民乱建、乱盖，原来的标志性建筑已经看不到了。大大寨建设要将学大寨时期建设的三排窑洞进行整体改造，恢复武家坪集体化时期的原有风貌和建筑风格，成为大寨文化旅游线上的新亮点，这就需要把这些乱建的房子拆掉，工程很大，但是武家坪在村支书的一声号令之下，在不到两个月的时间里就已经基本上拆迁完了。

自从昔阳县委、县政府提出建设大大寨的战略后，广大新闻媒体进行

---

① 学者贺雪峰根据自己的农村调查，把村庄分为五种类型，分别是：宗族主导型、小亲族主导型、户族主导型、联合家庭主导型、原子型村庄。参见贺雪峰：《村治的逻辑：农民行动单位的视角》，中国社会科学出版社2009年版，第94页。

了密集的宣传，同时还创作了《大大寨之歌》[①]。2012年正月十五，“大大寨和跨越式发展”成为县城闹元宵活动主题，活动中还有大大寨方阵。然而，大大寨的建设也面临很多问题。昔阳县某退休干部说：

郭书记回来大寨也发生了很大变化，但是没有故事。这几天县里搞了个调研，找了一些昔阳的学生，做了个问卷，里面有个问题，问你知不知道大寨，学生们说只知道大寨核桃露，知道大寨黄金饼，不知道大大寨。他们没有这个概念。

现在很多地方老人是留到村里了，年轻人一部分考大学出去了，有的还到了海外。另一部分出去打工了。有钱到城里住，国家的导向也是逐步往城市化集中，这也有利于环境。把土地分给个人，将来估计还要把土地集中起来，这才有利于机械化。

面对上述问题，十九大以来，大寨全力实施乡村振兴战略，加快培育新型经营主体，农民专业合作社发展到20余个，大寨农民变成了股民。为推进“大大寨大产业”模式，组建了以大寨为中心的五村联合经济体，实现抱团发展。同时还推进“互联网+农业”模式，组建“大寨粮仓网”，发展农村电商，试图打通大寨通向现代农业的“大动脉”。

四、打造特色小镇

“特色小镇”是在“小城镇”研究基础上提出的。发达国家小城镇的建设实践最早始于20世纪初在英国推行的“田园城市”。20世纪80年代，

---

①《大大寨之歌》歌词：建设大大寨，我们干起来。高举旗帜把路开，弘扬践行大寨精神。艰苦奋斗壮志不改，再展雄风豪情满怀。建设大大寨，我们干起来。勇往直前大步迈，历史重任责无旁贷。勇于担当永不言败，勤于实践决不懈怠。建设大大寨，我们干起来。昂首阔步向未来，科学发展以人为本。致力民生和谐花开，人民幸福自豪乐在心怀。(1、2、3)干起来、干起来，托起大大寨新名牌。干起来、干起来，开创大大寨新时代。建设大大寨，我们干起来。高举旗帜向前进，我们把路开。托起大大寨新名牌，开创大大寨新时代。

费孝通先生提出了"小城镇、大问题"[①],这对于指导中国城乡一体化进程以及区域经济社会发展意义重大。2016年10月,住房和城乡建设部公布了首批共127个中国特色小镇,山西省有3个入选,分别为昔阳县大寨镇、晋城市阳城县润城镇、吕梁市汾阳杏花村镇。特色小镇的"特色"主要体现在:"特色鲜明的产业形态;和谐宜居的美丽环境;彰显特色的传统文化;便捷完善的设施服务;充满活力的体制机制。"[②]2017年7月和8月,在太原分别召开了"大寨特色小镇规划建设推进会"和"大寨镇特色小镇规划设计研讨、推进会"。会议的举行和规划的编制,对于推进大寨特色小镇建设意义重大。在打造特色小镇过程中,大寨村内的火车皮式房子、村内的街道,以及景区都进行了维修改造。

大寨特殊的历史造就了其鲜明特色的文化。十九大以来,围绕大寨特色文化进行了一系列的利用与再造,促进了当地经济社会的发展。然而当下大寨的发展处于又一次转型期。在特色小镇建设中需树立整体观,加快发展"互联网+旅游业""互联网+农业""互联网+工业",加快特色产业培育,促进第一、二、三产业的有机融合和地方文化资源的保护、传承与发展,以此做大做强大寨品牌。在下一步的发展中,尤为要注意的是要有全域资源的整体观,统筹规划,深挖名人名地、大寨精神,做好历史资源的创造性转化与创新性发展,以此提升文化旅游产品的品质,实现"大大寨"的目标。大寨的特色小镇建设对于实现人口、资源、环境的可持续发展意义重大,同时也是提升小城镇发展质量,加快区域经济的转型升级的重要路径。

---

① 1983年9月21日在南京召开"江苏省小城镇研究讨论会",费孝通先生在大会上做了"小城镇大问题"的发言。1984年1月,《瞭望》杂志发表了《小城镇,大问题》这篇文章。可参见《费孝通文集》(第九卷)》,群言出版社1999年版,第192—234页。

② 详见住房和城乡建设部官网:《住房城乡建设部,国家发展改革委,财政部关于开展特色小镇培育工作的通知》,2016年7月1日。http://www.mohurd.gov.cn/wjfb/201607/t20160720_228237.html.

五、推进乡村振兴

《乡村振兴战略规划(2018—2022年)》指出,在实施农耕文化传承保护工程中,要"保护好文物古迹、传统村落、民族村寨、传统建筑、农业遗迹、灌溉工程遗产"。这就要注重历史文化遗产的保护与传承,并利用好中国的好传统。[①]因此,如何发掘中国革命和建设中的历史遗产,并将其运用于当代中国的社会实践之中,成为乡村振兴中必须思考的问题。对于社会主义中国来说,新中国的实践,包括失败和成功的经验,都至关重要,[②]都是其重要的历史遗产。[③]

昔阳县旅游发展委员会2018年制定的《山西省晋中市昔阳县大寨乡村振兴战略规划》指出:"实施乡村振兴战略,是党的十九大作出的重大决策部署,是新时代做好三农工作的总抓手。山西大寨在20世纪六七十年代,以艰苦奋斗的作风、向天争路的气概,创造了'农业学大寨'的宝贵精神财富。作为大寨精神发源地,昔阳县将再次担当历史使命,以全域旅游为抓手,推动大寨二次崛起,重振农业大寨老精神,开创乡村振兴新路径,将农业文化遗产转化为新的动力引擎,为全省乃至全国乡村振兴战略实施落地探索出一条新路径。"大寨的乡村振兴也写入了昔阳县政府工作报告,2018年《政府工作报告》就指出:"围绕全省'太行板块'全域旅游布局,打造山水昔阳、红色昔阳、康养昔阳、动感昔阳、古韵昔阳品牌,继续办好汽车赛、红叶节、古庙会等各类体育赛事和文旅节庆活动,推动大寨特色小镇建设迈出实质性步伐。"[④]《2020年政府工作报告》也指出:"打造大寨5000亩苗木花卉和沾尚万亩蔬菜两个乡村振兴示范廊带。""创新探索

① 于建嵘、裴宜理:《红色文化与中国革命传统》,《南方周末》2011年6月16日。

② Lin Chun. The Transformation of Chinese Socialism, Durham: Duke University Press, 2006.

③ 张乐天:《告别理想:人民公社制度研究》,上海人民出版社2012年版,第20页。

④ 详见昔阳县门户网站:《2018年政府工作报告》,2018年4月14日。http://www.xiyang.gov.wgk/fdzdgknr/zfgzbg2zfbgs/content_6791.

党建引领型、聚集提升型、城郊融合型、特色保护型、资源盘活型、文旅生态型、搬迁开发型'七型乡村振兴模式',打造红色大寨、花画河南、古村长岭、生态潘掌、儒雅孔家沟等一批各具特色的振兴范村:大寨成为全国首批乡村旅游重点村,坚定不移做大做强'菜果猪菌药'五大产业。……争创国家全域旅游示范区。"①

历史遗产具有物质性和精神性的双重属性,如果说物质性是外在的表征形式,那么精神性则是其实质内容。在乡村振兴背景下,不仅要对物质实体进行挖掘,更重要的是揭示物质遗产背后所蕴含的丰富的历史文化信息。通过上文的论述,我们发现,大寨的历史遗产主要分为两部分:一是物质遗产,主要是集体化时代具有代表性的建筑,如大寨村(大寨人民公社大院旧址、名人陈列馆、大寨礼堂、大寨民居),虎头山(大寨梯田、虎头山水利设施、大寨森林、陈永贵墓、周恩来纪念碑、郭沫若墓、大寨展览馆、大寨民俗馆),昔阳县城(昔阳博物馆、红旗一条街);二是精神遗产,主要是"自力更生、艰苦奋斗"的精神。物质遗产是精神遗产的载体,精神遗产是物质遗产的实质内容。在乡村振兴中,我们要注重历史文化资源的挖掘,以文化带动乡村振兴。

第四节 文化重构中的后大寨

文化重构是指一个民族或群体在受到外来文化影响的情况下,主动或被动地进行改造或重新建构的过程。在集体化时期,大寨人在外驱力的推动下,日常生活被颠覆,不自觉地被卷入时代、社会的旋涡而难以脱身。在后大寨时代,文化重构不仅有外力的推动,而且有内在的动力。

---

① 详见昔阳县门户网站:《2020年政府工作报告》,2020年4月14日。http://www.xiyang.gov.wgk/fdzdgknr/zfgzbg2zfbgs/content_6791.http://www.xiyang.gov.cn/zwgk/fdzdgknr/zfgzbg2zfbgs/ent_3156.

一、合力推动下的文化重构

第一章谈到昔阳县已经有2000多年的历史了,然而真正出名是在集体化时期,尤其是20世纪六七十年代。20世纪50年代后期,昔阳县树立了三个典型,也就是“昔阳三枝花”,分别是刀把口的牧业、白羊峪的林业、大寨的农业。

在集体化时期,如何解决人们的吃饭问题是重中之重。大寨人在大灾之年提出了“三不要”“三不少”的口号,这种口号正好为党解决当时的农业问题提供了一种思路。在20世纪六七十年代,大寨被树立为全国农业战线上的旗帜。这样的村庄要想保持先进,有三种方式:一是不断地进取,不断地奋斗,保持第一;二是高举政治旗帜;三是国家为保持这个典型而不断地进行援助。农业学大寨之所以能够在中国推行长达15年,实际上是这三种合力的结果。正是在以上三种合力的共同作用下,大寨从一个普通村庄被树立为全国的典型,且持续15年之久。当时去大寨参观学习,也就成为这场仪式运动的重要组成部分。从本质上说,整个集体化时期,都是在运动的推动下国家嵌入社会的结果。

1983年,大寨开始转型,大寨人不得不开始改变思想、改变观念。在上级部门的支持下,1991年年底郭凤莲被调回大寨。郭凤莲认为要想发展必须转变思路,“人不能和历史赌气”。在这个集传统型权威与法理型权威于一身的双重权威的带领下,大寨人进行了第二次创业,大寨人的日常生活也随之发生了极大的变化。大寨转型与重构首先是从生计方式的转变开始的,郭凤莲回到大寨后,从工业入手,后来又发展旅游业,极大地改变了大寨人原有的靠天吃饭的生计方式与生活方式。随着生计方式的变化,大寨人的观念也在慢慢地发生变化。

在人民公社时期,通过树典型、造典型、推广典型,加之以运动式治理,整个社会被动员了起来。即便如此,大传统的出现与强大并没有彻底摧毁小传统,小传统以一种隐蔽的方式潜藏了起来,等待时机的出现,它又会重新生根发芽。20世纪90年代以来，在商品经济的强大力量冲击之下，人们的生产生活手段也发生着变化。同时，被封存起来的民间信仰苏醒了，参与到构筑村民新的归属与认同之中。因此，外来力量在对乡村改造的时候必须借助乡村自身的传统，只有在此基础上乡村自身的结构发生了变化，对乡土社会的改造才会取得成功。

在后大寨时代，随着生计方式的重构，大寨人的日常生活也发生了很大的变化。在访谈中，大寨干部在谈到大寨现状时说：

现在大寨人什么都不愁，他们心里不挂事，总是嫌分的钱少。人老了，我们可以同情，年轻人懒了我就不同情他们了。但是不同情又变得同情了，因为他是大寨人。

然而村民不这样认为，大寨村民说：

大寨这么大的名声，村民们的生活应该更好些！

站在各自的立场可以得出不同的结论，但是不论哪种表述都说明了村民们的期望值和现实的大寨之间存在一定的差距，实际上就是角色期望与角色表现之间的差距。

在当下的大寨，村落群体可以明显分为三个类型：

1.老年人：文化上的不适应者，难以融合进来

这些人年龄都在70岁以上。随着转型的快速发展，社会已经从政治话语转向了经济话语，如何发展经济也成为当下人们所热议的话题。在经济话语充斥着人们日常生活的境遇下，也出现了一些“异类”。然而在这里所谓的“异类”并不是要颠倒时代的主旋律，也并非是郭于华在骥村见到的生活“窘迫与困惑”的老人，大寨这些“不适应的老人”是指经历过集体化时期，并且人生最辉煌的岁月也是在那个年代，他们对集体化时期永远充满了怀旧之情。这样的老年人的思维方式很难完全适应当今的时势。换言之,对于这个群体来说,留恋战天斗地的辉煌岁月,仍然践行着艰苦奋斗、自力更生的作风,也看重集体曾经的荣誉感,面对如今市场经济下消费主义的大潮,显得有些不适应。

2. 中年人:集体化时期与改革开放时期的矛盾心情

五六十岁以上的大寨人也能说起社会主义建设时期战天斗地的岁月,不过相对于70岁以上的那批人,他们并没有经历过大寨最艰苦的日子。如今的他们早已习惯于当今商品化时代消费主义的生活方式,但是集体化时期的经历已成为他们内心挥之不去的记忆。他们既怀念过去,又对当下丰裕的物质生活、自由的价值观念充满向往。

3. 年轻人:积极地融入市场社会

"80后""90后""00后"没有经历过战天斗地的火红岁月,大寨的过去对于他们而言就是历史。在这些人心里,大寨这个符号与象征从来就没有像在他们的前辈心中那样拥有过神圣的地位,曾经的政治荣誉也仅仅是通过老一代人的口头传说而熟知的。出生在消费主义时代的他们更注重物质享受,在文化重构中能够更快地适应商品社会的大潮。

如果说因为有过集体化时期的经历,老年人和中年人在思维观念中早已经形成了一种惯习,那么这些改革开放后出生的年轻人则不应该存在对集体的依赖,但是事实并非如此,无论在集体化时期,还是后大寨的今天,对组织的依赖从来没有消失过。当下,公共空间的退出与私人空间的兴起、传统信仰与国家理想的互动都在进行着,但是文化上的惰性——"没出过远门,怕去了外面不好干"的思想仍然附着于一些大寨人身上,他们还是寄希望于集体从物质到精神上的救助,也就是依然在寻求国家的救助,从来没有放弃对大共同体的依附。

二、比较中的文化重构

对于另外"两枝花"——刀把口和白羊峪来说,改革开放后,没有被再次树立为典型，所以在转型与重构的道路上走的是另外一条道路。

1976年，刀把口党支部书记张老太去世，刀把口公社也改名为丁峪人民公社，刀把口再次成为太行山下一个普通的小山村。[①]改革开放后，随着社会流动的加速，许多村民离开了这个曾经的模范村庄，不再回村。2012年8月和2017年7月，笔者在刀把口分别进行了一周的调查。村里的党支部书记在县城搞运输，村主任在县城打工，没有特别重要的事情，他们很少回村里。为了方便笔者的调查，村主任还专门从县城回到了村里。村落的日常事务主要负责人是会计。从户口上看，这个小山村有70户196口人，不过，在走入村庄后发现村里人烟寥寥。

图7-1　刀把口村

刀把口有三个时段人会多一些：第一个就是寒暑假，假期的时候有的孩子会回到村里，村里就有了一些朝气；第二个是过春节的时候，因为很多老人一直居住在村里，所以年轻人也会回村里来过年；第三个是村里“过事”的时候。

① 刀把口公社成立于人民公社期间。2001年王寨乡和丁峪乡合并为孔氏乡，乡政府驻地仍为丁峪村。

> 过红事的时候，你只要随礼，回不回村里都可以。但是过白事的时候，如果没有特别的事情，就一定要回来。咱村子小，人太少，村里的习俗是要将棺材由人抬着去坟地，如果你不回来抬棺材，那么你也有老人，将来也没人抬棺材。[①]

现在村里的“3861部队”也离开了，只剩下了“99部队”，常住村里的不过四五十人。妇女们陪读，男人出去打工，一般都很少回村里。

相对于刀把口，白羊峪的状况稍微好一些。在人民公社时期，白羊峪公社成立，1980年白羊峪公社改为白羊峪乡，一直到2003年乡镇合并前，白羊峪一直是乡的乡政府所在地，很自然白羊峪就成了乡的政治中心。这一政治优势，客观上有利于村庄的延续与文化的传承。

2020年白羊峪有170户510口人，实际上常住村里的只有不到200人，和刀把口一样，也主要是并校后妇女离村陪读，男人外出打工所致。2009年以来，昔阳县原县长王贵科[②]的儿子，现在是昔阳县四通公司董事长的王维银被请回村里担任党支部书记。他自己投资500万元，县里支持100万元，在白羊峪村东1公里处成立了昔阳县四通润农菌业有限公司，解决了村里的很多劳动力就业问题。

再把目光转回大寨，郭凤莲1991年重返大寨后，她就同时兼任昔阳县的副县长，在大寨的转型与重构过程中起了极其重要的作用。在文化重构过程中，白羊峪、刀把口这两个曾经的典型并没延续下来，主要是这两个村缺少了连接集体化时期和改革开放期间的典型人物，自然就像普通的村落一样不断地被边缘化。为了谋求生存，这两个村的村民也就不

① 刀把口村主任瞿江平租房居住在县城，打工已经有20余年了。这倒并不是他不想在县城买房子，准备回村里，而是因为昔阳县城房子每平方米大约3000元，远远超过了他的收入。以上内容就是根据这位年轻村主任的访谈材料整理而成的。访谈对象：瞿江平，34岁，初中文化程度；访谈时间：2018年8月16日；访谈地点：刀把口瞿江平家。

② 王贵科是白羊峪人，1954—1961年曾担任过昔阳县县长。

图7-2　白羊峪村

得不外出打工而不是依附于集体。改革开放后，尤其是郭凤莲回归大寨后，村民再次回归到对于集体主义的依附之中，这主要是与郭凤莲回归大寨后，这个曾经的集体主义典型村庄被再次树立为典型有关。在某种意义上，当典型被树立后，国家就与典型捆绑在了一起，二者之间的同志关系转变为庇护主义关系[1]，“这种关系网络将个人的忠诚、制度角色的履行以及物质利益联系在了一起”[2]。而隐蔽形式的物质刺激在很大程度上加大了村民对组织的依附性，对村庄的文化重构也就产生了极其深远的影响。

总的来看，20世纪90年代以来，大寨依靠品牌的优势，实现了经济的

① 关于庇护主义关系的研究可见戴慕珍的《当代中国的国家和农民》(Jean C.Oi, *State and Peasant in Contemporary China*, Berkeley:University of California Press,1989)。华尔德在对中国单位组织研究时提出了著名的新传统主义的概念，在对这一概念进行阐释的时候也对庇护主义关系进行过深入的论述(Andrew, Walder, “Organized Dependency and Cultures of Authority in Chinese Industry”, Journal of Asian Studies, 1983, 43(1):51-76)。

② 孙立平:《从工厂透视社会:瓦尔德的共产主义的新传统主义理论》,《中国书评(香港)》1995年第1期。

发展。也正是通过经济的手段,村庄才实现了整合,重新建构了村落的共同体。这不仅与村落有着共同辉煌的集体记忆有关,而且也与大寨有集体资源有关。正是通过这些集体资源的供给,村民和村庄之间的感情进一步增强,也就是说,村庄的荣誉感和资源的集体供给奠定了村落共同体的基础。由上可以看出,在将集体化时代主要象征物"历史化"与"再符号化"的过程中,大寨独特的历史、民族记忆这些历史遗产被重新发掘出来,被塑造为大寨特有的资本。改革开放时代,大寨较为成功地进行了市场运作,大寨这个独特的符号构成了对抱有怀旧情结的游客的吸引力。在此过程中,符号资本转换为经济资本、文化资本和社会资本,较为成功地实现了村庄的转型与重构。如今的大寨,已形成建材制造、煤炭发运、旅游开发、饮品加工、新农业科技开发、服装制作、养殖等七个产业。大寨黄金饼等商品荣获"山西省著名商标",大寨核桃露荣获"中国驰名商标",大寨集团控股、参股、合作企业达20余家。

结　语

改革开放后，大寨先后荣获全国先进基层党组织、全国文明村镇、全国农业旅游示范点、全国乡村旅游重点村等国家级荣誉称号。如今的大寨，“小有教、老有靠、考有奖、户有股”，实现了“房子新化、街道硬化、环境美化、管理民主化”，成为了亿元村、生态村、文明村、智慧村、幸福村。如今的大寨，传统与现代、历史与现实实现了较为和谐的并置，村落中不同群体、不同风俗信仰之间能够较为和谐地相处。今天的大寨，我们感受到的是风景优美、街道整洁、秩序井然，一派其乐融融、共享天伦之乐的社会主义新农村景象。

笔者回溯大寨村的转型、发展、变迁以及重构历程，描述村庄的过去怎样作用于现在村民的日常生活，并非是沉湎于曾经的回忆，更不是留恋逝去的历史，笔者只是希望通过这样的经验性研究，在展示改革开放以来大寨发展变化的同时，也对目前的乡村建设有所启示。

一、转型与重构

如果从典型所附载的荣誉而言，大寨与西沟都被国家赋予了崇高的地位。然而不论大寨还是西沟，其典型之路并不是一帆风顺的。开展对典型的探讨实际上是想说明四个问题：第一，典型具有时代性，不同的时代，需要树立不同的典型。即便是同一个典型，也会随着时代的变化而变化。第二，一个典型能否被塑造成功，需要将“塑”和“造”结合起来。换言之，必须是既“塑”又“造”，而不能是“塑”而不“造”。第三，如果说“塑”是指来自外力的推动，那么“造”是指内生的力量。如果不深度挖掘村庄的内生动力，会出现想“塑”但是难以“造”起来的问题。第四，大寨只是中国多个类型的村庄中的一种，即便是同一类型的村庄，内部也会有极大的差异。因此，笔者无意说大寨是中国乡村的缩影，而将大寨的研究结果推广到其他村庄里去。不过，就大寨这个个案的经验性研究而言，笔者还是希望提供给后人一些启示。

不论是集体化时期，还是改革开放时期，大寨的前行始终离不开国家的身影。按照韦伯的观点，稀缺资源包括财富、权力和威望。而在任何一个社会里，稀缺资源都是每个群体以及个人都想获得的。不过，因为是稀缺资源，所以得到这样资源的毕竟是少数。作为典型来说，首先拥有的是社会意义上的威望，或者说社会声誉。而拥有了社会声誉后，也就拥有了被树立为典型的基础，如果再遇上好的机遇，就可能被树立为典型。在此过程中，政治意义上的权力与经济意义上的财富也就紧随其后。反过来，这又会进一步刺激稀缺资源向典型聚拢。

在20世纪六七十年代，大寨接受外来人员的参观学习，它是一个开放的村庄，但是随着形势的变化，在多方合力下，大寨又被树立为一个全国典型，因此这也是一个封闭的村庄。改革开放后在社会导向的转换过程中，大寨人进行了沉重的转身。然而这并不意味着转型与重构在短时期内可以完成。在经历了社会运动与政治的嵌入后，大寨人形成了文化的惯习，而这种文化惯习不是一般村庄都有的，也并非可以通过回归日常生活来完成。20世纪90年代，大寨再次开始了转型与重构的步伐。在转型过程中，我们不能忽视集体化时期，尤其是20世纪70年代这个典型符号在全国人民中的深刻影响。这种深刻影响在后大寨时代具有了纪念碑意义，被建构为历史遗产，而对历史遗产的借用也成为大寨再次复兴的重要手段。这些运作方式都从不同角度展示了大寨人在再造大寨过程中进行的历史符号向经济品牌的转换。然而无论哪种手段，在从农业大寨到乡企大寨与旅游大寨的转型过程中,都没有离开大寨这个品牌的作用。换言之,今天的大寨人已经把大寨品牌当作致富的主要资源。

改革开放后,在集体化时期所形成的文化、道德以及生存状况难以为继的情况下,大寨人进行了文化重构。这种文化重构反映到村民日常生活中,就体现了一种文化的适应能力。文化适应的过程是文化的演化过程,也是文化动力建构过程。然而文化生成的动力不仅有正面,而且还有反面的力量;不仅有积极的力量,还有消极的力量,而且各种斥力、负重、艰难力量集中到一起形成文化上的多重力量,这就决定了文化重构是一个各种力量长期互相博弈的过程。在重构过程中,一方面,集体以有形和无形的手段进入和支配着村落里家庭和成员的个人生活,导致个人对村庄这个共同体产生了更大的依附。另一方面,对于大寨人来说,曾经的辉煌与现在的复兴不仅是物质的回报,更重要的是精神的满足。正是通过物质与精神的双重手段,大寨这个村落社会被整合起来。再次被整合的大寨获得了许多荣誉称号,例如,2005年,大寨入选"中国十大名村"。2011年,大寨入选全国休闲农业与乡村旅游示范点;2016年,大寨村党总支被中共中央表彰为全国先进基层党组织;2019年,大寨入选首批全国乡村旅游重点村。

二、总结与展望

历史资源在实现景观化、符号化的过程中,不仅进行着经济的再生产,同时也进行着文化的再生产。彼得·伯克说,为了传承记忆,物质的形象,即"纪念物"早已建构起来了……近年来,他们对公共纪念碑的兴趣大增,原因恰恰在于这些纪念碑既表达又塑造了民族的记忆。这就是"记忆的艺术"。[①]而记忆的建构过程,"是在思想上通过前人不断的讲述来实

① [法]彼得·伯克:《文化史的风景》,丰华琴、刘艳译,北京大学出版社2013年版,第53页。

现;在物理特征上,则通过实物唤起并固化民众的记忆”[①]。正是通过国家与基层社会的互动,塑造了我们今天耳熟能详的“大寨精神”。在此尤其需要强调的是,国家参与了记忆的再生产,通过这种方式,达到凝聚社会认同、弘扬民族精神的目的。实际上,“在某一纪念地发生的具备传染性的怀旧情绪,恰恰体现了集体的社会记忆的力量”[②]。对于大多数游客来说,大寨只是他们旅行中的一站,他(她)们匆匆到来,又匆匆离开,很少有机会深入了解大寨的经济状况与民众的日常生活。换言之,游客通过导游的介绍、媒体的宣传来了解这个曾经的典型,实际上又固化了刻板印象中的大寨。改革开放后,大寨这个曾经符号化的产物已经成为社会记忆而内化入民众的日常生活实践中,不仅具有了纪念碑的意义,而且也成为了文化遗产。20世纪90年代以来,在怀旧文化的驱使下,大寨人通过历史记忆的唤起和重构,开展商业活动以获得经济利益。在此过程中,一方面,对历史文化的宣扬,使得人们逐渐淡忘的历史记忆得以被唤起、刻写和重塑,这与今天大寨的发展是一脉相承的。另一方面,在发展经济中,文化成为“引诱资本之物”[③]。这些出于商业利益的解读,在很大程度上解构着主流意识形态。历史记忆一方面在被强化,另一方面也因经济利益的计算而被解构。这是历史遗产转换为经济资本中的“意外后果”。而随着经历过社会主义革命与建设事业的人们逐渐老去,随着怀旧情怀的日渐消逝,大寨再次面临着新的转型。

2020年的中央一号文件指出:“要研究建立解决相对贫困的长效机制,推动减贫战略和工作体系平稳转型。抓紧研究制定脱贫攻坚与实施乡村振兴战略有机衔接的意见……要建立解决相对贫困的长效机制。”在此情况下,必须先理清该区域的历史文化脉络,深度挖掘该区域的历史遗

① 周海燕:《记忆的政治》,中国发展出版社2013年版,第331页。

② 周海燕:《记忆的政治》,中国发展出版社2013年版,第334页。

③ [英]迈克·费瑟斯通:《消费文化与后现代主义》,刘精明译,译林出版社2000年版,第156页。

产，以实现乡村振兴与区域复兴。众所周知，根据地时期，中国共产党领导太行军民不畏艰险、浴血奋战，创造了伟大的太行精神。集体化时代，太行山区典型云集，为社会主义建设提供了许多宝贵的经验。这些都是中华民族优秀文化的重要组成部分，也构成中华民族伟大复兴的强大精神动力。20世纪八十年代以来，许多革命老区由于地理位置偏僻，远离市场，技术滞后等原因面临着转型。然而值得注意的是，这些地区蕴含着丰富的历史文化遗产，且具有“积聚性”“关联性”“综合性”的特征。尤其是在典型村庄中，时至今日，很多物质遗产依然保存较为完好，许多精神遗产依然在传颂，这构成了乡村振兴与区域复兴最为重要的资源。在此情况下，我们就要从物质遗产和精神遗产两个方面，深度挖掘这些村庄所蕴含的丰富遗产。首先，要理清村庄与区域的历史文化脉络，再造文化景观、挖掘文化资源，并积极将其活化。其次，要积极关注国家政策，将外部输入与内部自觉两条路径结合起来，尤其要“保护文化主体性”[①]，充分激活乡村的内生动力。再次，坚持生态文明，对环境进行修复。最后，根据村庄的实际情况，采取内生于文化和自然的可持续发展模式。

总之，要秉持整体观的理念，在理清村庄历史文化脉络的基础上，充分挖掘乡村历史资源的多元功能和多元价值；在将历史文化遗产化、符号化、资源化、资本化的过程中，充分把握好文化与市场的平衡点，实现文化的良性保护、传承与发展。在此基础上，多方借力，打造具有认同感、归属感、获得感、幸福感的美丽乡村。唯此，革命老区才可能在保护、传承与发展历史文化的同时，实现乡村振兴与区域复兴，这也是大寨转型与重构留给我们的启示。

---

① 陈学兵：《乡村振兴背景下农民主体性的重构》，《湖北民族大学学报（哲学社会科学版）》2020年第1期。

参考文献

一、中文著作

[1] 巴金:《大寨行》,山西人民出版社1965年版。

[2] 白羊峪村志编撰委员会:《白羊峪村志》,内部印刷,2008年版。

[3] 北京人民广播电台农村组:《大寨》,农业出版社1964年版。

[4] 陈春梅:《我的爷爷陈永贵:从农民到国务院副总理》,作家出版社2008年版。

[5] 陈大斌:《大寨寓言:农业学大寨的历史警示》,新华出版社2008年版。

[6] 陈吉元、陈家骥、杨勋:《中国农村社会经济变迁(1949—1989)》,山西经济出版社1993年版。

[7] 陈进国:《信仰、仪式与乡土社会》,中国社会科学出版社2005年版。

[8] 大寨大队科研小组:《大寨"海绵田"》,科学出版社1975年版。

[9] 大寨大队科研小组:《大寨玉米栽培》,科学出版社1975年版。

[10] 大寨大队业余创作组:《大寨新民歌选》,上海人民出版社1977年版。

[11] 大寨农学院和山西农学院编:《大寨田》,人民教育出版社1975年版。

［12］段存章:《我在大寨十三年》,农村读物出版社2003年版。

［13］段友文:《黄河中下游家族村落民俗与社会现代化》,中华书局2007年版。

［14］费孝通:《江村农民生活及其变迁》,敦煌文艺出版社1997年版。

［15］费孝通:《人的研究在中国》,天津人民出版社1993年版。

［16］费孝通:《乡土中国》,上海人民出版社2007年版。

［17］费孝通:《中国绅士》,中国社会科学出版社2006年版。

［18］冯东书:《"文盲宰相"陈永贵》,中国文联出版公司1998年版。

［19］冯仕政:《再分配体制的再生:杰村的制度变迁》,国家行政学院出版社2002年版。

［20］甘满堂:《村庙与社区公共生活》,社会科学文献出版社2007年版。

［21］高王凌:《中国农民反行为研究(1950—1980)》,香港中文大学出版社2013年版。

［22］光梅红:《集体化时期的村庄典型政治:以昔阳县大寨村为例》,中国社会科学出版社2015年版。

［23］郭于华:《死的困扰与生的执著:中国民间丧葬仪礼与传统生死观》,中国人民大学出版社1992年版。

［24］华智亚:《龙牌会:一个冀中南村落中的民间宗教》,上海人民出版社2013年版。

［25］(民国)皇甫振清等修、李光宇等纂:《续修昔阳县志》,台北成文出版社1968年版。

［26］黄道霞、余展、王西平:《建国以来农业合作化史料汇编》,中共党史出版社1992年版。

［27］黄树民:《林村的故事:一九四九年后的中国农村变革》,生活·读书·新知三联书店2002年版。

［28］黄宗智:《中国乡村研究(第二辑)》,商务印书馆2003年版。

[29] 黄宗智:《中国乡村研究(第五辑)》,福建教育出版社2007年版。

[30] 黄宗智:《中国乡村研究(第一辑)》,商务印书馆2003年版。

[31] 江帆:《生态民俗学》,黑龙江人民出版社2003年版。

[32] 金观涛、刘青峰:《观念史研究》,法律出版社2009年版。

[33] 金耀基:《传统到现代》,中国人民大学出版社1999年版。

[34] 孔令贤:《大寨沧桑》,山西经济出版社2005年版。

[35] 兰林友:《庙无寻处:华北满铁村落的人类学再研究》,黑龙江人民出版社2007年版。

[36] 李杰申:《留庄村志》,内部印刷,2010年版。

[37] 李静萍:《陈永贵传》,当代中国出版社2009年版。

[38] 李培林:《村落的终结》,商务印书馆2004年版。

[39] 李书磊:《村落中的"国家":文化变迁中的乡村学校》,浙江人民出版社1999年版。

[40] 李向平:《信仰、革命与权力:中国宗教社会学研究》,上海人民出版社2006年版。

[41] 李向平:《信仰但不认同:当代中国信仰的社会学诠释》,社会科学文献出版社2010年版。

[42] 李小云、赵旭东、叶敬忠:《乡村文化与新农村建设》,社会科学文献出版社2008年版。

[43] 李银河:《生育与村落文化》,中国社会科学出版社1994年版。

[44] 丽泉:《昔阳学大寨》,农业出版社1975年版。

[45] 梁漱溟:《中国文化要义》,上海人民出版社2005年版。

[46] 林耀华:《金翼:中国家族制度的社会学研究》,生活·读书·新知三联书店1989年版。

[47] 林蕴晖:《人民公社狂想曲》,河南人民出版社1995年版。

[48] 凌志军:《历史不再徘徊》,湖北人民出版社2007年版。

[49] 刘创楚、杨庆堃:《中国社会:从不变到巨变》,香港中文大学出

版社1989年版。

[50] 刘倩:《南街社会》,学林出版社2004年版。

[51] 刘小枫:《沉重的肉身:现代性伦理的叙事纬语》,华夏出版社2004年版。

[52] 刘晓春:《一个人的民间视野》,湖北人民出版社2006年版。

[53] 刘娅:《解体与重构:现代化进程中的国家——乡村社会》,中国社会科学出版社2004年版。

[54] 陆学艺:《改革中的农村与农民:对大寨、刘庄、华西等13个村庄的实证研究》,中共中央党校出版社1992年版。

[55] 陆学艺:《联产承包责任制研究》,上海人民出版社1986年版。

[56] 陆益龙:《嵌入性政治与村落经济的变迁:安徽小岗村调查》,上海人民出版社2007年版。

[57] 罗康隆:《文化适应与文化制衡》,民族出版社2007年版。

[58] 毛泽东:《毛泽东主席论妇女》,人民出版社1978年版。

[59] 农村读物出版社:《大寨之路》,农村读物出版社1964年版。

[60] 秦怀录:《扎白毛巾的副总理:陈永贵》,当代中国出版社1993年版。

[61] 阮云星、韩敏:《政治人类学:亚洲田野与书写》,浙江人民出版社2011年版。

[62] 宋连生:《农业学大寨始末》,湖北人民出版社2005年版。

[63] 孙丽萍:《口述大寨史:150位大寨人说大寨》,南方日报出版社2008年版。

[64] 孙启泰:《大寨红旗的升起与坠落》,河南人民出版社1994年版。

[65] 孙谦:《大寨英雄谱》,农村读物出版社1965年版。

[66] 谭成健:《大寨:中国名村纪实》,中原农民出版社1998年版。

[67] 谭同学:《桥村有道:转型乡村的道德权力与社会结构》,生活·读书·新知三联书店2011年版。

[68] 唐军:《蛰伏与绵延:当代华北村落家族的生长历程》,中国社会科学出版社2001年版。

[69] 陶鲁笳:《毛主席教我们当省委书记》,中央文献出版社1996年版。

[70] 陶鲁笳:《一个省委书记回忆毛主席》,山西人民出版社1993年版。

[71] 王沪宁:《当代中国村落家庭文化:对中国社会现代化的一项探索》,上海人民出版社1991年版。

[72] 王久英:《武家坪村志》,内部印刷,2005年版。

[73] 王俊山:《大寨村志》,山西人民出版社2003年版。

[74] 王俊山:《大寨风物志》,山西古籍出版社2007年版。

[75] 王铭铭、潘忠党:《象征与社会:中国民间文化的探讨》,天津人民出版社1997年版。

[76] 王铭铭、王斯福:《乡土社会的秩序、公正与权威》,中国政法大学出版社1997年版。

[77] 王铭铭:《村落视野中的文化与权力:闽台三村五论》,生活·读书·新知三联书店1997年版。

[78] 王铭铭:《西方人类学思潮十讲》,广西师范大学出版社2005年版。

[79] 王颖:《集体主义:乡村社会的再组织》,经济管理出版社1996年版。

[80] 文锦:《大寨红旗》,山西人民出版社1974年版。

[81] 乌丙安:《中国民俗学》,辽宁大学出版社1985年版。

[82] 吴思:《陈永贵沉浮中南海:改造中国的试验》,花城出版社1993年版。

[83] 吴毅:《村治变迁中的权威与秩序:20世纪川东双村的表达》,中国社会科学出版社2002年版。

[84] 昔阳县大寨地理编写组:《大寨地理》,商务印书馆1975年版。

[85] 昔阳县志编撰委员会:《昔阳县志》,中华书局,1999年版。

[86] 项继权:《集体经济背景下的乡村治理:河南南街、山东向高、甘肃方家泉材村治实证研究》,华中师范大学出版社2002年版。

[87] 行龙:《走向田野与社会》,生活·读书·新知三联书店2007年版。

[88] 阎云翔:《礼物的流动:一个中国村庄中的互惠原则与社会网络》,李放春、刘瑜译,上海人民出版社2000年版。

[89] 阎云翔:《私人生活的变革:一个中国村庄里的爱情、家庭与亲密关系(1949—1999)》,龚晓夏译,上海书店出版社2006年版。

[90] 阎云翔:《中国社会的个体化》,陆洋等译,上海译文出版社2012年版。

[91] 燕凌:《大寨高风》,山西人民出版社1964年版。

[92] 映泉:《陈永贵传》,长江文艺出版社1996年版。

[93] 于建嵘:《岳村政治:转型期中国乡村政治结构的变迁》,商务印书馆2001年版。

[94] 张岱年、方克立:《中国文化概论》,北京师范大学出版社1994年版。

[95] 张厚安、徐勇、项继权:《中国农村村级治理:22个村的调查和比较》,华中师范大学出版社2000年版。

[96] 张静:《基层政权:乡村制度诸问题》,浙江人民出版社2000年版。

[97] 张静:《身份认同研究》,上海人民出版社2006年版。

[98] 张乐天:《告别理想:人民公社制度研究》,东方出版中心1998年版。

[99] 张丽泉、郝占敖:《大寨:自力更生奋发图强建设山区的旗帜》,山西人民出版社1964年版。

[100] 张松斌、周建红:《西沟村志》,中华书局2002年版。

[101] 赵鼎新:《社会与政治运动讲义》,社会科学文献出版社2006年版。

[102] 折晓叶:《村庄的再造:一个“超级村庄”的社会变迁》,中国社会科学出版社1997年版。

[103] 郑晓云:《文化认同与文化变迁》,中国社会科学出版社1992年版。

[104] 中共中央文献研究室:《建国以来重要文献选编》,中央文献出版社1997年版。

[105] 中共中央文献研究室:《三中全会以来重要文献选编》,人民出版社1982年版。

[106] 周大鸣:《凤凰村的变迁》,社会科学文献出版社2006年版。

[107] 周海燕:《记忆的政治》,中国发展出版社2013年版。

[108] 周晓虹:《传统与变迁:江浙农民的社会心理及其近代以来的嬗变》,生活·读书·新知三联书店1998年版。

[109] 周怡:《中国第一村》,香港牛津大学出版社2006年版。

[110] 庄孔韶:《时空穿行:中国乡村人类学世纪回访》,中国人民大学出版社2004年版。

[111] 邹谠:《20世纪中国政治》,香港牛津大学出版社1994年版。

[112] 左鹏:《社会主义市场经济下的“南街现象”研究》,河南人民出版社2004年版。

二、译著

[1]《马克思恩格斯选集(第1卷)》,人民出版社1995年版。

[2]《马克思恩格斯全集(第10卷)》,人民出版社1998年版。

[3] [德]恩斯特·卡西尔:《国家的神话》,范进、杨君游译,华夏出版社1990年版。

[4] [德]斐迪南·滕尼斯:《共同体与社会:纯粹社会学的基本概念》,

林荣远译,商务印书馆1999年版。

[5] [德]康德:《判断力批判(上下卷)》,宗白华、韦卓民译,商务印书馆1964年版。

[6] [德]马克斯·韦伯:《儒教与道教》,王容芬译,商务印书馆1995年版。

[7] [德]马克斯·韦伯:《经济与社会(下卷)》,林荣远译,商务印书馆1997年版。

[8] [德]乌尔里希·贝克、[英]安东尼·吉登斯、[英]斯科特·拉什:《自反性现代化:现代社会秩序中的政治、传统与美学》,赵文书译,商务印书馆2001年版。

[9] [德]乌尔里希·贝克:《风险社会》,何博闻译,译林出版社2004年版。

[10] [德]乌尔里希·贝克、[德]伊丽莎白·贝克—格恩斯海姆:《个体化》,李荣山、范譞、张惠强译,北京大学出版社2011年版。

[11] [法]范·热内普:《通过礼仪》,张举文译,商务印书馆2010年版。

[12] [法]马塞尔·莫斯:《礼物》,汲喆译,上海人民出版社2002年版。

[13] [法]马太·杜甘:《国家的比较:为什么比较,如何比较,拿什么比较》,文强译,社会科学文献出版社2010年版。

[14] [法]孟德拉斯:《农民的终结》,李培林译,中国社会科学出版社1991年版。

[15] [法]莫里斯·迪韦尔热:《政治社会学》,杨祖功、王大东译,华夏出版社1987年版。

[16] [法]莫里斯·哈布瓦赫:《论集体记忆》,毕然、郭金华译,上海人民出版社2002年版。

[17] [加]伊莎贝尔·柯鲁克、[英]大卫·柯鲁克:《十里店:中国一个村庄的群众运动》,安强、高建译,北京出版社1982年版。

[18] [加]伊莎贝尔·柯鲁克、[英]大卫·柯鲁克:《十里店(二):中国一

个村庄的革命》，龚厚军译，上海人民出版社2007年版。

[19] [美]保罗·康纳顿：《社会如何记忆》，纳日碧力戈译，上海人民出版社2000年版。

[20] [美]C·恩伯、M·恩伯：《文化的变异》，杜杉杉译，辽宁人民出版社1998年版。

[21] [美]杜赞奇：《文化、权力与国家：1900—1942年的华北农村》，王福明译，江苏人民出版社1994年版。

[22] [美]杜赞奇：《从民族国家拯救历史》，王宪明译，社会科学文献出版社2003年版。

[23] [美]麦克法夸尔、[美]费正清：《剑桥中华人民共和国史（1949—1965）》，谢亮生、杨品泉、黄沫、张书生、马晓光、胡志宏、思炜译，中国社会科学出版社2007年版。

[24] [美]麦克法夸尔、[美]费正清：《剑桥中华人民共和国史（1966—1982）》，俞金尧、孟庆龙、郑文鑫、张晓华等译，中国社会科学出版社2007年版。

[25] [美]弗里曼、[美]毕克伟、[美]赛尔登：《中国乡村：社会主义国家》，陶鹤山译，社会科学文献出版社2002年版。

[26] [美]韩丁：《翻身：中国一个村庄的革命纪实》，韩倞等译，北京出版社1980年版。

[27] [美]韩丁：《深翻：中国一个村庄的继续革命纪实》，香港中国国际文化出版社2008年版。

[28] [美]何伟亚：《怀柔远人：马嘎尔尼使华的中英礼仪冲突》，邓常春译，社会科学文献出版社2002年版。

[29] [美]华尔德：《共产党社会的新传统主义：中国工业中的工作环境和权力结构》，龚小夏译，香港牛津大学出版社1996年版。

[30] [美]克莱德·M·伍兹：《文化变迁》，何瑞福译，河北人民出版社1989年版。

[31] [美]克利福德·格尔兹:《文化的解释》,纳日碧力戈等译,上海人民出版社1999年版。

[32] [美]克利福德·吉尔兹:《地方性知识》,王海龙、张家瑄译,中央编译出版社2000年版。

[33] [美]罗纳德·L·约翰斯通:《社会中的宗教:一种宗教社会学》,尹今黎、张蕾译,四川人民出版社1991年版。

[34] [美]曼瑟尔·奥尔森:《集体行动的逻辑》,陈郁、郭守峰、李崇新译,上海人民出版社1995年版。

[35] [美]米格代尔:《农民、政治与革命:第三世界政治与社会变革的压力》,李玉琪、袁宁译,中央编译出版社1996年版。

[36] [美]莫里斯·迈斯纳:《毛泽东的中国及后毛泽东的中国》,杜蒲、李玉玲译,四川人民出版社1989年版。

[37] [美]乔治·马尔库斯、[美]米开尔·费彻尔:《作为文化批评的人类学》,王铭铭、蓝达居译,生活·读书·新知三联书店1998年版。

[38] [美]威廉·奥格本:《社会变迁:关于文化和先天的本质》,浙江人民出版社1989年版。

[39] [美]威廉·J·古德:《家庭》,魏章玲译,社会科学文献出版社1986年版。

[40] [美]威廉·托马斯:《不适应的少女:行为分析的案例和观点》,钱军、白璐译,济南:山东人民出版社1988年版。

[41] [美]巫鸿:《中国古代艺术与建筑中的"纪念碑性"》,李清泉、郑岩等译,上海人民出版社2008年版。

[42] [美]希尔斯:《论传统》,傅铿、吕乐译,上海人民出版社1991年版。

[43] [美]杨美惠:《礼物、关系学与国家:中国人际关系与主体性建构》,赵旭东、孙珉译,江苏人民出版社2009年版。

[44] [美]詹姆斯·汤森、布兰特利·沃马克:《中国政治》,顾速、董芳

译,江苏人民出版社2003年版。

[45] [美]詹姆斯·斯科特:《国家的视角:那些试图改善人类状况的项目是如何失败的》,王晓毅译,社会科学文献出版社2004年版。

[46] [美]詹姆斯·斯科特:《弱者的武器》,郑广怀、张敏译,译林出版社2007年版。

[47] [挪威]贺美德、鲁纳:《"自我"中国:现代中国社会中个体的崛起》,许烨芳译,上海译文出版社2011年版。

[48] [日]渡边欣雄:《汉族的民俗宗教:社会人类学的研究》,周星译,天津人民出版社1998年版。

[49] [日]韩敏:《回应革命与改革:皖北李村的社会变迁与延续》,陆益龙、徐新玉译,江苏人民出版社2007年版。

[50] [英]安东尼·吉登斯:《民族、国家与暴力》,胡宗泽译,生活·读书·新知三联书店1998年版。

[51] [英]安东尼·吉登斯:《现代性与自我认同:现代晚期的自我与社会》,赵旭东、方文译,生活·读书·新知三联书店1998年版。

[52] [英]埃德蒙·R·利奇:《缅甸高地诸政治体系:对克钦社会结构的一项研究》,杨春宇、周鑫红译,商务印书馆2010年版。

[53] [英]厄内斯特·盖尔纳:《民族与民族主义》,韩红译,中央编译出版社1983年版。

[54] [英]霍布斯鲍姆:《传统的发明》,顾杭、庞建群译,译林出版社2004年版。

[55] [英]马林诺夫斯基:《西太平洋的航海者》,梁永佳、李绍明译,华夏出版社2002年版。

[56] [英]乔治·奥威尔:《一九八四》,孙仲旭译,译林出版社2002年版。

[57] [英]王斯福:《帝国的隐喻:中国的宗教》,赵旭东译,江苏人民出版社2008年版。

[58] [英]维克多·特纳:《仪式过程:结构与反结构》,黄剑波、柳博赟译,中国人民大学出版社2006年版。

三、期刊论文

[1] 曹建勋:《郭沫若的大寨情结》,《世纪行》2000年第12期。

[2] 陈柏峰:《农民价值观的变迁对家庭关系的影响:皖北李圩村的调查》,《中国农业大学学报(社会科学版)》2007年第1期。

[3] 陈吉元:《"大寨红旗"从升起到飘落的演变过程和轨迹》,《晚霞》2009年第8期。

[4] 董颖鑫:《从理想性到工具性:当代中国政治典型产生原因的多维分析》,《浙江社会科学》2009年第5期。

[5] 邓大才:《超越村庄的四种范式:方法论视角——以施坚雅、弗里德曼、黄宗智、杜赞奇为例》,《社会科学研究》2010年第2期。

[6] 费孝通:《重读〈江村经济〉序言》,《北京大学学报(哲学社会科学版)》1996年第4期。

[7] 费孝通:《跨文化的"席明纳":人文价值再思考之二》,《读书》1997年第10期。

[8] 冯东书:《大寨采访反思录》,《新闻记者》1989年第4期。

[9] 冯仕政:《典型:一个政治社会学的研究》,《学海》2003年第3期。

[10] 傅先伟:《六十年的辉煌》,《天风》2009年第10期。

[11] 高丙中:《民间的仪式与国家的在场》,《北京大学学报(哲学社会科学版)》2001年第1期。

[12] 高丙中:《民族国家的时间管理:中国节假日制度的问题及其解决之道》,《开放时代》2005年第1期。

[13] 高丙中:《一座博物馆:庙宇建筑的双名制》,《社会学研究》2006年第1期。

[14] 高丙中:《日常生活的现代与后现代遭遇》,《民间文化论坛》

2006年第3期。

[15] 郭冰庐:《陕北“三老殿”考察》,《民间文化旅游杂志》1998年第3期。

[16] 郭于华:《传统亲缘关系与当代农村经济、社会变革》,《社会学研究》1994年第6期。

[17] 郭于华:《不适应的老人》,《读书》1998年第6期。

[18] 郭于华:《民间社会与仪式国家》,《读书》1999年第9期。

[19] 郭于华:《代际关系中的公平逻辑及其变迁:对河北农村养老事件的分析》,《中国学术》2001年第4期。

[20] 郭于华、孙立平:《诉苦:一种农民国家观念形成的中介机制》,《中国学术》2002年第4期。

[21] 郭于华:《心灵的集体化:陕北骥村农业合作化的女性记忆》,《中国社会科学》2003年第4期。

[22] 郭于华:《作为历史见证的“受苦人”的讲述》,《社会学研究》2008年第1期。

[23] 韩敏:《当代日本中国人类学研究中的政治分析:以日本国立民族学博物馆的一个共同研究课题组为例》,《浙江大学学报(人文社会科学版)》2009年第4期。

[24] 韩朝建:《华北的容与宗族:以山西代县为中心》,《民俗研究》2012年第5期。

[25] 何星亮:《建设以价值为导向的公正社会》,《人民论坛》2012年第3期(下)。

[26] 胡芳:《文化重构的历史缩影:土族阐释神话探析》,《民族文学研究》2005年第4期。

[27] 金一虹:《“铁姑娘”再思考:中国“文化大革命”期间的社会性别与劳动》,《社会学研究》2006年第1期。

[28] 李克林:《农业学大寨回忆片断》,《新闻战线》1989年第Z1期。

[29] 李玉秀:《我写大寨内参的前前后后引起的风波》,《世纪行》1999年第11期。

[30] 李里峰:《土改中的诉苦:一种民众动员技术的微观分析》,《南京大学学报(哲学社会科学版)》2007年第5期。

[31] 李天翼:《贵州红色旅游的人类学透视》,《贵州民族学院学报(哲社版)》2011年第1期。

[32] 刘其印:《龙崇拜的活化石》,《民俗研究》1997年第1期。

[33] 刘林平、万向东:《论"树典型":对一种计划经济体制下政府行为模式的社会学研究》,《中山大学学报(社会科学版)》2000年第3期。

[34] 刘世定、邱泽奇:《"内卷化"概念辨析》,《社会学研究》2004年第5期。

[35] 刘建平、韩燕平:《红色文化遗产相关概念辨析》,《宁波职业技术学院》2006年第4期。

[36] 刘华安:《村落社会权力结构变迁及其影响》,《理论与改革》2007年第5期。

[37] 刘建平、李双清:《乡村红色文化遗产的基本内涵、现状及其原因分析》,《开发研究》2008年第4期。

[38] 刘利国:《论大寨红色旅游的独特历史文化底蕴》,《山西财经大学学报》2009年第1期。

[39] 刘荣:《"影"、家谱及其关系探析:以陇东地区为中心》,《民俗研究》2010年第3期。

[40] 刘林元:《毛泽东的两份历史遗产与中国特色社会主义的实践》,《中共南京市委党校学报》2010年第4期。

[41] 刘翠萍、张小兵:《陕北信仰民俗探析》,《延安大学学报(社会科学版)》2011年第3期。

[42] 逯艳:《关于晚年郭沫若佚作中"大寨"的几点看法》,《淄博师专学报》2010年第1期。

[43] 马婕:《青州井塘村现存宗谱调查》,《民俗研究》2004年第1期。

[44] 苗春凤:《当代中国社会树典型活动的文化传统探析》,《河南大学学报(社会科学版)》2011年第6期。

[45] 彭松乔:《样板戏叙事:他者观照下的女性革命神话》,《江汉大学学报(人文科学版)》2004年第1期。

[46] 秦燕、刘慧:《20世纪八九十年代西部农村的庙会:以陕北地区为个案》,《当代中国史研究》2006年第4期。

[47] 苏峰:《杨显东:揭开大寨盖子的洋博士》,《共产党员》2009年第6期。

[48] 孙立平:《"关系"、社会关系与社会结构》,《社会学研究》1996年第5期。

[49] 税海模:《郭沫若的"行为艺术":骨灰撒到大寨肥田》,《粤海风》2008年第5期。

[50] 陶立璠:《民俗意识的回归:河北省赵县范庄村"龙牌会"仪式考察》,《民俗研究》1996年第4期。

[51] 田彤:《革命的"时段性":辛亥革命与王朝遗产》,《广东社会科学》2012年第1期。

[52] 汪和建:《自我行动的逻辑:理解"新传统主义"与中国单位组织的真实的社会建构》,《社会》2006年第3期。

[53] 王铭铭:《教育空间的现代性与民间观念:闽台三村初等教育的历史轨迹》,《社会学研究》1999年第6期。

[54] 王晓葵:《"记忆"研究的可能性》,《学术月刊》2012年第7期。

[55] 韦森:《斯密动力与布罗代尔钟罩:研究西方世界近代兴起和晚清帝国相对停滞之历史原因的一个可能的新视角》,《社会科学战线》2006年第1期。

[56] 吴理财、张良:《农民的精神信仰:缺失抑或转化——对农村基督教文化盛行的反思》,《人文杂志》2010年第2期。

[57] 吴毅:《“双重角色”“经纪模式”与“守夜人”和“撞钟者”:来自田野的学术札记》,《开放时代》2001年第12期。

[58] 席岳婷:《对增强陕西革命历史文化遗产保护与旅游展示的思考》,《陕西社会主义学院学报》2012年第2期。

[59] 消寒:《“大寨工”对全国农村的恶劣影响》,《文史月刊》1995年第3期。

[60] 阎云翔:《差序格局与中国文化的等级观》,《社会学研究》2006年第4期。

[61] 杨善华、侯红蕊:《血缘、姻缘、亲情与利益:现阶段中国农村社会中“差序格局”的“理性化”趋势》,《宁夏社会科学》1999年第6期。

[62] 杨善华、刘小京:《近期中国农村家族研究的若干理论问题》,《中国社会科学》2000年第5期。

[63] 余庆辉:《艺术形象中的女性“身体”隐喻:以“铁姑娘”与“超女”为例》,《怀化学院学报》2008年第5期。

[64] 岳永逸:《乡村庙会的多重叙事》,《民俗曲艺》2005年第3期。

[65] 岳永逸:《传统民间文化与新农村建设:以华北梨区庙会为例》,《社会》2008年第6期。

[66] 张小军:《理解中国乡村内卷化的机制》,《21世纪(香港)》1998年2月号。

[67] 张弘毅:《记述昔阳的“西水东调”》,《文史月刊》2003年第5期。

[68] 张河清、喻彩霞:《红色旅游核心竞争力评价体系研究》,《经济地理》2009年第3期。

[69] 赵旭东、辛允星:《权力离散与权威虚拟:中国乡村“整合政治”的困境》,《社会科学》2010年第6期。

[70] 折晓叶、陈婴婴:《“超级村庄”的基本特征及“中间”形态》,《社会学研究》1997年第6期。

[71] 郑褚:《修在大寨的寺庙》,《中国新闻周刊》2007年第21期。

[72] 周大鸣、杨小柳:《社会转型与中国乡村权力结构研究:传统文化、乡镇企业和乡村政治》,《思想战线》2004年第1期。

四、外文文献

[1] Arthur Kleinman.Social Origins of Distress and Disease.New Haven: Yale University Press,1986.

[2] Arthur P. Wolf.Religion and Ritual in Chinese Society.Stanford:Stanford University Press,1996.

[3] Andrew Walder.Organized Dependency and Cultures of Authority in Chi- nese Industry. Journal of Asian Studies43,No.2 (1983).

[4] Clifford Geertz. Agricultural Involution. California: University of Califor- nia Press,1963.

[5] David Kertzer. Ritual, Politics, Power. New Haven: Yale University Press, 1988.

[6] George E. Marcus.Ethnography in/ of the World System: The Emergence of Multi-Sited Ethnography, in Marcus(ed.)Ethnography through Thick and Thin.Princeton:Princeton University Press,1995.

[7] Helen Siu.Agents and Victims in South China:Accomplices in Rural Revolution.New Haven:Yale University Press,1989.

[8] Helen Siu. Socialist Peddlers and Princes in a Chinese Market Town. American Ethnology 16,No.2 (1989).

[9] James C. Scott.The Moral Economy of the Peasant: Rebellion and Subsis- tence in Southeast Asia.New Haven and London:Yale University Press, 1976.

[10] James C. Scott. Domination and the Arts of Resistance: Hidden Tran- scripts.New Haven and London:Yale University Press,1990.

[11] James L. Waston.Emigration and the Chinese Lineage:The Mans in

Hongkong and London. Berkeley and London: University of California Press, 1975.

[12] Jean C. Oi.State and Peasant in Contemporary China.Berkeley:University of California Press,1989.

[13] Jing Jun. The Temple of Memories: History, Power, and Morality in a Chinese Village.Stanford:Stanford University Press,1996.

[14] Maurice Freedman. Lineage Organization in Southeastern China. London: Athlone Press, 1958.

[15] Maurice Freedman. Chinese Lineage and Society: Fukien and Kwangtung.University and London:The Athlone Press,1966.

[16] Mobo. C. F. Gao.Gao Village: A Portrait of Rural of life in Modern China.London:Hurst & Company,1999.

[17] Popkin, Samuel L. The Rational Peasant: The Political Economy of Rural Society in Vietnam.California:University of California Press,1979.

[18] Redfield, R. Linton, R. and Herskovits, M. J. Memorandum for the Study of Acculturation.American Anthropologist,38(1936).

[19] Richard Madsen.Morality and Power in a Chinese Village.Berkeley: Uni- versity and California Press,1984.

[20] Steidlmayer paul Kelly.The Dazhai Model in Chinese Agriculture: 1964- 1974.Stanford:Stanford University,1975.

[21] S. H. Potter and J . M. Potter. China's Peasants: The Anthropology of a Revolution.Cambridge:Cambridge University Press,1990.

[22] Steven Sangern. History and Magical Power in a Chinese Community.Stanford:Stanford University Press,1987.

[23] Vivienne Shue. The Reach of the State: Sketches of the Chinese Body Pol- itics.Stanford:Stanford University Press,1988.

[24] Vogel,Ezra F.From Friendship to comrade:The Change in Personal

Rela- tions in Communist China.The China Quarterly,21(1965).

［25］Yang C K. A Chinese Village in Early Communist Transition. Cambridge: The M. I'L. T Press,1959.

附录　大寨方言简注

蒙生生雨[毛毛细雨]	打早起[早晨]
今儿[今天]	夜来[昨天]
后底[以后]	圪梁[山梁]
洼洼[洼地]	土坷垃[土块]
扁食[饺子]	假豆腐[玉米和黄豆做成的粉条]
抿疙蚪[一种面食]	河捞[用河捞床压制的面条]
老姑[祖父的姐妹]	大爷[伯父]
妮妮[女孩]	眼气[羡慕]
大大[大娘]	腻歪[动作慢]
倭瓜[葫芦的一种]	糜豆[豆角]
筐篮[一种树条编制的筐子]	圪台儿[台阶]
动弹[干活]	抬将[抚养儿童]
败兴[晦气]	饥荒[外债]
戚人[客人]	开石窝[采石头]
不沾[不行]	沾嫌[有本事]
不赖[好]	坷凉[伤心]
受得不行[太累]	叨瞎[聊天]
老娘[姥姥]	油果[油炸后的面食]
烧得不行[天热]	输水[输液]
糁糁[小米和玉米面熬制的食品]	惦见[喜欢]
小小[男孩]	侉子[对外来人的一种称呼]

后 记

田野调查是人类学基本的学术理念，也被认为是人类学家的“成年礼”。多年的田野调查中，笔者收集了许多与大寨研究相关的资料。2012年11月24日，我结束了为期12个月的博士论文田野调查，离开大寨，到2021年已经9年了。在这9年中，我曾11次回访大寨，每次都能感觉到大寨发生的变化。从顶层设计来说，大寨已经从“大大寨”建设过渡到打造特色小镇与推进乡村振兴的阶段。从村庄社会来讲，有人离开了，有人回来了；有人离世了，有人生病了……生老病死、悲欢离合本属于世间常态，但10位被访谈人的先后离世，让我十分悲伤。我明白，没有他们的帮助，我的调查不可能顺利完成。他们所给予我的无私帮助，我将永远铭记于心。

在感恩于大寨人所给予我的诸多无私帮助的时候，我的内心世界其实忐忑不安。“斯文有灵，敬惜字纸”，当然也要文责自负。不知当昔阳县的学者、干部，尤其是大寨人，在看到这本书的时候会如何评价。虽然我也想尽量做到客观，但是如何在主位与客位之间进行互换，以及在此基础上对大寨这个小地方所呈现的大社会进行深描，确实难度很大。不管当地人怎样去评价我笔下的大寨，我还是要感谢他们，是他们接纳了我，且毫无保留地将其所知、所感向我倾诉，也正是在他们的帮助下，我的调查才得以顺利地完成。我希望通过这本书的出版让更多的人走进大寨，去了解大寨的历史，并且为大寨的未来出谋献策。

后 记

本书的出版与其说是我对大寨转型与重构的一次学术之旅，还不如说是我个人生命旅程的一次阶段性总结。2007年，“半路出家”的我从山西的基层工作岗位上考入了辽宁大学，师从江帆教授学习民俗学。2010年，我从关外的沈阳远赴华南的广州这座迷人的城市，有幸能在中山大学人类学系体验人类文化的异彩纷呈，也正是诸位老师的辛勤教导，使我能够较为顺利地完成学业。

首先要感谢我的导师周大鸣教授。承蒙不弃，忝列门楣。2013年的7月，我跟随导师赴梅州市南口镇侨乡村进行田野调查，从此开启了我的学术之旅、人生之旅。在此后的岁月里，不论是在学业上，还是在生活中，周老师都给予了我极大的帮助，尤其在学术上，周老师以前瞻的眼光洞察学术的发展趋势，将懵懂无知的我引入了人类学学科的巍峨殿堂。如果说我比其他同学幸运一些，那是因为我是双导师培养制，另一位导师就是中国社会科学院的何星亮研究员。虽然见面不多，但是这并没有影响他对我学业上的指导与生活上的关心。

本书的写作还要感谢邓启耀教授、王建新教授、张振江教授、刘志扬教授在开题报告中提出的宝贵意见，感谢麻国庆教授、程瑜教授、张振江教授、杨小柳教授阅读初稿，并且给予批评指导。

感谢张应强教授、刘昭瑞教授、何国强教授、谭同学教授、段颖教授，本书也不同程度地得到了他们的指导。

感谢昔阳县大寨镇政府的领导与同志们，尤其要感谢大寨人，他们是文化的持有者与历史的创造者。

感谢我的父母和姐姐们，感谢他们对我每一次选择的全力支持，使我得以按照自己既定的人生航线前进。感谢我的爱人谢红萍，她是我文稿的校对者、批评者，以及艰难时期的陪伴者！

感谢我的好友吕绘元，她曾帮我对书稿进行审校，提升了书稿的质量。

2013年7月，我从中山大学毕业，来到了山西大学，加入了以行龙教授为学科负责人的中国社会史研究中心团队。2018年12月,我调到了段友文教授领衔的山西大学文学院民俗文化与民俗文学研究所,新的岗位、新的起点、新的征程,一定会有新的收获。

未来很漫长,但也是有所期待的,我对未来三十年做了一个规划:用十年时间做好太行山的研究;然后回到晋中和晋南,再做十年的研究,把乔健先生提出的"黄土文明"的研究推向深入;最后十年,返回晋北老家这个既熟悉而又陌生的地方,开展研究,以回报乡梓。通过对晋东南、晋南、晋中、晋北的研究,力图以整体的视野,为推动山西区域社会研究做出些许的贡献。

江帆老师曾说:"要做有温度的学问,要写有质量的文章。"周大鸣老师曾说:"当好高校老师,需要兼备嘴皮子和笔杆子。"何星亮老师曾说:"要树立学术自信与文化自信。"行龙老师曾谈道:"要在雁门关、娘子关内做学问,也不要在雁门关、娘子关内做学问。"我将秉承既要踏踏实实,又要志存高远的理念,在做好教书先生的同时,"将文章写在三晋大地上"。

郭永平

2021年8月于山西大学